南海Ｉ号沉船考古报告之一
——1989~2004 年调查
（下）

国家文物局水下文化遗产保护中心
中 国 国 家 博 物 馆
广 东 省 文 物 考 古 研 究 所　编著
阳 江 市 博 物 馆

文物出版社

Archaeological Report on Nanhai I Shipwreck Series I: Surveys of 1989-2004 (II)

by

National Center of Underwater Cultural Heritage

National Museum of China

Guangdong Provincial Institute of Cultural Relics and Archaeology

Yangjiang Museum

Cultural Relics Press

5. 执壶

11 件（套），其中 4 件带盖壶。

执壶喇叭形口，口沿处平削，颈部较长，腹下端弧收。肩部装流，颈、肩相对部位装柄，均为胎接单装。执壶身分三段模制而成，颈中部或中下部、腹中部有明显的胎接痕，内壁可见挖削修胎痕迹。胎色白，质细密。青白釉，多泛白，釉层较薄，釉面光洁莹润。部分器物外底心有墨书题记。根据执壶形态的差异，分四型。

A 型 6 件。

丰肩，鼓腹，假圈足，饼状，平底，多内凹。口沿至颈部下端、颈部下端至腹上部、腹下部至底足分三段模制而成。根据装饰纹样差异，分三亚型。

Aa 型 1 件。

瓜棱形印花。

标本 02NH01T2021：263，口颈残，流柄残缺。方唇，最大腹径位于肩下、腹上部，浅矮足台，底内凹。釉色呈淡青，釉面开细碎纹片。外壁施釉至腹底端，器内施釉至内口沿下，底足无釉。上段即颈上部模印成瓜棱状；颈腹中段，颈下端模印一周仰莲纹，肩部模印缠枝花卉纹，肩、腹间以一道凸弦纹，腹上部模印成瓜棱状；器物下段，腹下部与上端对应模印成瓜棱状。外底心有墨书题记"吴□"，墨迹褪色严重。口径 7.8、底径 7.5、高 21.7 厘米（彩版 4–529）。

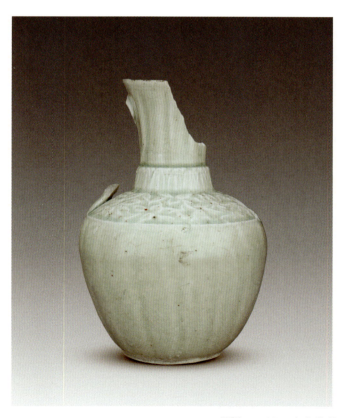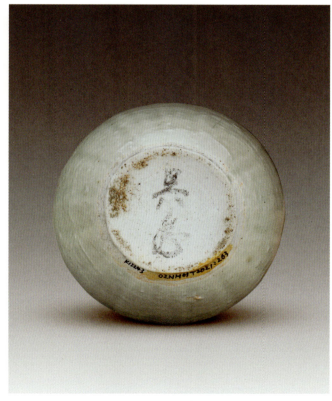

彩版 4–529　青白瓷执壶 02NH01T2021：263

Ab 型　4 件。

菊瓣形印花。最大腹径位于腹中部，即为腹部上下接痕处，棱线分明。曲长流，流口平削；曲柄，宽带状，上刻纵向凹纹。圈足或饼形足，略高，底较平，底心凹。方唇，口沿刮釉。外壁施釉至腹近底端，器内施釉至颈中部，腹底端及足部无釉。颈下部有一道凸纹，腹部上、下均模印窄菊瓣纹。

标本 02NH01T2019：1154，底心微凹。柄外侧有三道较深的刻纹。釉色泛白，局部泛灰，釉面开细碎纹片，纹片处多沁成灰黑色。肩部模印两层覆莲纹，腹底端印一周仰莲纹。外底心有墨书题记"吴□"。口径 7.5、足径 6.8、高 21 厘米（图 4-83；彩版 4-530）。

标本 02NH01T2019：1155，矮圈足，沿较宽，外底向内浅挖。釉面大部分沁成灰黑色，布满细碎纹片。肩部模印一周覆莲纹，其下有两周弦纹，腹底端印一周仰莲纹。足底有墨书题记"吴□"，墨迹褪色。口径 6.7、足径 7.4、高 20.5 厘米（彩版 4-531）。

标本 02NH01T2019：1212，饼形足，边缘较平，内侧浅修，底心微凹。柄外侧有三道刻纹。釉色部分泛灰，釉面开细碎纹片，纹片处多沁成灰黑色。肩部模印两层覆莲纹，腹底端印一周仰莲纹。外底心有墨书题记"吴□"。口径 7.4、足径 6.9、高 21.2 厘米（彩版 4-532）。

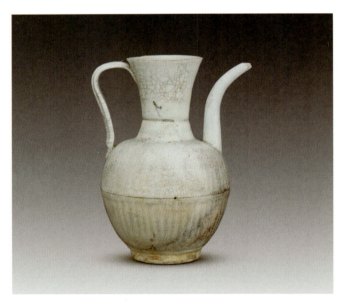

彩版 4-530　青白瓷执壶 02NH01T2019：1154

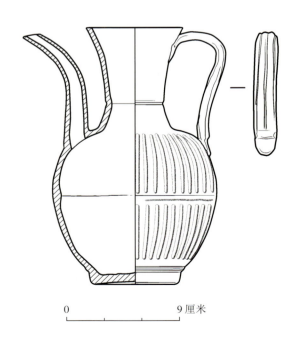

0　　　　　　　9 厘米

图 4-83　德化窑 Ab 型青白瓷执壶
（02NH01T2019：1154）

彩版 4-531　青白瓷执壶 02NH01T2019：1155

彩版 4-532　青白瓷执壶 02NH01T2019：1212

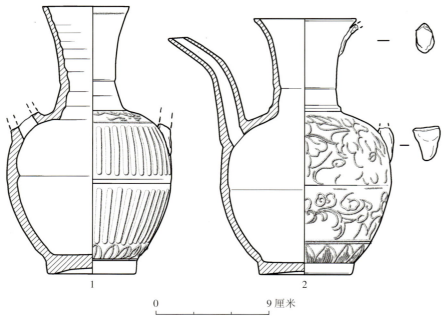

图 4-84　德化窑 A 型青白瓷执壶

1. Ab 型（02NH01T2021：261）　　2. Ac 型（02NH01T2021：262）

标本 02NH01T2021：261，足较高。口颈残，流柄残缺。釉色偏白，釉稍厚处泛淡青。足部有蘸釉手指痕。肩部模印一层覆莲纹和五组卷草纹，腹底端印一周仰莲纹。口径 7.2、足径 7.0、高 22.1 厘米（图 4-84，1；彩版 4-533）。

Ac 型　1 件。

印花卉纹。

标本 02NH01T2021：262，饼形足，底较平，底心微凹。最大腹径位于腹中部，即为腹部上下接痕处，棱线分明。曲状流，流口平削，柄残缺。

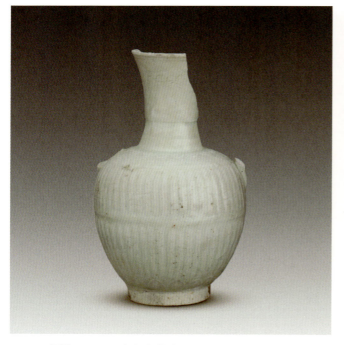

彩版 4-533　青白瓷执壶 02NH01T2021：261

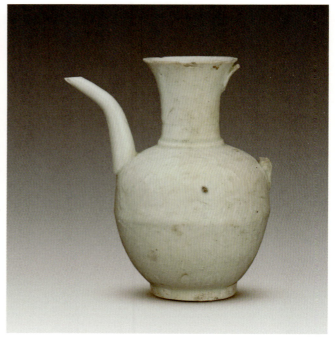

彩版 4-534　青白瓷执壶 02NH01T2021：262

釉色偏白。外壁施釉至腹底端，器内施釉至内口沿下，足部无釉，近底端有侧向蘸釉痕迹。颈、肩衔接处有一道凸棱，腹上部模印缠枝牡丹纹，腹下部模印缠枝花卉纹，腹底端双弦纹下印一周仰莲纹，纹样布局繁密，印纹较浅。口径 8.0、足径 7.4、高 21.1 厘米（图 4-84，2；彩版 4-534）。

B 型　1 件。

丰肩，深弧腹，中部略鼓。

标本 02NH01T2019：2014（22），假圈足较高，饼状，向内浅凹，沿较宽，底心略凹。流残缺；曲柄，带状，外侧浅刻两道凹纹。口沿至颈部下端、颈部下端至腹上部、腹下部至底足分三段模制而成，接痕明显；最大腹径位于腹中部，即为腹部上下接痕处。釉色偏白，釉面光润，外壁施釉至腹近底端，器内施釉至颈中部，腹底端与足部无釉。颈下端接痕下有一道凸棱，肩部模印一圈三组卷草纹，线条较细，肩、腹衔接处模印一圈小连珠纹，以细凸弦纹相连；腹上部、下部分别模印菊瓣纹，上下相对应；腹底端凸弦纹下印一周仰莲纹。外底心有墨书题记，褪色严重，不可辨识。口径 7.5、足径 7.4、高 21.3 厘米（图 4-85；彩版 4-535）。

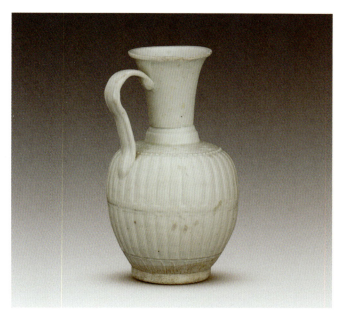

彩版 4-535　青白瓷执壶 02NH01T2019：2014 (22)

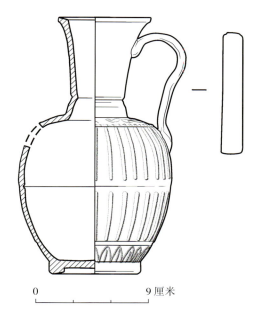

图 4-85　德化窑 B 型青白瓷执壶
（02NH01T2019：2014（22））

C 型　2 件（套）。

细长颈，溜肩，垂腹。口沿向外平折，宽平沿，圈足，足沿宽平，挖足浅，底较平。曲状流，流口平削；曲柄，宽带状，外侧浅刻三道细凹纹。口沿至颈中部、颈中部至腹上部、腹下部至底足分段制作，颈中部、腹中部有明显胎接痕；上、下两段有轮修痕迹，颈腹部中段应为模制而成。颈部下端模印两道凸弦纹，腹上部分别模印折枝牡丹、折枝荷花纹。颈下至肩部的流柄两侧分别于胎体上贴饰铺首纹，即兽首衔环纹，兽首较突起，圆环较细。釉色泛白，釉厚处微泛淡黄，外壁满釉，器内施釉至颈中部，足沿及外底无釉。釉面开细密纹片，局部开片处因沁蚀而呈灰黑色。

执壶配有盖，呈浅盘形，顶部由边缘至中心逐渐下凹，盖下沿斜直，盖下端盖合处为矮直台状，底心微凹。盖沿一侧边缘有两圆孔，为穿系绳之用。盖面及边缘施釉，釉色泛白，釉层较薄，釉面光洁莹润。盖下端无釉，应是与执壶配套扣合烧造。

标本 02NH01T2019：1156，带盖。外底心有墨书题记"吴□"，字迹清晰。壶口径 7.5、足径 7.9、通高 26.5 厘米（彩版 4-536）。

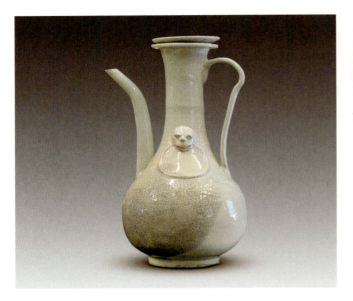
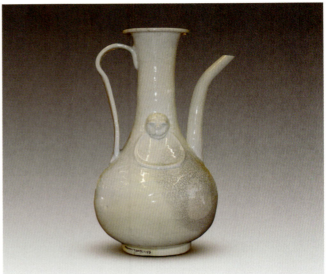

彩版 4-536　青白瓷执壶 02NH01T2019：1156

1. 青白瓷执壶 02NH01T2019：1157

2. 青白瓷执壶盖 02NH01T2019：2014（23）

彩版 4-537　青白瓷执壶 02NH01T2019：1157、2014（23）

标本02NH01T2019：1157（执壶）、02NH01T2019：2014（23）（盖），外底足部有垫烧渣粒，盖面有小灰斑。外底心有墨书题记"吴□"，字迹清晰。口径7.4、足径7.9、高26.1厘米，盖口下径3.2、上沿径7.5、高1.9厘米（图4-86；彩版4-537）。

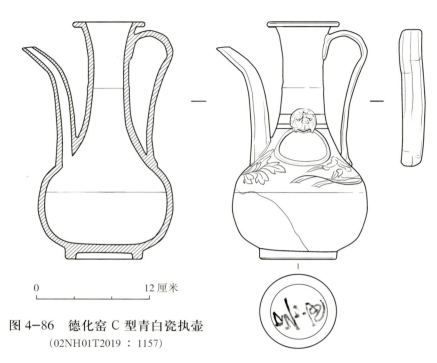

0 　　　　　　　　12厘米

图4-86　德化窑C型青白瓷执壶
（02NH01T2019：1157）

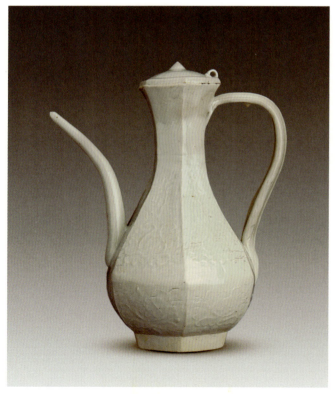

彩版4-538　青白瓷执壶02NH01T2019：1213

D型　2件。

六棱身。壶身、壶盖均呈六棱状。颈部细长，中部细，斜肩，垂腹，下端弧收，假圈足，饼状，外侧略内收，平底。曲流细长，流口平削；曲柄，宽带状，内侧较平，外侧凸起，刻三道深凹纹，可见手工制作痕迹。口沿至颈中部、颈下部至腹中部、腹下部至底足部分三段模制而成，颈中部、腹中部有明显胎接痕。执壶带盖，盖边缘斜直，向内折平，顶面上圆形隆起，至中部攒尖成锥形纽，与壶柄相同一侧粘接一管状纽，作穿系之用。盖顶面模印莲瓣纹；壶体的上段口颈部无纹，中段颈下部至上腹部每个棱面均模印折枝牡丹花卉纹，下端下腹部每个棱面各模印一朵牡丹纹，印纹凸起，纹样清晰。胎色泛灰，质较细。青白釉泛灰，外施釉至足部，足及外底未施釉。

标本02NH01T2019：1213，盖与壶口粘连

在一起。底内凹，流口稍残，壶口、流体歪斜。盖顶面模印有单层莲瓣纹。壶口径 7.0、足径 8.3、通高 25.4 厘米（彩版 4-538）。

标本 02NH01T2019：1158，盖与壶口粘连在一起。流口稍残，盖口有变形。盖顶面模印有仰、覆莲纹各一周，以一道凸弦纹间隔。外底有墨书题记"吴□"。壶口径 8.2、足径 8.5、通高 25.7 厘米（彩版 4-539）。

彩版 4-539　青白瓷执壶 02NH01T2019：1158

6. 长颈瓶

133 件。

口外撇，细长颈，弧腹较深，下端弧收，圈足较高，足外撇，足沿宽平，外底弧凹，底心多微凸。瓶的口颈部、上腹部、下腹部、足部四段分别模制，胎体粘接而成。胎色白，质细密。外壁施青白釉，釉面光洁莹润。外壁大多施釉至足部，外底无釉，内壁多施釉至颈部，其下无釉。外壁多模印花纹。根据器形大小，分大小两型。

A 型　71 件。

器形较大。外底边缘弧收。内壁多施釉至颈中部，其下无釉。根据口沿形态和装饰纹样差异，分三亚型。

Aa 型　69 件。

喇叭形口，莲瓣纹。口沿外侧大多向上直折，上沿尖，颈部呈喇叭状，圆肩，外底端大多出有矮台。上腹部上端与颈部衔接处出有矮台。釉色多浅淡，釉面光润。外壁模印花纹，腹上部、下部均模印一周双层仰莲瓣纹，莲瓣随器腹而上大下小，下层莲瓣位于上层两莲瓣之间，大多在腹部莲瓣内填以细篦纹；足外侧多印一周覆莲纹。部分器物外底心有墨书题记。

标本 02NH01T2019：1121，釉色淡青，内壁施釉至口沿下，釉面光润。印纹清晰。口径 5.1、足径 5.1、高 10.1 厘米（图 4-87，1；彩版 4-540）。

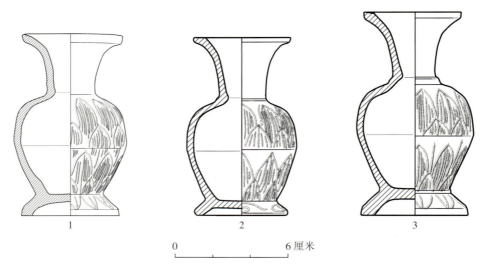

0　　　　　　　　　6 厘米

图 4-87　德化窑 Aa 型青白瓷长颈瓶

1. 02NH01T2019：1121　2. 02NH01T2019：1853　3. 02NH01T2019：1857

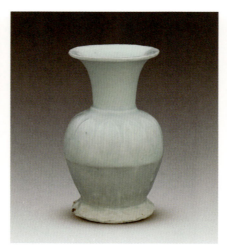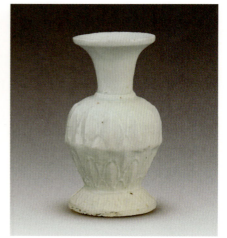

彩版 4-540　青白瓷长颈瓶　　　彩版 4-541　青白瓷长颈瓶　　　彩版 4-542　青白瓷长颈瓶
　02NH01T2019：1121　　　　　　02NH01T2019：1853　　　　　　02NH01T2019：1857

标本 02NH01T2019：1853，底心凹，足底端外撇，不出矮台。釉色淡青，釉面光润。圈足外侧印一周卷草纹。印纹较浅。口径 5.1、足径 4.8、高 9.8 厘米（图 4-87，2；彩版 4-541）。

标本 02NH01T2019：1857，底心凹。釉色偏白，釉面开细碎纹片。印纹清晰。口径 5.1、足径 5.7、高 11.2 厘米（图 4-87，3；彩版 4-542）。

标本 02NH01T2019：266，釉面开细碎纹片，有较多小灰斑。口径 5.7、足径 5.5、高 11.1 厘米（彩版 4-543）。

标本 02NH01T2019：267，釉面有小灰斑，开稀疏细碎纹片。印纹较浅。口径 5.6、足径 5.5、高 11.2 厘米（彩版 4-544）。

标本 02NH01T2019：268，釉色淡青，釉面光润。印纹清晰。外底心有墨书题记"□"，字迹褪色。口径 5.5、足径 5.5、高 10.8 厘米（彩版 4-545）。

标本 02NH01T2019：269，底心微凹。釉色偏白，釉面有大面积灰黑色斑块。印纹较浅。外底心有墨书题记"□"，字迹清晰。口径 5.2、足径 5.1、高 10.9 厘米（彩版 4-546）。

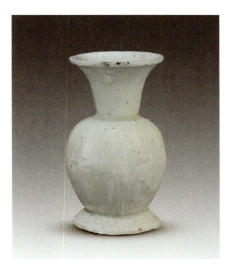

彩版 4-543　青白瓷长颈瓶 02NH01T2019：266　　　　彩版 4-545　青白瓷长颈瓶 02NH01T2019：268

彩版 4-544　青白瓷长颈瓶 02NH01T2019：267　　　　彩版 4-546　青白瓷长颈瓶 02NH01T2019：269

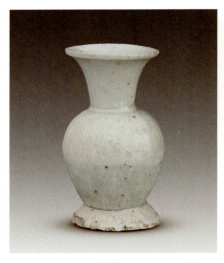

彩版 4-547　青白瓷长颈瓶 02NH01T2019：270

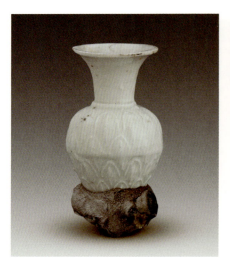

彩版 4-548　青白瓷长颈瓶 02NH01T2019：540

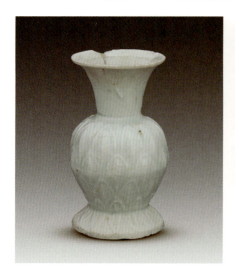

彩版 4-549　青白瓷长颈瓶 02NH01T2019：541

标本 02NH01T2019：270，釉面开细碎纹片。印纹较浅。外底心有墨书题记"□"，字迹清晰。口径 5.5、足径 5.5、高 11.0 厘米（彩版 4-547）。

标本 02NH01T2019：540，底心凹。釉色偏白。印纹清晰。外底心有墨书题记"□"，字迹较浅。外底粘有海底淤积物。口径 5.0、足径 5.0、高 10.1 厘米（彩版 4-548）。

标本 02NH01T2019：541，颈部开细碎纹片。印纹清晰。外底心有墨书题记"□"，字迹较清晰。口径 5.2、足径 5.3、高 10.1 厘米（彩版 4-549）。

标本 02NH01T2019：542，底心凹。釉色泛淡青，釉面光润。印纹较浅。外底心有墨书题记"□"，字迹清晰。口径 5.4、足径 5.4、高 10.4 厘米（彩版 4-550）。

标本 02NH01T2019：543，底心微凸。釉色泛灰白，釉层较薄，开细碎纹片，落有细碎渣粒。印纹较浅。外底心有墨书题记"□"，字迹清晰。口径 5.7、足径 5.7、高 11.1 厘米（彩版 4-551）。

标本 02NH01T2019：544，颈、腹衔接处釉层较厚，色泛淡青，颈部开细碎纹片。外壁除模印莲瓣纹外，肩部有绁脉纹。口径 5.0、足径 4.9、高 11.2 厘米（彩版 4-552）。

标本 02NH01T2019：1125，底心凹。足、腹衔接处开细碎

纹片。口径 5.0、足径 5.3、高 9.9
厘米（彩版 4-553）。

　　标本 02NH01T2019：1848，
足端不出台，底心凹。腹部开
细碎纹片。口径 5.4、足径 5.5、
高 10.8 厘米（彩版 4-554）。

　　标本 02NH01T2019：1850，
釉色泛白，积釉处泛青，釉
面遍布细密开片。口径 5.4、
足径 5.5、高 10.7 厘米（彩版
4-555）。

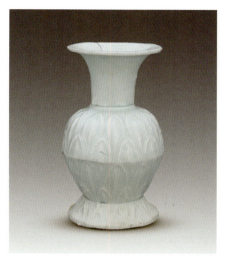

彩版 4-550　青白瓷长颈瓶 02NH01T2019：542

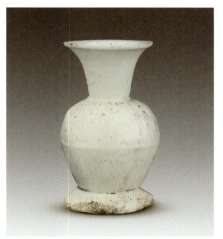

彩版 4-551　青白瓷长颈瓶 02NH01T2019：543

彩版 4-552　青白瓷长颈瓶
02NH01T2019：544

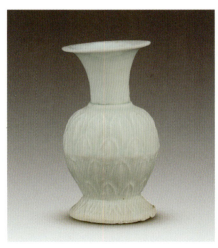

彩版 4-553　青白瓷长颈瓶
02NH01T2019：1125

彩版 4-554　青白瓷长颈瓶
02NH01T2019：1848

彩版 4-555　青白瓷长颈瓶
02NH01T2019：1850

标本 02NH01T2019：1858，釉色淡青，颈部开稀疏纹片。口径 5.2、足径 5.1、高 10.3 厘米（彩版 4-556）。

标本 02NH01T2019：1859，底心凹。釉色偏白。印纹较浅。口径 5.4、足径 5.3、高 10.0 厘米（彩版 4-557）。

标本 02NH01T2019：1862，底心凹。印纹较浅，略显粗率。口径 5.1、足径 5.4、高 11.0 厘米（彩版 4-558）。

标本 02NH01T2019：1864，底心凹。釉色泛淡青，釉面光润。印纹清晰。口径 5.3、足径 5.5、高 10.7 厘米（彩版 4-559）。

标本 02NH01T2019：2014（7），底足残片，底心凹。外底心有墨书题记"莊"，字迹清晰。足径 5.2、残高 2.4 厘米（彩版 4-560）。

标本 02NH01T2019：2014（19），底足残片，底心凹。外底心有墨书题记"蔡"，字迹清晰。足径 5.8、残高 3.0 厘米（彩版 4-561）。

标本 02NH01T2020：650，底心有脐突。外壁施釉至腹底端，足部及外底无釉。印纹较浅，腹下部印纹不规整。口径 5.3、足径 5.2、高 10.6 厘米（彩版 4-562）。

标本 02NH01T2020：653，釉色偏白，釉面光润。印纹较浅。口径 5.1、足径 5.1、高 10.7 厘米（彩版 4-563）。

标本 02NH01T2020：667，釉色淡青，局部泛黄，有少许落渣。印纹较浅。足部有烧崩裂纹。口径 5.1、足径 5.3、高 10.5 厘米（彩版 4-564）。

标本 02NH01T2020：672，底心有脐突，足沿粘有细渣粒。釉色泛黄，外底有少许流釉，釉面开细碎纹片。印纹较浅。口径 5.1、足径 5.2、高 10.4 厘米（彩版 4-565）。

标本 02NH01T2020：1142，底心凹。釉色浅淡，釉面光润，局部受沁蚀泛灰黑色。印纹清晰。外底心有墨书题记"□"，字迹清晰。口径 5.0、足径 5.3、高 10.0 厘米（彩版 4-566）。

彩版 4-556　青白瓷长颈瓶
02NH01T2019：1858

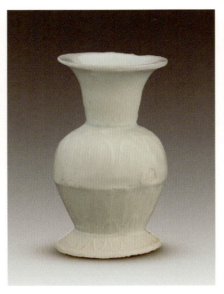

彩版 4-557　青白瓷长颈瓶
02NH01T2019：1859

彩版 4-558　青白瓷长颈瓶
02NH01T2019：1862

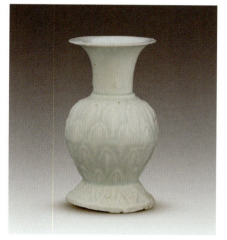

彩版 4-559　青白瓷长颈瓶
02NH01T2019：1864

彩版 4-560　青白瓷长颈瓶
02NH01T2019：2014 (7)

彩版 4-561　青白瓷长颈瓶
02NH01T2019：2014 (19)

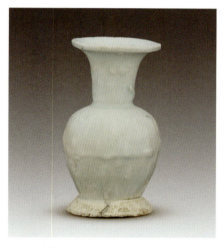

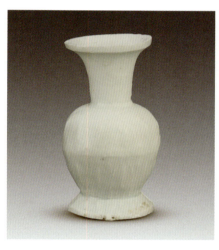

彩版 4-562　青白瓷长颈瓶
02NH01T2020：650

彩版 4-563　青白瓷长颈瓶
02NH01T2020：653

彩版 4-564　青白瓷长颈瓶
02NH01T2020：667

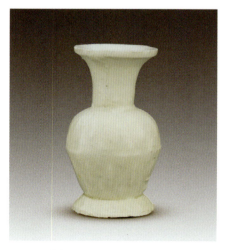

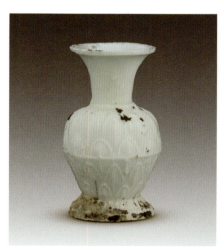

彩版 4-565　青白瓷长颈瓶
02NH01T2020：672

彩版 4-566　青白瓷长颈瓶 02NH01T2020：1142

标本02NH01T2021：193，釉色泛黄，内壁施釉至颈下部，釉面开细碎纹片。印纹较浅。口径5.5、足径5.9、高11.2厘米（彩版4-567）。

标本02NH01T2021：195，釉色泛黄，部分泛灰，釉面开细碎纹片。印纹较浅。口径5.8、足径5.8、高11.4厘米（彩版4-568）。

标本02NH01T2021：196，釉色泛白，釉面光润。印纹较浅。口径5.1、足径5.2、高10.7厘米（彩版4-569）。

标本02NH01T2021：203，釉色淡青，釉面光润，颈部有少许小裂纹。印纹较浅。口径5.6、足径5.5、高11.1厘米（彩版4-570）。

彩版4-567　青白瓷长颈瓶
02NH01T2021：193

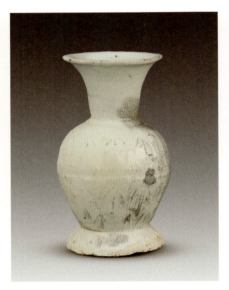

彩版4-568　青白瓷长颈瓶
02NH01T2021：195

彩版4-569　青白瓷长颈瓶
02NH01T2021：196

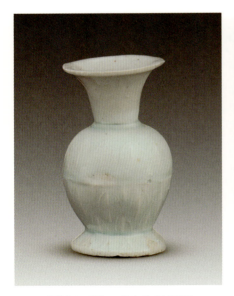

彩版4-570　青白瓷长颈瓶
02NH01T2021：203

彩版4-571　青白瓷长颈瓶
02NH01T2020：369

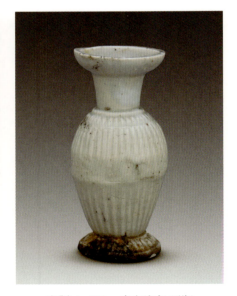

彩版4-572　青白瓷长颈瓶
02NH01T2019：274

Ab 型　1 件。

花瓣状口。

标本 02NH01T2020∶369，口颈部呈喇叭状，尖唇，口部压成花瓣状，丰肩，外底心有脐突。釉色浅淡，釉面开细碎纹片。外壁模印花纹，肩部模印一周细连珠纹和一周弦纹，腹上、下部印缠枝花卉纹，足外侧模印一周覆莲纹。口径 5.4、足径 5.5、高 12.4 厘米（图 4-88，1；彩版 4-571）。

Ac 型　1 件。

浅盘形口，腹部印菊瓣纹。

标本 02NH01T2019∶274，喇叭形口颈，上部呈浅盘形，方唇，溜肩，腹部略显瘦长，外底心微突。釉色泛灰，外壁施釉至腹底端，足及外底无釉。釉面有少许剥釉，足部有大面积灰斑。外壁模印窄

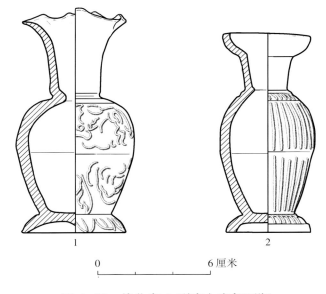

图 4-88　德化窑 A 型青白瓷长颈瓶
1. Ab 型（02NH01T2020∶369）　2. Ac 型（02NH01T2019∶274）

细菊瓣纹，肩部出小台，其下模印一周菊瓣纹和一周弦纹，腹上、下部均印窄细菊瓣纹，风格一致，足外侧上部模印一周菊瓣纹，底端出台。口径 4.8、足径 4.5、高 11.0 厘米（图 4-88，2；彩版 4-572）。

B 型　62 件。

器形小巧。口颈部呈喇叭状，盘形口，圆肩，外底由边缘向内凹收。少数瓶的颈部接痕靠上，位于颈部下端。根据装饰纹样差异，分四亚型。

Ba 型　41 件。

腹部印菊瓣纹。盘口至颈部折收，尖唇，平沿，圈足外撇较大，足底端边缘有的出台。上段、中段粘接处多在颈、腹之间，有的略靠上，位于颈下部。上腹部与颈部衔接处多有小矮台。肩部多有一道凸弦纹，腹部上、下均模印窄细菊瓣纹。

标本 02NH01T2019∶1449，足底端边缘出台，底心凹。釉色淡青，局部泛灰。足部外侧有模印菊瓣纹。口径 2.7、足径 2.7、高 5.7 厘米（图 4-89，1；彩版 4-573）。

标本 02NH01T2019∶1468，底不平，底心微凸。釉色浅淡，釉面开细密纹片。口径 3.2、足径 3.2、高 6.3 厘米（图 4-89，2；彩版 4-574）。

标本 02NH01T2019∶1869，底心微凸。上段接痕在颈中部，粘接痕明显。釉面泛灰黄色，开细碎纹片，开片处多泛黄褐色。口径 3.5、足径 3.4、高 7.4 厘米（图 4-90，1；彩版 4-575）。

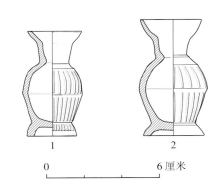

图 4-89　德化窑 Ba 型青白瓷长颈瓶
1. 02NH01T2019∶1449　2. 02NH01T2019∶1468

彩版 4-573　青白瓷长颈瓶
02NH01T2019：1449

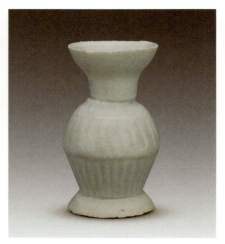

彩版 4-574　青白瓷长颈瓶
02NH01T2019：1468

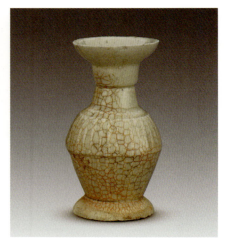

彩版 4-575　青白瓷长颈瓶
02NH01T2019：1869

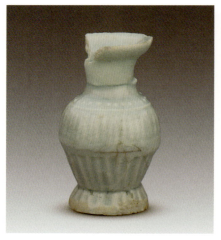

彩版 4-576　青白瓷长颈瓶
02NH01T2020：371

彩版 4-577　青白瓷长颈瓶
02NH01T2019：675

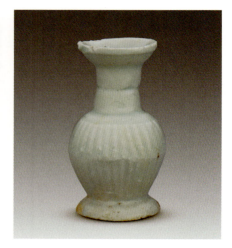

彩版 4-578　青白瓷长颈瓶
02NH01T2019：1209

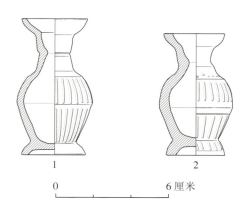

图 4-90　德化窑 Ba 型青白瓷长颈瓶
1. 02NH01T2019：1869　2. 02NH01T2020：371

标本 02NH01T2020：371，足底端边缘出台。上段接痕位于颈中部，粘接痕明显。釉色泛青，釉面开稀疏纹片。肩部凸弦纹上饰一周连珠纹。口径 3.2、足径 3.1、高 6.6 厘米（图 4-90，2；彩版 4-576）。

标本 02NH01T2019：675，釉色浅淡，釉面光润，局部开片，足部沁蚀呈泛灰黑色。印纹清晰。口径 3.1、足径 3.4、高 6.1 厘米（彩版 4-577）。

标本 02NH01T2019：1209，足外侧不出台，颈中部接痕明显。釉色淡青，釉面光润。口径 3.0、足径 3.2、高 6.9 厘米（彩版 4-578）。

标本 02NH01T2019：1441，釉色泛白，积釉处泛青，釉面开细密纹片。口、足修坯较粗糙。口径 3.1、足径 3.2、高 6.1 厘米（彩版 4-579）。

标本 02NH01T2019：1445，足底端边缘出台，底心凹。釉色泛青，釉层薄厚不匀。足部外侧模印菊瓣纹。口径 2.7、足径 2.7、高 5.6 厘米（彩版 4-580）。

标本 02NH01T2019：1447，底心凹。釉色浅淡，开细密纹片。口径 3.3、足径 3.2、高 6.2 厘米（彩版 4-581）。

标本 02NH01T2019：1448，颈中部接痕明显。釉色泛灰青，釉面开细碎纹片。口径 3.2、足径 3.5、高 7.2 厘米（彩版 4-582）。

标本 02NH01T2019：1451，底心微凸，足近底端出小台。釉色泛灰青。肩部凸弦纹上侧有一周小连珠纹，足部外侧模印菊瓣纹。口径 2.7、足径 2.9、高 5.7 厘米（彩版 4-583）。

标本 02NH01T2019：1455，底心微凸，足近底端出小台。釉色泛青，釉面开细碎纹片，足部釉有气泡，落有渣粒。足部外侧模印菊瓣纹。口径 3.0、足径 3.0、高 5.9 厘米（彩版 4-584）。

标本 02NH01T2019：1463，足近底端出小台。釉色泛灰青。肩部凸弦纹上侧有一周小连珠纹，

彩版 4-579　青白瓷长颈瓶
02NH01T2019：1441

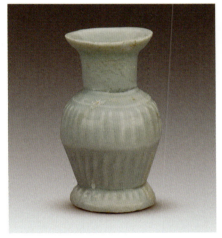

彩版 4-580　青白瓷长颈瓶
02NH01T2019：1445

彩版 4-581　青白瓷长颈瓶
02NH01T2019：1447

彩版 4-582　青白瓷长颈瓶
02NH01T2019：1448

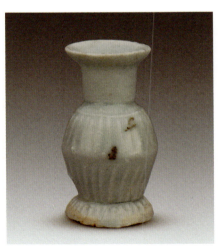

彩版 4-583　青白瓷长颈瓶
02NH01T2019：1451

彩版 4-584　青白瓷长颈瓶
02NH01T2019：1455

足部外侧模印菊瓣纹。口径 2.6、足径 3、高 5.7 厘米（彩版 4-585）。

　　标本 02NH01T2019：1867，底心凹。釉色浅淡，泛灰。肩部凸弦纹上侧有一周小连珠纹，足部外侧模印菊瓣纹。口径 2.7、足径 2.8、高 5.1 厘米（彩版 4-586）。

　　标本 02NH01T2019：1870，上段接痕在颈中部。釉泛淡青，釉面光润。腹中部有釉粘连痕迹，可能为相邻两器并置同烧粘连所致。口径 3.0、足径 3.2、高 6.8 厘米（彩版 4-587）。

　　标本 02NH01T2019：1873，足近底端出小台。釉色泛青，一侧釉面有剥落，伴有大面积乳白色结晶斑。足部外侧模印菊瓣纹。口径 2.7、足径 2.9、高 5.7 厘米（彩版 4-588）。

　　标本 02NH01T2019：1874，底心微凸，足近底端出小台。釉色淡青，足部内外及外底无釉，口颈部开细碎纹片。足部外侧模印菊瓣纹。口径 2.6、足径 3.0、高 5.4 厘米（彩版 4-589）。

彩版 4-585　青白瓷长颈瓶
02NH01T2019：1463

彩版 4-586　青白瓷长颈瓶
02NH01T2019：1867

彩版 4-587　青白瓷长颈瓶
02NH01T2019：1870

彩版 4-588　青白瓷长颈瓶
02NH01T2019：1873

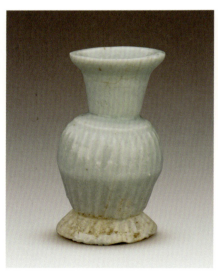

彩版 4-589　青白瓷长颈瓶
02NH01T2019：1874

彩版 4-590　青白瓷长颈瓶
02NH01T2019：1115

Bb 型 14 件。

腹部印卷草纹。口沿至颈部弧收，平沿，圈足外撇，足端多不出台，底心微凸。上段接痕在颈、腹部之间，腹上部衔接处出有矮台，上、下腹部接痕凸棱明显。上、下腹部均模印卷草纹。部分器物外底心有墨书题记。

标本 02NH01T2019：1115，釉色淡青，釉面光洁。上腹部模印一周五组卷云纹，下腹部印四组卷草纹。口径 3.2、足径 3.0、高 6.1 厘米（图 4-91，1；彩版 4-590）。

标本 02NH01T2019：1442，窄平沿。釉色淡青，釉面光洁。上腹部模印一周四组卷云纹，下腹部印四组卷草纹。口径 3.1、足径 3.2、高 6.0 厘米（图 4-91，2；彩版 4-591）。

标本 02NH01T2019：1444，足下端出矮台。釉色浅淡，内壁施釉至口沿下，以下无釉。上腹部模印一周六组卷云纹，下腹部素面无纹。口径 3.2、足径 3.2、高 6.1 厘米（图 4-91，3；彩版 4-592）。

标本 02NH01T2019：1437，釉色泛白，釉面光润。肩部有两道凸弦纹，上腹部模印一周五组卷云纹，下腹部素面无纹。口径 3.1、足径 3.0、高 6.0 厘米（彩版 4-593）。

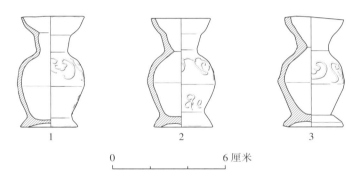

0   6 厘米

图 4-91 德化窑 Bb 型青白瓷长颈瓶

1. 02NH01T2019：1115   2. 02NH01T2019：1442   3. 02NH0IT2019：1444

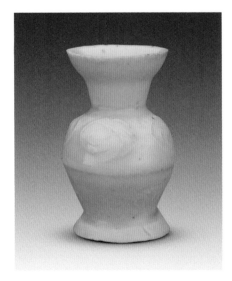 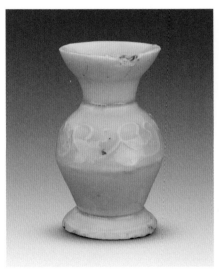 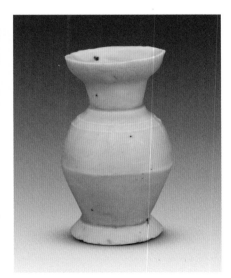

彩版 4-591 青白瓷长颈瓶
02NH01T2019：1442

彩版 4-592 青白瓷长颈瓶
02NH01T2019：1444

彩版 4-593 青白瓷长颈瓶
02NH01T2019：1437

标本02NH01T2019：552，外底足端出矮台。釉色泛白，釉面开细碎纹片，落有少量小渣粒。肩部有两道弦纹，上、下腹均模印一周六组卷草纹。外底心有墨书题记"□"，字迹清晰。口径3.3、足径3.3、高6.2厘米（彩版4-594）。

标本02NH01T2019：1446，窄平沿。釉色浅淡，釉面开细碎纹片。上腹部模印一周五组卷草纹，分布不匀，下腹部印四组卷草纹。足外侧落有渣粒。口径3.1、足径3.2、高5.9厘米（彩版4-595）。

彩版4-594　青白瓷长颈瓶02NH01T2019：552　　　彩版4-595　青白瓷长颈瓶
02NH01T2019：1446

Bc型　6件。

弦纹。口沿至颈部弧收，足端出矮台，底心微凸。上段接痕在颈、腹之间，腹上部衔接处出有矮台，上、下腹部接痕凸棱明显。肩部饰有两道或三道凸弦纹，腹部无纹。

标本02NH01T2019：1865，胎色白，厚薄不匀。釉色浅淡，足端外侧有流釉。肩部有两道弦纹。口径3.1、足径3.2、高6.2厘米（图4-92；彩版4-596）。

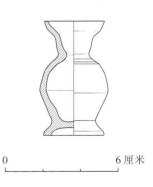

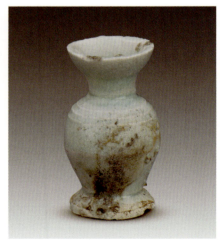

0　　　　　　6厘米

图4-92　德化窑Bc型青白瓷长颈瓶　　　彩版4-596　青白瓷长颈瓶　　　彩版4-597　青白瓷长颈瓶
（02NH01T2019：1865）　　　　02NH01T2019：1865　　　　02NH01T2019：1116

标本02NH01T2019：1116，釉色淡青，釉面开细碎纹片，腹部有灰迹，落有渣粒。肩部有三道凸弦纹。口径3.2、足径3.2、高6.3厘米（彩版4-597）。

标本02NH01T2019：1436，外底心有小脐突。胎有几处孔隙。肩部有两道弦纹。口径3.1、足径3.2、高6.2厘米（彩版4-598）。

Bd型　1件。

腹部素面无纹。

标本02NH01T2021：201，口沿至颈部弧收，足端出矮台，底心凹。腹部上下接痕处的凸棱明显。釉色泛淡青，釉面光润。口径2.9、足径2.8、高5.6厘米（彩版4-599）。

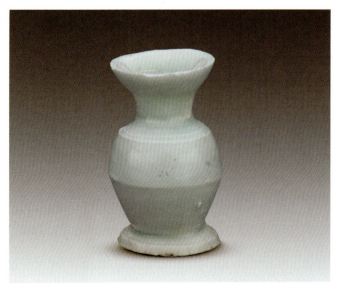 

彩版4-598　青白瓷长颈瓶02NH01T2019：1436　　　　彩版4-599　青白瓷长颈瓶02NH01T2021：201

7. 葫芦瓶

19件。

亚腰葫芦形，小口，直口微敛，上腹圆鼓，下腹扁鼓，垂腹状，饼状足或浅圈足，底较平。瓶的口部至上腹上部、上腹下部、下腹上部、下腹下部分成四段模制，粘接而成，上、下腹的中部粘接处微向外突起。胎色白，质细密。外壁施青白釉，色偏白，施釉至腹近底端，外底无釉，内壁无釉。釉面光洁莹润。根据足部特征差异，分两型。

A型　17件。

圆饼状足。足部出矮台，呈圆饼状，平底。下腹上端有三道凸弦纹。

标本02NH01T2020：657，底心有小凹。釉面局部开片。口径1.3、足径3.8、高8.8厘米（图4-93，1；彩版4-600）。

标本02NH01T2020：678，平底内凹，中部有一道凸纹。腹下端开细碎纹片。口径1.5、足径3.9、高8.8厘米（图4-93，2；彩版4-601）。

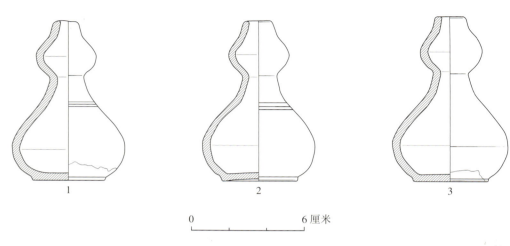

0　　　　　　　　6 厘米

图 4-93　德化窑 A 型青白瓷葫芦瓶

1.02NH01T2020：657　2.02NH01T2020：678　3.02NH01T2021：206

彩版 4-600　青白瓷葫芦瓶 02NH01T2020：657

彩版 4-601　青白瓷葫芦瓶 02NH01T2020：678

标本 02NH01T2021：206，釉色泛黄，釉面开细碎纹片。口径 1.5、足径 3.9、高 9.0 厘米（图 4-93，3；彩版 4-602）。

标本 02NH01T2020：655，釉色局部呈淡青色，光亮莹润。口径 1.3、足径 3.8、高 8.7 厘米（彩版 4-603）。

标本 02NH01T2020：679，平底微内凹。釉色泛黄，下腹部有褐斑。口径 1.3、足径 3.8、高 8.9 厘米（彩版 4-604）。

标本 02NH01T2021：211，釉色泛淡青，光洁莹润。口径 1.3、足径 3.8、高 9.0 厘米（彩版 4-605）。

标本 02NH01T2021：212，平底内凹。釉色白，釉面光润。口径 1.4、足径 3.8、高 8.9 厘米（彩版 4-606）。

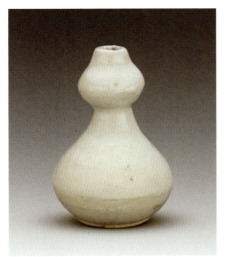

彩版 4-602　青白瓷葫芦瓶 02NH01T2021：206　　　　　彩版 4-603　青白瓷葫芦瓶
02NH01T2020：655

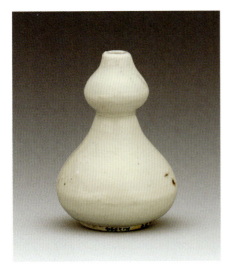
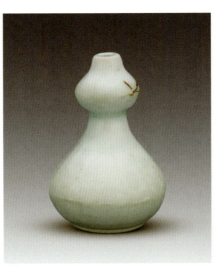
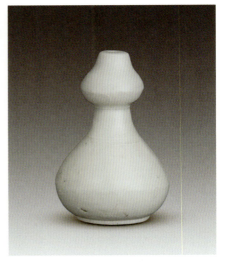

彩版 4-604　青白瓷葫芦瓶
02NH01T2020：679　　　　　彩版 4-605　青白瓷葫芦瓶
02NH01T2021：211　　　　　彩版 4-606　青白瓷葫芦瓶
02NH01T2021：212

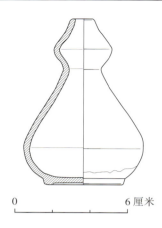

图 4-94　德化窑 B 型青白瓷葫芦瓶
（02NH01T2021：293）

B 型　2 件。

矮圈足，足沿较宽，挖足较浅，外底较平。

标本 02NH01T2021：293，釉色不匀，局部泛黄，腹底端及底足无釉，釉面开细碎纹片。口径 1.2、足径 4.2、高 9.1 厘米（图 4-94；彩版 4-607）。

标本 02NH01T2021：209，足沿宽平，足浅。釉色淡青，釉面光润，釉面有少许渣粒。口径 1.3、足径 4.0、高 8.9 厘米（彩版 4-608）。

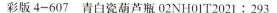

彩版 4-607　青白瓷葫芦瓶 02NH01T2021：293

彩版 4-608　青白瓷葫芦瓶
02NH01T2021：209

8. 双系小罐

150 件。

直口，高领，口、领微内收，丰肩，鼓腹，较深，腹下端弧收，平底，多微内凹。颈、肩衔接处装双管状系。腹中部有明显胎接痕迹，上、下分别模制，粘接而成。胎色白，质细密，胎体多轻薄。内外施青白釉，釉色多泛白，釉面光洁莹润。内壁荡釉，外壁施釉至腹近底端，腹底端及外底无釉。上、下腹壁均模印缠枝纹。部分器物外底有墨书题记。根据肩部装饰纹样差异，分三型。

A 型　92 件。

肩部印三道凸弦纹，腹上、下部双弦纹之间模印两组缠枝纹，每组均为两枝蔓纹，纹样清晰。

标本 02NH01T2019：557，胎稍厚，釉色偏白。外底心有墨书题记"囗"。口径 2.4、底径 3.9、高 8.0 厘米（图 4-95，1；彩版 4-609）。

标本 02NH01T2021：130，釉色淡青，光亮莹润。罐内底粘连有瓷片。口径 2.5、底径 3.7、高 7.8

厘米（图 4-95，2；彩版 4-610）。

标本 02NH01T2019：554，胎稍厚。釉色泛黄，釉面开细碎纹片。外底心有墨书题记"□"，字迹清晰。口径 2.4、底径 4、高 8.3 厘米（彩版 4-611）。

标本 02NH01T2019：555，胎稍厚。釉色偏白，肩部有落渣。外底心有墨书题记"□"，字迹清晰。口径 2.6、底径 3.6、高 7.9 厘米（彩版 4-612）。

标本 02NH01T2019：560，釉色泛灰白，釉面开细碎纹片，部分泛灰黑色。外底心有墨书题记"中"。口径 2.5、底径 3.8、高 8.1 厘米（彩版 4-613）。

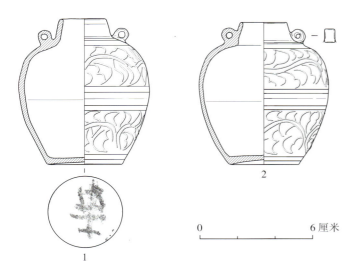

图 4-95　德化窑 A 型青白瓷双系小罐

1. 02NH01T2019：557　2. 02NH01T2021：130

彩版 4-610　青白瓷双系小罐 02NH01T2021：130

彩版 4-609　青白瓷双系小罐 02NH01T2019：557

彩版 4-611　青白瓷双系小罐 02NH01T2019：554

彩版 4-612　青白瓷双系小罐 02NH01T2019：555

彩版 4-613　青白瓷双系小罐 02NH01T2019：560

标本 02NH01T2019：564，尖唇。胎稍厚。釉色偏白。外底心有墨书题记"□"。口径 2.6、底径 3.8、高 7.8 厘米（彩版 4-614）。

标本 02NH01T2019：567，胎稍厚。釉色偏白。外底心有墨书题记"中"。口径 2.5、底径 3.7、高 8.0 厘米（彩版 4-615）。

标本 02NH01T2019：568，平底。胎稍厚，釉色偏白。外底心有墨书题记"□"。口径 2.6、底径 3.7、高 7.8 厘米（彩版 4-616）。

标本 02NH01T2019：580，釉泛淡青色。外底心有墨书题记"□"。口径 2.6、底径 3.8、高 7.9 厘米（彩版 4-617）。

标本 02NH01T2019：581，平底，底心有凹窝。釉色淡青，光洁莹润。外底心有墨书题记痕迹，不可辨识。口径 2.4、底径 3.8、高 7.8 厘米（彩版 4-618）。

标本 02NH01T2019：587，胎稍厚。釉色浅淡。外底心有墨书题记"□"。腹部有粘连痕迹。口径 2.5、底径 3.8、高 7.8 厘米（彩版 4-619）。

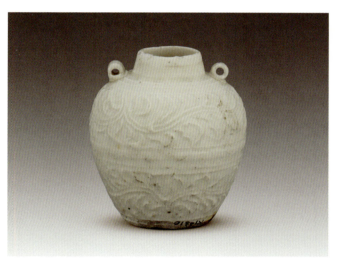 

彩版 4-614　青白瓷双系小罐 02NH01T2019：564

彩版 4-615　青白瓷双系小罐 02NH01T2019：567

彩版 4-616   青白瓷双系小罐 02NH01T2019：568

彩版 4-617   青白瓷双系小罐 02NH01T2019：580

彩版 4-618   青白瓷双系小罐
02NH01T2019：581

彩版 4-619   青白瓷双系小罐 02NH01T2019：587

彩版 4-620   青白瓷双系小罐
02NH01T2019：589

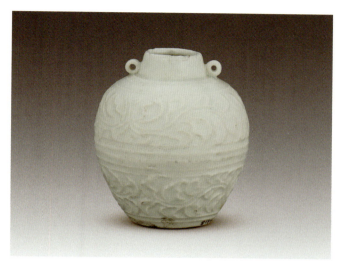

彩版 4-621 青白瓷双系小罐 02NH01T2019：594

标本 02NH01T2019：589，釉色浅淡。外底心有墨书题记"□"。口沿处有粘连痕迹。口径 2.4、底径 3.6、高 7.8 厘米（彩版 4-620）。

标本 02NH01T2019：594，釉色浅淡。外底心有墨书题记"□"。口径 2.4、底径 3.6、高 7.8 厘米（彩版 4-621）。

标本 02NH01T2019：595，胎稍厚。釉泛淡青色，釉面有灰褐斑。外底心有墨书题记"□"。口径 2.2、底径 3.3、高 7.8 厘米（彩版 4-622）。

标本 02NH01T2019：596，胎稍厚。釉色浅淡。外底心有墨书题记"□"。口径 2.5、底径 3.7、高 7.8 厘米（彩版 4-623）。

标本 02NH01T2019：597，平底内凹。胎稍厚。釉色浅淡。外底心有墨书题记"中"。口径 2.4、底径 3.9、高 8.0 厘米（彩版 4-624）。

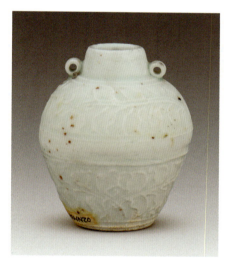

彩版 4-622 青白瓷双系小罐 02NH01T2019：595

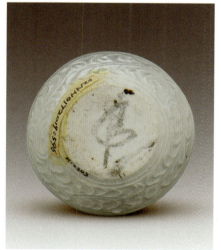

彩版 4-623 青白瓷双系小罐 02NH01T2019：596

彩版 4-624　青白瓷双系小罐 02NH01T2019：597

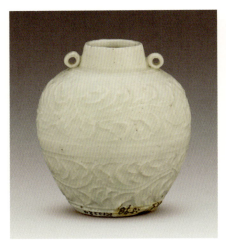

彩版 4-625　青白瓷双系小罐
02NH01T2019：598

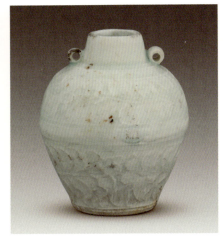

彩版 4-626　青白瓷双系小罐
02NH01T2019：603

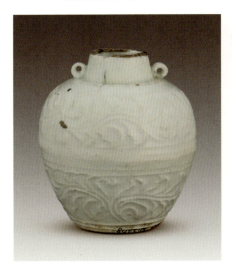

彩版 4-627　青白瓷双系小罐 02NH01T2020：362

标本 02NH01T2019：598，釉色泛黄。口径 2.6、底径 3.9、高 7.9 厘米（彩版 4-625）。

标本 02NH01T2019：603，腹略深。釉泛淡青，有灰褐斑。腹中部有釉粘连痕。口径 2.1、底径 3.4、高 7.9 厘米（彩版 4-626）。

标本 02NH01T2020：362，釉色浅淡。外底心有墨书题记"囗"。口沿有粘连痕迹。口径 2.5、底径 3.8、高 7.9 厘米（彩版 4-627）。

标本 02NH01T2020：364，腹略深。釉泛淡青色。外底心有墨书题记"囗"。口径 2.2、底径 3.3、高 8.0 厘米（彩版 4-628）。

标本 02NH01T2020：640，胎稍厚。釉色泛黄，釉面开细碎纹片，有灰斑。外底心有墨书题记"囗"，字迹清晰。口径 2.5、底径 3.9、高 8.2 厘米（彩版 4-629）。

标本 02NH01T2020：972，釉色偏白，釉面光润。口径 2.5、底径 3.7、高 7.9 厘米（彩版 4-630）。

标本 02NH01T2021：102，釉泛淡青色。口径 2.4、底径 3.7、高 7.8 厘米（彩版 4-631）。

标本 02NH01T2021：104，釉泛淡青色。口径 2.5、底径 3.6、高 7.7 厘米（彩版 4-632）。

标本 02NH01T2021：108，腹略深，胎稍厚。釉色淡青，光洁莹润。口径 2.4、底径 3.7、

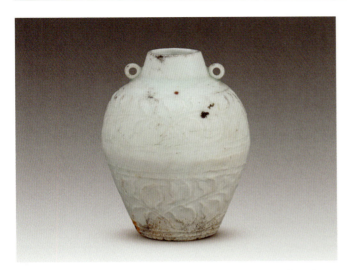 

彩版 4-628　青白瓷双系小罐 02NH01T2020：364

彩版 4-629　青白瓷双系小罐 02NH01T2020：640

 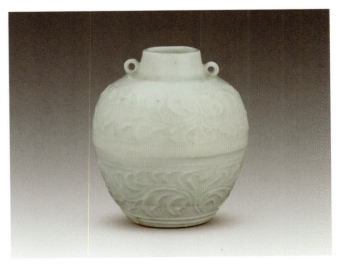

彩版 4-630　青白瓷双系小罐 02NH01T2020：972　　　彩版 4-631　青白瓷双系小罐 02NH01T2021：102

高 8.1 厘米（彩版 4-633）。

标本 02NH01T2021：114，釉色浅淡，颈、肩连接处积釉，色泛淡青。口径 2.5、底径 3.6、高 7.8 厘米（彩版 4-634）。

标本 02NH01T2021：119，釉色泛黄。口径 2.5、底径 3.8、高 7.8 厘米（彩版 4-635）。

标本 02NH01T2021：120，釉色偏白。口径 2.6、底径 3.6、高 7.5 厘米（彩版 4-636）。

标本 02NH01T2021：125，釉泛淡青色。口径 2.5、底径 3.8、高 7.8 厘米（彩版 4-637）。

标本 02NH01T2021：126，釉色偏白。口径 2.4、底径 3.6、高 8.0 厘米（彩版 4-638）。

标本 02NH01T2021：133，釉色偏白。口径 2.6、底径 3.9、高 7.9 厘米（彩版 4-639）。

标本 02NH01T2021：134，釉色淡青。口径 2.5、底径 3.8、高 7.9 厘米（彩版 4-640）。

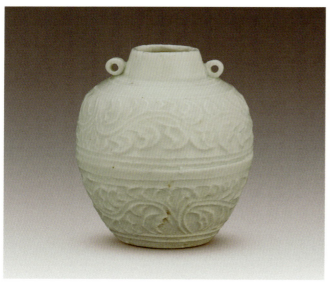

彩版 4-632　青白瓷双系小罐 02NH01T2021：104

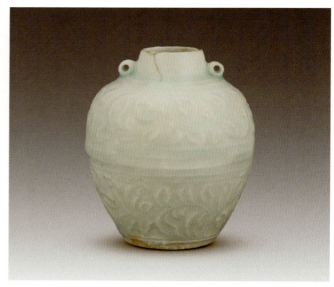

彩版 4-633　青白瓷双系小罐 02NH01T2021：108

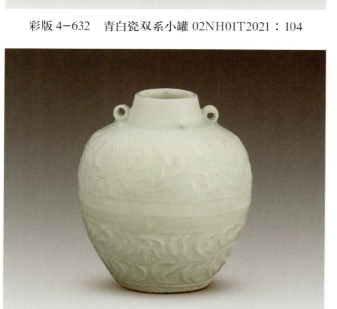

彩版 4-634　青白瓷双系小罐 02NH01T2021：114

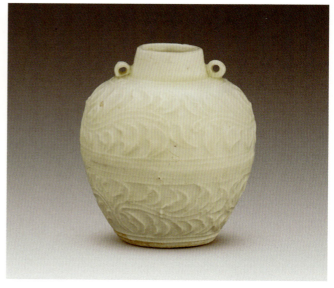

彩版 4-635　青白瓷双系小罐 02NH01T2021：119

彩版 4-636　青白瓷双系小罐 02NH01T2021：120

彩版 4-637　青白瓷双系小罐 02NH01T2021：125

彩版 4-638　青白瓷双系小罐　　　彩版 4-639　青白瓷双系小罐　　　彩版 4-640　青白瓷双系小罐
　　02NH01T2021：126　　　　　　　　02NH01T2021：133　　　　　　　　02NH01T2021：134

标本 02NH01T2021：145，釉色浅淡。口径 2.6、底径 3.9、高 7.9 厘米（彩版 4-641）。

标本 02NH01T2021：148，釉色浅淡。口径 2.5、底径 3.8、高 7.9 厘米（彩版 4-642）。

标本 02NH01T2021：154，釉色偏白。口径 2.4、底径 3.8、高 7.9 厘米（彩版 4-643）。

标本 02NH01T2021：156，釉色浅淡。口径 2.4、底径 3.6、高 7.9 厘米（彩版 4-644）。

标本 02NH01T2021：165，釉色浅淡。口径 2.6、底径 3.9、高 7.9 厘米（彩版 4-645）。

标本 02NH01T2021：173，釉色泛黄，釉面开细碎纹片。外底心有墨书题记"中"。口径 2.5、底径 3.7、高 7.7 厘米（彩版 4-646）。

标本 02NH01T2021：175，釉色偏白。外底心有墨书题记"□"。口径 2.4、底径 3.8、高 7.9 厘米（彩版 4-647）。

标本 02NH01T2021：176，胎稍厚。釉色浅淡。外底心有墨书题记"□"。口径 2.4、底径 4.0、高 7.9 厘米（彩版 4-648）。

彩版 4-641　青白瓷双系小罐
02NH01T2021：145

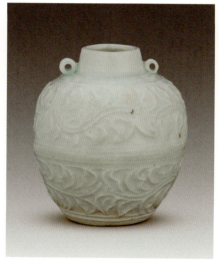

彩版 4-642　青白瓷双系小罐
02NH01T2021：148

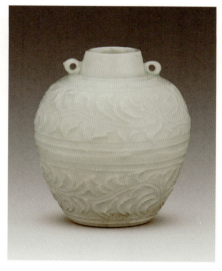

彩版 4-643　青白瓷双系小罐
02NH01T2021：154

彩版 4-644　青白瓷双系小罐
02NH01T2021：156

彩版 4-645　青白瓷双系小罐 02NH01T2021：165

彩版 4-646　青白瓷双系小罐 02NH01T2021：173

彩版 4-647　青白瓷双系小罐 02NH01T2021：175

彩版 4-648　青白瓷双系小罐 02NH01T2021：176

标本02NH01T2021：177，釉色偏白。口径2.4、底径3.7、高7.9厘米（彩版4-649）。

标本02NH01T2021：181，一系残。腹略深。釉泛淡青色，有黄褐斑。口径2.3、底径3.4、高7.8厘米（彩版4-650）。

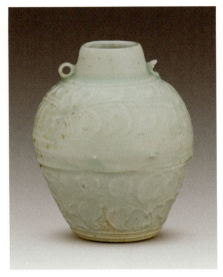

彩版4-649　青白瓷双系小罐
02NH01T2021：177

彩版4-650　青白瓷双系小罐02NH01T2021：181

B型　43件。

肩部印一周细连珠纹，腹部上、下凸弦纹之间均模印两组缠枝纹，每组均为两枝蔓纹，纹样清晰。釉色多浅淡，釉面多开细碎纹片。

标本02NH01T2019：584，釉色泛白，釉面光润。外底心有墨书题记"□"，字迹清晰。口径2.6、底径3.7、高8.1厘米（图4-96，1；彩版4-651）。

标本02NH01T2021：159，釉泛淡青色。口径2.2、底径3.4、高8.0厘米（图4-96，2；彩版4-652）。

标本02NH01T2019：553，釉色泛黄，釉面部分泛灰黑，开细碎纹片。外底心有墨书题记"□"，字迹清晰。口径2.5、底径4.1、高8.1厘米（彩版4-653）。

标本02NH01T2019：572，釉色泛黄，釉面部分沁成灰黑色，开片细密。外底心有墨书题记"□"，字迹清晰。口径2.5、底径4.1、高8.2厘米（彩版4-654）。

标本02NH01T2019：573，釉色淡青。外底心有墨书题记"□"。口径2.6、底径3.9、高7.9厘米（彩版4-655）。

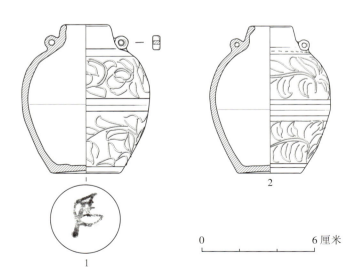

0　　　　　　　6厘米

图4-96　德化窑B型青白瓷双系小罐
1.02NH01T2019：584　2.02NH01T2021：159

 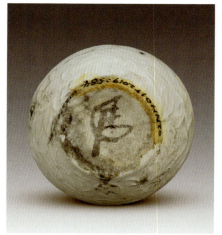 

彩版 4-651　青白瓷双系小罐 02NH01T2019：584　　　彩版 4-652　青白瓷双系小罐
02NH01T2021：159

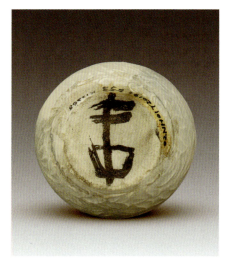 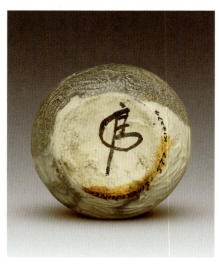

彩版 4-653　青白瓷双系小罐　　　彩版 4-654　青白瓷双系小罐　　　彩版 4-655　青白瓷双系小罐
02NH01T2019：553　　　　　　02NH01T2019：572　　　　　　02NH01T2019：573

彩版4-656　青白瓷双系小罐 02NH01T2019：575

彩版4-657　青白瓷双系小罐 02NH01T2019：599

标本 02NH01T2019：575，釉色局部泛黄，口沿内侧有釉。腹上部有两处釉粘连痕。外底有墨书题记"□"。口径2.6、底径4.0、高8.1厘米（彩版4-656）。

标本 02NH01T2019：599，腹上部两侧有釉粘连痕。外底心有墨书题记"□"。口径2.4、底径4.0、高8.0厘米（彩版4-657）。

标本 02NH01T2019：600，一系有残。釉色浅淡，局部有灰沁。口径2.7、底径4.0、高8.3厘米（彩版4-658）。

标本 02NH01T2021：127，釉色淡青，光洁莹润。肩部印卷草纹，其下为一周细连珠纹。口径2.3、底径3.4、高8.1厘米（彩版4-659）。

标本 02NH01T2021：128，腹略深。釉色淡青。口径2.4、底径3.5、高8.0厘米（彩版4-660）。

彩版4-658　青白瓷双系小罐
02NH01T2019：600

彩版4-659　青白瓷双系小罐
02NH01T2021：127

彩版4-660　青白瓷双系小罐
02NH01T2021：128

标本 02NH01T2021：135，釉色淡青，有灰褐斑。口径 2.3、底径 3.4、高 8.1 厘米（彩版 4-661）。

标本 02NH01T2021：135A，腹略深。釉色泛黄，开细密纹片。口径 2.3、底径 3.4、高 7.9 厘米（彩版 4-662）。

标本 02NH01T2021：136，平底微内凹。釉色淡青。肩部印卷草纹，其下为一周细连珠纹。口径 2.3、底径 3.5、高 8.1 厘米（彩版 4-663）。

标本 02NH01T2021：144，口径 2.4、底径 3.4、高 8.0 厘米（彩版 4-664）。

标本 02NH01T2021：169，口径 2.3、底径 3.4、高 7.9 厘米（彩版 4-665）。

标本 02NH01T2021：171，肩部印卷草纹，其下为一周细连珠纹。口径 2.2、底径 3.5、高 8.1 厘米（彩版 4-666）。

标本 02NH01T2021：172，釉色偏白。口径 2.3、底径 3.4、高 8.2 厘米（彩版 4-667）。

彩版 4-661　青白瓷双系小罐
02NH01T2021：135

彩版 4-662　青白瓷双系小罐
02NH01T2021：135A

彩版 4-663　青白瓷双系小罐
02NH01T2021：136

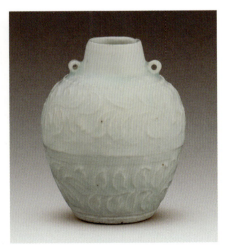

彩版 4-664　青白瓷双系小罐
02NH01T2021：144

彩版 4-665　青白瓷双系小罐
02NH01T2021：169

彩版 4-666　青白瓷双系小罐
02NH01T2021：171

彩版4-667　青白瓷双系小罐 02NH01T2021：172

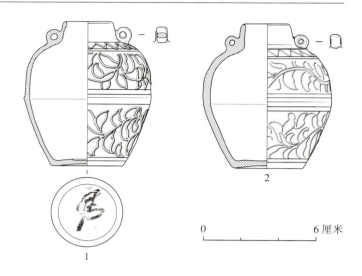

图4-97　德化窑C型青白瓷双系小罐
1. 02NH01T2019：579　2. 02NH01T2021：118

C型　15件。

肩部双弦纹之间印一周覆莲纹，腹部上、下双弦纹之间均模印两组缠枝纹，每组均为两枝蔓纹，纹样清晰。胎体多较薄。釉色多浅淡，颈肩衔接处多积釉较厚，色泛淡青，釉面光润。

标本02NH01T2019：579，外底心有墨书题记"□"，字迹清晰。口径2.5、底径3.7、高7.9厘米（图4-97，1；彩版4-668）。

标本02NH01T2021：118，釉色淡青，颈、肩部开细碎纹片。口径2.4、底径3.7、高7.9厘米（图4-97，2；彩版4-669）。

标本02NH01T2019：561，胎稍厚。釉色泛白，釉面开细碎纹片，纹片处呈灰黑色。外底心有墨书题记"□"，字迹清晰。口径2.5、底径3.8、高8.4厘米（彩版4-670）。

标本02NH01T2019：571，釉色偏白，腹部开细碎纹片。外底心有墨书题记"□"，晕散不清。

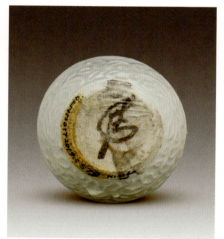

彩版4-668　青白瓷双系小罐 02NH01T2019：579

彩版4-669　青白瓷双系小罐
02NH01T2021：118

口径 2.6、底径 3.9、高 8.0 厘米（彩版 4-671）。

标本 02NH01T2019：576，胎稍厚。釉色不匀，局部微泛黄，颈肩衔接处积釉偏白，腹中部开细碎纹片。外底心有墨书题记"□"，字迹清晰。口径 2.6、底径 3.7、高 8.1 厘米（彩版 4-672）。

标本 02NH01T2021：109，釉面开细碎纹片，开片处部分泛灰。口径 2.6、底径 4.0、高 8.3 厘米（彩版 4-673）。

标本 02NH01T2021：116，釉色淡青。口径 2.6、底径 3.8、高 7.9 厘米（彩版 4-674）。

标本 02NH01T2021：149，胎稍厚。釉色淡青。口径 2.3、底径 3.6、高 7.9 厘米（彩版 4-675）。

标本 02NH01T2021：179，釉色浅淡，积釉处泛青，有小灰斑。口径 2.5、底径 3.7、高 7.9 厘米（彩版 4-676）。

彩版 4-670 青白瓷双系小罐 02NH01T2019：561

彩版 4-671 青白瓷双系小罐 02NH01T2019：571

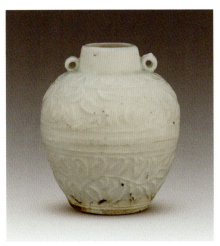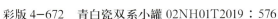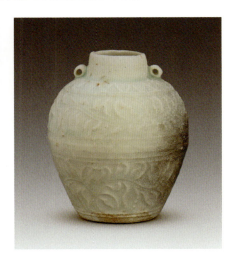

彩版 4-672 青白瓷双系小罐 02NH01T2019：576

彩版 4-673 青白瓷双系小罐 02NH01T2021：109

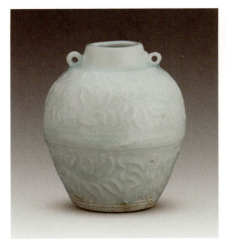
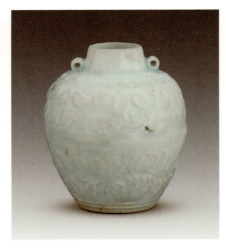

彩版 4-674　青白瓷双系小罐　　　　彩版 4-675　青白瓷双系小罐　　　　彩版 4-676　青白瓷双系小罐
02NH01T2021：116　　　　　　　　02NH01T2021：149　　　　　　　　02NH01T2021：179

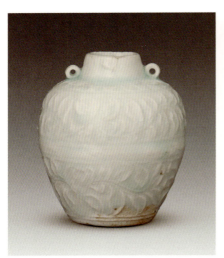

彩版 4-677　青白瓷双系小罐 02NH01T2021：164

标本 02NH01T2021：164，釉色泛白。口径 2.4、足径 3.8、高 7.8 厘米（彩版 4-677）。

9．四系小罐

25 件。

直口，有领，丰肩，四系呈横装管状，分布较均匀，腹中部鼓，平底内凹。罐腹中部有明显胎接痕迹。罐一般应配有盖。内外施青白釉，有的泛白，釉面光洁莹润。罐内壁荡釉，外壁大多施釉至腹下端，腹底端及外底无釉。外壁大多模印花纹。根据口部及腹部差异，分三型。

A 型　14 件。

广口，鼓腹。阔口，矮颈，圆鼓腹，下腹弧收。罐上、下分别模制，腹中部粘接痕迹明显。盖子口，盖面隆起，顶心装一管状纽。盖内子口以手捏修而成，多凸凹不平，中心有脐突。罐、盖应为扣合一起烧造。胎色白，质细密。釉色偏白，釉层较薄。盖面、罐腹上下部均模印花纹。部分罐外底有墨书题记。根据口部及四系位置差异，分两亚型。

Aa 型　13 件。

直口内敛，肩部装四小系。口沿处刮釉一周，盖内无釉。外底心一般可见多圈凹纹。

标本 02NH01T2019：1148，釉面开细碎纹片，有灰褐斑。肩部印卷草纹，其下为双弦纹，腹上部印三组卷草花卉纹，下腹部模印八组卷草纹，印纹较浅。口径 5.4、底径 5.6、高 8.2 厘米（图 4-98，2；彩版 4-678）。

标本 02NH01T2019：1144，带盖。罐肩部印卷草纹，其下为双弦纹，腹上部、腹下部均模印

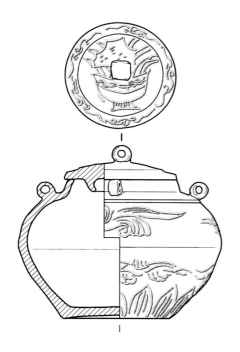

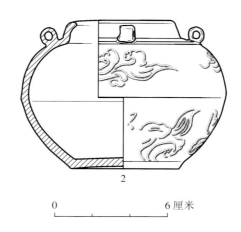

0　　　　　　　　　　6 厘米

图 4-98　德化窑 Aa 型青白瓷四系小罐
1. 02NH01T2019：1144　2. 02NH01T2019：1148

彩版 4-678　青白瓷四系小罐 02NH01T2019：1148

彩版 4-679　青白瓷四系小罐 02NH01T2019：1144

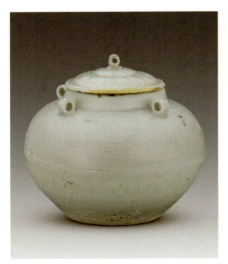

彩版 4-680　青白瓷四系小罐 02NH01T2021：215

一周卷草纹，腹底端印一周仰莲瓣纹，印纹较浅。盖沿较宽，盖面上有一道凸棱，凸棱外模印卷草纹，顶心印盆花纹。罐外底有墨书题记"吴□"，字迹清晰。罐口径5.6、底径5.5、高7.7厘米（图4-98，1；彩版4-679）。

标本02NH01T2021：215，带盖。一系残缺。罐肩部印卷云纹，其下为双弦纹，腹上部模印五朵云纹，腹下部至底端印一周八片蕉叶纹，印纹较浅。盖沿较窄，盖面上分两圈图案，边缘模印一周莲纹，顶心印卷草纹。罐口径5.4、底径5.4、高8厘米，盖口径4.3、盖沿5.9、高2.2厘米（图4-99；彩版4-680）。

标本02NH01T2019：1145，一系残缺。釉面开细碎纹片，部分泛灰黑。肩部印卷草纹，其下为双弦纹，腹上部、腹下部均模印一周卷草纹，腹底端印一周莲瓣纹，印纹较浅。外底有墨书题记"吴□"，字迹清晰。口径5.8、底径5.6、高7.7厘米（彩版4-681）。

标本02NH01T2019：1146，带盖。釉面有细密开片，积釉处泛青。罐肩部印卷草纹，其下为双弦纹，腹上、下部均模印一周卷草纹，腹底端印一周莲瓣纹。盖沿较宽，盖面边缘印一圈卷草纹，顶面中心印盆花纹。子口有手工捏修痕，底部有修坯痕迹。罐口径5.7、底径5.5、盖口径2.8、沿径5.9、通高9.4厘米（彩版4-682）。

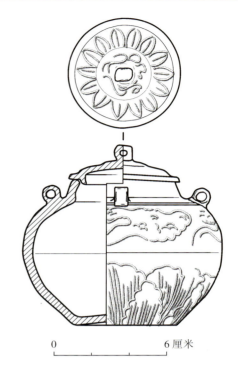

图4-99　德化窑Aa型青白瓷四系小罐
（02NH01T2021：215）

标本02NH01T2019：1147，肩部印卷草纹，其下为双弦纹，腹上部印三组卷草花卉纹，下腹部模印八组卷草纹，印纹较浅。罐口径5.5、底径5.6、高8厘米（彩版4-683）。

标本02NH01T2019：1149，肩部印卷草纹，其下为双弦纹，腹上、下部均模印一周卷草纹，腹底端印一周莲瓣纹，印纹较浅。罐口径5.5、底径5.4、高7.8厘米（彩版4-684）。

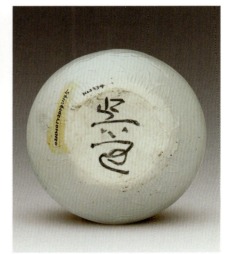

彩版4-681　青白瓷四系小罐02NH01T2019：1145

彩版 4-682　青白瓷四系小罐 02NH01T2019：1146

彩版 4-683　青白瓷四系小罐 02NH01T2019：1147

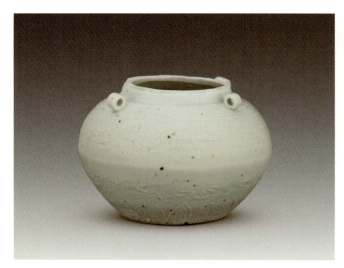

彩版 4-684　青白瓷四系小罐 02NH01T2019：1149

Ab 型 1件。

直口，颈、肩衔接处装四小系。

标本 02NH01T2019：551，釉色泛白，开细碎纹片，部分纹片处泛灰黑色。肩部、腹底端印有双弦纹，腹上部、下部均模印一周卷草纹，每组均为两枝蔓纹，印纹较浅。外底心有墨书题记"□"，字迹清晰。罐内盛有 8 个小罐盖，盖子口或呈圆饼形，饼形口者多以手捏修而成，凸凹不平。盖面隆起，顶心装一管状纽。盖面模印一周莲瓣纹。盖面施青白釉，光洁莹润，盖内无釉。罐口径 3.1、底径 4.9、高 8.0 厘米，罐内小盖口径 1.7~2.5、沿径 3.7~4.0、高约 1.8 厘米（彩版 4-685）。

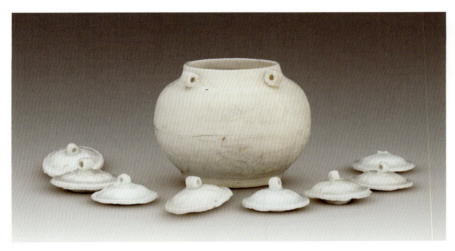

彩版 4-685　青白瓷四系小罐 02NH01T2019：551

B 型 7件。

小口，鼓腹。小直口，矮直颈，略内收，下腹弧收。口沿内多有抹修棱线。罐上、下分别模制，粘接而成，腹中部接痕明显。颈、肩衔接处装四小系。胎色白，质细密。青白釉色浅淡，颈肩衔接处积釉较厚，色泛淡青，釉面光洁莹润。腹底端多有施釉时蘸釉留下的手指痕迹。肩部双弦纹之间多印一周覆莲纹，腹上部、下部均模印两组缠枝纹，每组均为两枝蔓纹，印纹清晰，腹底端枝蔓纹下有两道凸弦纹。部分器物外底有墨书题记。制作工艺和装饰纹样、胎釉特征等与双系小罐相似。

标本 02NH01T2019：549，外底心有墨书题记痕迹"□"，字迹褪色。口径 3.1、底径 5.1、高 8.2 厘米（图 4-100，2；彩版 4-686）。

标本 02NH01T2019：548，

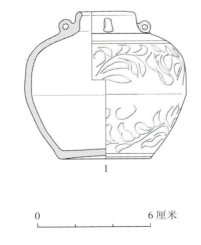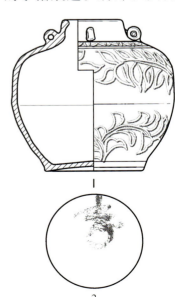

0 ——————— 6 厘米

图 4-100　德化窑 B 型青白瓷四系小罐

1. 02NH01T2019：548　2. 02NH01T2019：549

釉面开稀疏细碎纹片。口径 3.1、底径 4.8、高 8.0 厘米（图 4-100，1；彩版 4-687）。

标本 02NH01T2019：545，口径 3.1、底径 4.9、高 8.0 厘米（彩版 4-688）。

标本 02NH01T2019：546，釉色泛白，外壁施釉不及底。口径 3.1、底径 4.9、高 8.0 厘米（彩版 4-689）。

标本 02NH01T2019：550，腹部接痕微向外凸起。外底心有墨书题记"□"，字迹褪色。口径 3.1、底径 5.0、高 8.2 厘米（彩版 4-690）。

标本 02NH01T2019：547，釉面开稀疏纹片。口径 3.0、底径 5.0、高 8.2 厘米（彩版 4-691）。

标本 02NH01T2021：191，釉色泛白，釉面局部开片。肩部双弦纹之间印一周卷草纹。口径 3.5、足径 5.0、高 8.4 厘米（彩版 4-692）。

彩版 4-686　青白瓷四系小罐 02NH01T2019：549

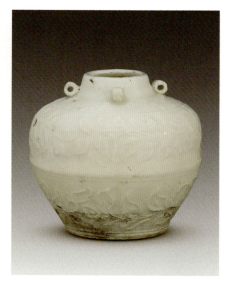

彩版 4-687　青白瓷四系小罐　　　彩版 4-688　青白瓷四系小罐　　　彩版 4-689　青白瓷四系小罐
02NH01T2019：548　　　　　　　02NH01T2019：545　　　　　　　02NH01T2019：546

彩版 4-690　青白瓷四系小罐 02NH01T2019：550

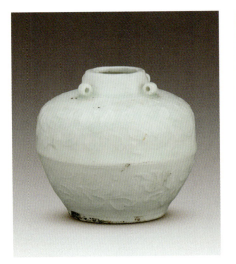

彩版 4-691　青白瓷四系小罐　　　　　　　彩版 4-692　青白瓷四系小罐 02NH01T2021：191
02NH01T2019：547

C 型　4 件。

小口，深腹。小直口，高直颈，弧腹较深，下腹斜收，平底，外底边缘有一周凹线。肩部装四管状小系。口颈部、腹上部、腹下部分别模制，粘接而成。颈肩衔接处出有一矮台，台下肩部有一周凸弦纹。盖呈杯形，盖面有一蝉形纽，蝉的两边各有一管状纽。胎色白，质细密，胎体多有凹纹或凹坑。釉色泛淡青，釉层薄。口颈部不施釉，外壁施釉至腹近底端，盖内及口沿处无釉。盖、身扣合烧造，有的器物盖口粘连一起。

标本 02NH01T2019：621，带盖，盖口与罐口粘连。三系残缺，下腹部及底部有裂纹。罐外底呈黄褐色，有多道刮削痕。盖口径 3.9、盖高 3.1、罐底径 5.4、通高 12.9 厘米（图 4-101，1；彩版 4-693）。

标本 02NH01T2019：622，一系残缺。釉色泛白，口颈、下腹部、外底有黑沁，外底呈黄褐色。口径 2.6、底径 5.1、高 11.6 厘米（彩版 4-694）。

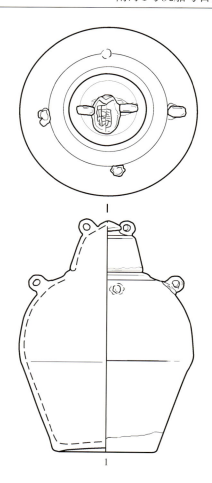

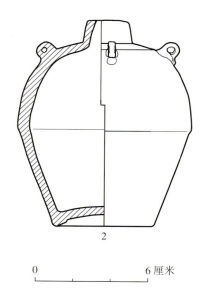

0   6 厘米

图 4-101　德化窑 C 型青白瓷四系小罐

1. 02NH01T2019：621　2. 02NH01T2020：1144

彩版 4-693　青白瓷四系小罐 02NH01T2019：621

彩版 4-694　青白瓷四系小罐 02NH01T2019：622

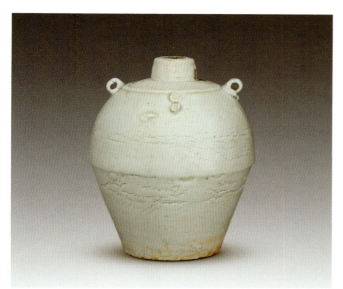

彩版 4-695　青白瓷四系小罐 02NH01T2020：1144

标本 02NH01T2020：1144，两系残缺，底有裂纹。胎体凹痕较多。釉色泛白。口颈处有黑沁，外底部分呈黄褐色，有刮削痕。口径 2.2、底径 5.2、高 11.3 厘米（图 4-101，2；彩版 4-695）。

10. 盒

157 件（套）。

盒身子口，尖唇，沿较平，腹部斜收，内底凸起，外底内凹。盖母口，直口，方唇，腹较直，顶面边缘弧收，顶面隆起。盒盖、身均模制而成。胎色白，质较细密。青白釉，多泛白或泛黄。盒身内施釉潦草，外腹上部施釉，余处无釉；盖面满釉，盖内施釉潦草，口沿无釉。釉层较薄，釉面多光洁莹润。盒应为盖、身扣合同烧。根据器形大小，这批盒分大盒、中盒和小盒三类。

（1）大盒

84 件（套）。

器形较大。根据器形差异，分四型。

A 型　65 套。

八棱形。身、盖均作八棱状，棱线分明，盖沿折痕明显，腹较浅，盒身下部略有折收。盒盖内有抹痕、盒身内修痕明显。部分器物外底有墨书题记。根据装饰纹样差异，分两亚型。

Aa 型　22 套。

盖面印花卉纹。

标本 02NH01T2019：1383，盖面边缘印四组花卉纹，中心印四叶花瓣纹。外底部有两字竖写墨书"陈□"和一墨书符号"□"。盒身口径 9.0、底径 7.7、高 2.5、盖口径 9.8、盖高 2.4、通高 4.7 厘米（图 4-102，1；彩版 4-696）。

标本 02NH01T2019：1877，盒身外下腹施釉潦草。盖面边缘印四组花叶纹，盖面中部一圈弦纹内印一折枝花卉。盒盖内、盒身内均有修痕、抹痕。盒身口径 9.4、底径 8.6、高 3.1、盖口径

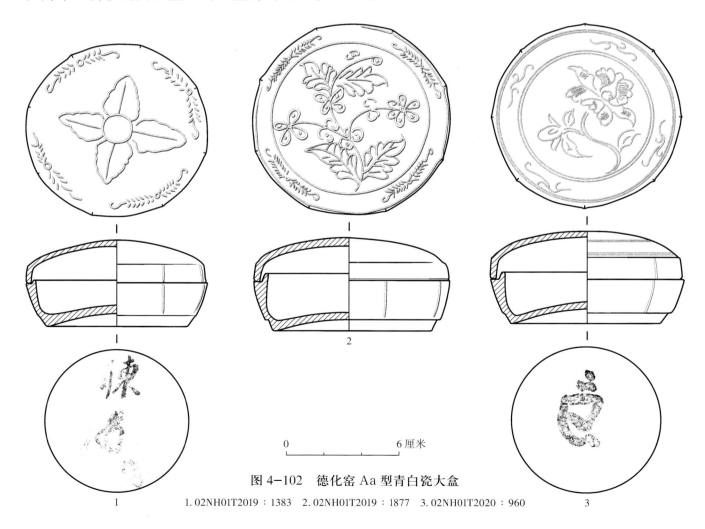

图 4-102　德化窑 Aa 型青白瓷大盒

1. 02NH01T2019：1383　2. 02NH01T2019：1877　3. 02NH01T2020：960

10.6、盖高2.4、通高5.1厘米（图4-102，2；彩版4-697）。

标本02NH01T2020：960，子母口有变形。釉面有少量落渣。盖面外侧印两组双凸弦纹，两组弦纹之间印四组卷草纹，中部印一朵折枝花卉。外底部有一字墨书"□"，字迹清晰。盒身口径9.1、底径7.9、高2.8、盖口径10.0、盖高2.6、通高5.0厘米（图4-102，3；彩版4-698）。

标本02NH01T2020：961，盖、盒粘连。釉色不匀，局部泛黄，釉面有少量开片，盒身下部有少量黄沁。外底泛黄褐色。盖面外侧印两组双凸弦纹，两组弦纹之间印四组卷草纹，中部印一朵折枝花卉。外底部有两字竖写墨书"陈□"。盒内有固体，可能是泥块。盒盖口径10.0、底径8.2、通高4.9厘米（图4-103，1；彩版4-699）。

标本02NH01T2020：965，盒身微弧内收。盖面边缘印四组花茎，中部三圈弦纹内印一朵折枝花卉。盒身口径9.2、底径8.3、高2.8、盖口径10.0、盖高3.0、通高5.5厘米（图4-103，2；彩版4-700）。

标本02NH01T2019：284，盖、身粘连。盖面边缘双凹线纹之间印四组卷草纹，中部印一朵折枝花卉。盒底部粘有凝结物，盒内有海水。盒盖口径10.0、底径8.3、通高4.9厘米（彩

彩版4-696　青白瓷大盒 02NH01T2019：1383

彩版4-697　青白瓷大盒 02NH01T2019：1877

彩版 4-698　青白瓷大盒 02NH01T2020：960

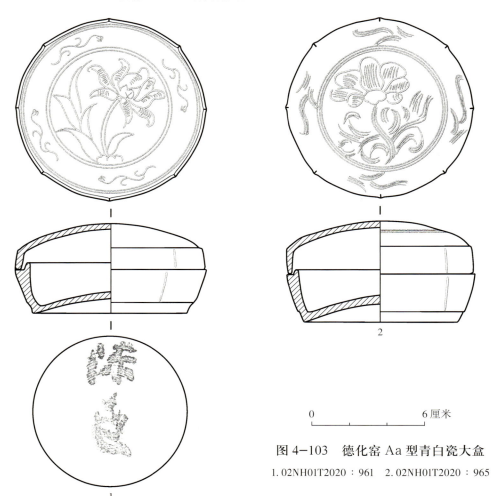

图 4-103　德化窑 Aa 型青白瓷大盒
1. 02NH01T2020：961　2. 02NH01T2020：965

版 4-701）。

　　标本 02NH01T2019：606，盒身微弧内收。盒身内开有纹片，盖、身口沿和外底有污迹。盖面边缘印四组花茎，中部三圈凸弦纹内印一朵折枝花卉。盒身口径 9.2、底径 8.3、高 2.9、盖口径

彩版 4-699　青白瓷大盒 02NH01T2020：961

<table>
<tr><td align="center">彩版 4-700　青白瓷大盒
02NH01T2020：965</td><td align="center">彩版 4-701　青白瓷大盒
02NH01T2019：284</td><td align="center">彩版 4-702　青白瓷大盒
02NH01T2019：606</td></tr>
</table>

10.0、盖高 3.2、通高 5.8 厘米（彩版 4-702）。

标本 02NH01T2019：1470，釉色泛白，盒身开细碎纹片。盖面边缘印四组草叶纹，顶面印四叶花瓣纹。外底部有两字竖写墨书题记"陈□"，墨迹清晰。盒身口径 8.8、底径 8.3、高 2.7、盖

彩版 4-703　　青白瓷大盒 02NH01T2019：1470

彩版 4-704　　青白瓷大盒 02NH01T2019：1878

口径 9.7、盖高 2.4、通高 4.9 厘米（彩版 4-703）。

标本 02NH01T2019：1878，盖、身粘连。盒身腹下部及外底无釉。盖面边缘印有四组草叶纹，中部单凸弦纹内印一朵折枝花卉。盒盖口径 10.5、底径 8.6、通高 5.1 厘米（彩版 4-704）。

标本 02NH01T2020：959，盖、身粘连。盖面边缘双弦纹之间印四组卷草纹，中部双圈内印一朵折枝花卉。外底部有两字竖写墨书题记"陈□"。盒盖口径 10.0、底径 8.3、通高 5.2 厘米（彩版 4-705）。

标本 02NH01T2020：962，釉面布满细碎开片，部分开片有黑沁。盖面边缘双圈弦纹之间印四组卷草纹，中部印一朵折枝花卉。盒盖、盒身口沿有污迹。盒身底部中间有单字墨书"□"。盒身口径 9.3、底径 7.9、高 2.8、盖口径 10.3、盖高 2.6、通高 5.0 厘米（彩版 4-706）。

标本 02NH01T2020：963，盖、身粘连。盖面边缘印四组花茎，中部三圈弦纹内印一朵折枝花卉。盒身底部有单字墨书"□"。盒内有海水。盒盖口径 9.9、底径 8.2、通高 5.1 厘米（彩版 4-707）。

标本 02NH01T2020：964，盒身微弧内收，略高。盖面边缘印四组花茎，中部三圈弦纹内印一朵折枝花卉。盖、身有污迹。盒身口径 9.0、底径 8.2、

彩版 4-705　青白瓷大盒 02NH0lT2020：959

彩版 4-706　青白瓷大盒 02NH0lT2020：962

彩版 4-707　青白瓷大盒 02NH0lT2020：963

高 2.9、盖口径 10.0、盖高 3.0、通高 5.6 厘米（彩版 4-708）。

标本 02NH01T2020：967，盖、身粘连。釉色泛白，釉面开片明显，开片处泛黄褐色。盖面双圈凸弦纹之间印四组卷草纹，中部印一朵折枝花卉。盒底部泛黄褐色，有少量凝结物。盒内有小块固体，可能是泥块。盒盖口径 10.2、底径 8.2、通高 5.0 厘米（彩版 4-709）。

标本 02NH01T2020：968，釉面布满开片，开片有黑沁。盖面双圈凸弦纹之间印两组卷草纹、两组草叶纹，相间分布，中部印一朵折枝花卉。盖、身口沿和外底有污迹。盒身口径 9.3、底径 8.2、高 2.7、盖口径 10.1、盖高 2.6、通高 5.0 厘米（彩版 4-710）。

标本 02NH01T2020：969，盖、身粘连。盖顶弧起。盖面双圈凸弦纹之间印四组卷草纹，中部印一朵折枝花卉。盒口部有少量凝结物，底部有修痕。盒内有海水。盒盖口径 10.0、底径 7.8、通高 5.0 厘米（彩版 4-711）。

标本 02NH01T2020：1004，盖、身粘连。盖顶较平。釉面布满细密开片，大部分沁成黑色或黄褐色。盖面双圈弦纹之间印纹不清，似为花卉纹。盒底部呈黄褐色。盒内有小块固体，可能是泥块。盒盖口径 10.1、底径 8.2、通高 4.8 厘米（彩版 4-712）。

彩版 4-708　青白瓷大盒 02NH01T2020：964

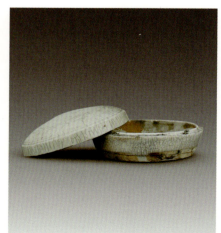

彩版 4-709　青白瓷大盒
02NH01T2020：967

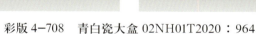

彩版 4-710　青白瓷大盒 02NH01T2020：968

彩版 4-711　青白瓷大盒 02NH01T2020：969

彩版 4-712　青白瓷大盒 02NH01T2020：1004

Ab 型　43 套。

盖面印有弦纹。

标本 02NH01T2019：1384，釉色泛白，外壁施釉不及底，釉面有细碎开片。盖面印有四圈凸弦纹，排列紧密，围绕中心印有放射状线纹。外底有竖写两字墨书题记"陈□"。盒身口径 8.6、底径 7.6、高 2.6、盖口径 9.5、盖高 2.5、通高 4.9 厘米（图 4-104，1；彩版 4-713）。

标本 02NH01T2019：1387，釉色白，盒身布满细密开片。盖面有两组弦纹，分别是四圈和五圈。外底有竖写两字墨书题记"陈□"。盒内有五只铜环叠放在一起，已生锈粘连，颜色乌黑。盒身口径 9.3、底径 8.2、高 2.7、盒盖口径 10.2、盖高 2.4、通高 4.8 厘米。铜环直径 8.0~8.5 厘米，截面直径 0.6 厘米（图 4-104，2；彩版 4-714）。

标本 02NH01T2019：1879，釉色泛黄，釉面布满细碎开片。

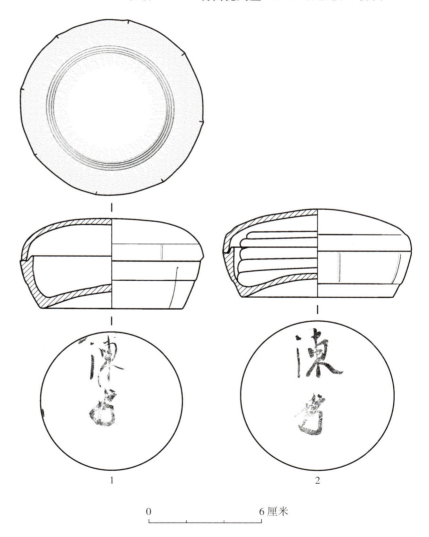

图 4-104　德化窑 Ab 型青白瓷大盒

1. 02NH01T2019：1384　2. 02NH01T2019：1387

 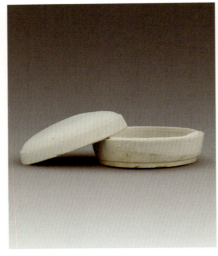 

彩版 4-713　青白瓷大盒 02NH01T2019：1384

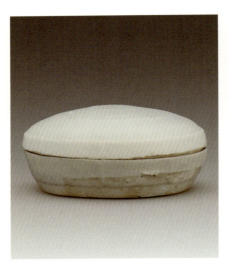 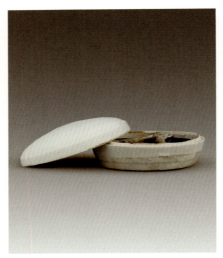 

彩版 4-714　青白瓷大盒 02NH01T2019：1387

盖面有两组三圈弦纹。外底有竖写两字墨书题记"陈□"。盒内有五只铜环叠放在一起，已生锈粘连，颜色乌黑。铜环周围有少量泥块。盒身口径 9.3、底径 8.3、高 2.7、盒盖口径 9.7、盖高 2.7、通高 5.2 厘米。铜环直径约 8.0 厘米，截面直径约 0.5 厘米（图 4-105，1；彩版 4-715）。

　　标本 02NH01T2020：141，盖顶较平。釉色泛白，局部泛黄，落有渣粒。盖面中部有一组四圈凸弦纹。口沿有黄渍。盒身口径 8.6、底径 6.8、高 2.6 厘米，盖口径 9.4、盖高 2.5、通高 4.7 厘米（图 4-105，2；彩版 4-716）。

　　标本 02NH01T2020：1012，盖顶较平。盖面各有两组四圈弦纹。外底有单字墨书题记"□"，字迹褪色。盒身口径 8.6、底径 7.0、高 2.7、盖口径 9.5、盖高 2.4、通高 4.2 厘米（图 4-105，3；彩版 4-717）。

　　标本 02NH01T2019：880，釉色泛白，盒面釉面有少量开片。盖面各有两组四圈弦纹。外底有竖写两字墨书题记"陈□"。盒内有五只铜环叠放在一起，已生锈粘连，颜色乌黑，粘有淤泥。

彩版 4-715　青白瓷大盒 02NH01T2019：1879

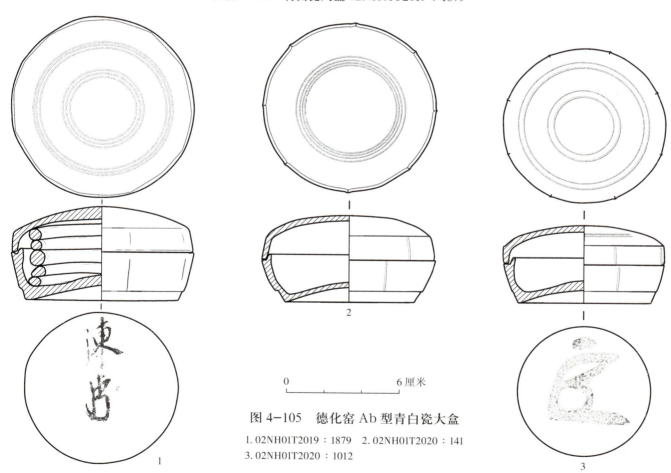

图 4-105　德化窑 Ab 型青白瓷大盒
1. 02NH01T2019：1879　2. 02NH01T2020：141
3. 02NH01T2020：1012

盒身口径 9.3、底径 8.2、高 2.4、盒盖口径 10.0、盖高 2.4、通高 4.7 厘米。铜环直径 8.0~8.5 厘米，截面直径 0.5~0.6 厘米（彩版 4-718）。

标本 02NH01T2019：1203，盒身口沿变形。釉色泛黄，釉面布满细碎开片，有灰斑。盖面有两组凸弦纹，每组四圈。外底有竖写两字墨书题记"陈□"，底边缘另有一个花押符号"□"。

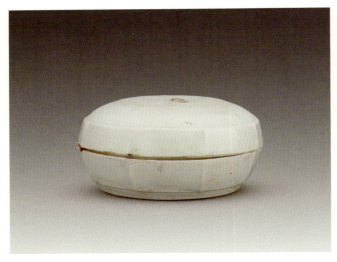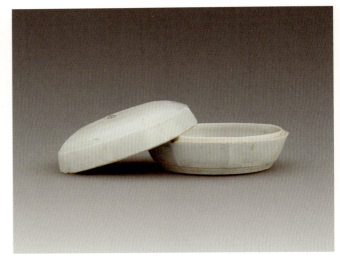

彩版 4-716　青白瓷大盒 02NH01T2020：141

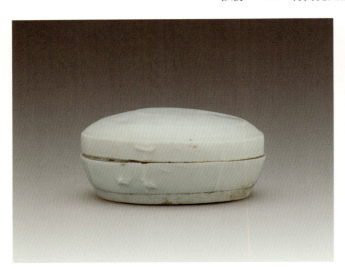

彩版 4-717　青白瓷大盒 02NH01T2020：1012

彩版 4-718　青白瓷大盒 02NH01T2019：880

盒内有五只铜环叠放在一起，已生锈，颜色乌黑，部分粘连。铜环边缘有少量泥块。盒身口径9.4、底径8.3、高2.6、盒盖口径10.1、盖高2.4、通高4.9厘米。铜环直径约8.5厘米，截面直径约0.5厘米（彩版4-719）。

标本02NH01T2019：1204，盖顶较平。釉色白，釉面布满细碎开片。盖面有一组多圈凸弦纹。外底有竖写两字墨书题记"陈□"。盒内有五只铜环叠放在一起，已生锈粘连，颜色乌黑。铜环边缘有少量泥块。盒身口径9.3、底径7.8、高2.7、盒盖口径10、盖高2.3、通高4.9厘米。铜环直径约8.4厘米，截面直径约0.5厘米（彩版4-720）。

标本02NH01T2019：1386，盒身口沿有裂。盖面有两组各三圈弦纹。外底有竖写两字墨书题记"陈□"。盒内有五只铜环叠放在一起，已生锈粘连，颜色乌黑。铜环周围有少量泥块。身、盖似不是一套。盒身口径9.7、底径8.3、高2.9、盒盖口径10.0、盖高2.6厘米。铜环直径约8.6厘米，截面直径约0.6厘米（彩版4-721）。

标本02NH01T2019：1469，盒身微弧斜收。盒身布满细碎开片。盖面有三圈凸弦纹。外底有

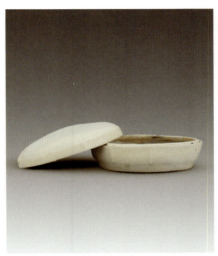

彩版4-719 青白瓷大盒 02NH01T2019：1203

彩版4-720 青白瓷大盒 02NH01T2019：1204

竖写两字墨书题记"陈□"。盒身口径9.0、底径7.8、高2.6、盖口径9.6、盖高2.5、通高4.9厘米（彩版4-722）。

标本02NH01T2019：1471，釉面有开片。盖面有两组各四圈弦纹。外底有竖写两字墨书题记"陈□"。盒内有两只铜环叠放在一起，已生锈，颜色黑灰。盒身口径9.2、底径8.2、高2.6、盖口径10.1、盖高2.1、通高4.6厘米。铜环直径8.6厘米，截面直径0.6厘米（彩版4-723）。

标本02NH01T2020：140，盒身布满细密开片，大部分有黑沁。盖面有两组凸弦纹，数目不清。外壁粘有海生物。外底有一字墨书题记"□"。盒身口径9.1、底径8.1、高2.9、盖口径9.9、盖高2.4、通高4.8厘米（彩版4-724）。

标本02NH01T2020：381，盖面有四圈凸弦纹。盖、身多处污迹，底部有粘连物。盒身口径8.8、底径7.5、盖口径9.5、通高4.7厘米（彩版4-725）。

标本02NH01T2020：384，盖顶心微凹。盒身布满细密开片，大部分有黑沁。盖面有四圈凸弦纹。外底心有单字墨书题记"□"。盒身口径9.0、底径7.8、高3.0、盖口径9.7、盖高2.3、通高4.9

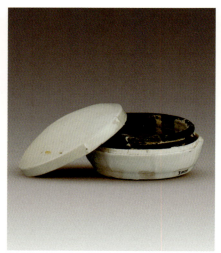

彩版4-721　青白瓷大盒 02NH01T2019：1386

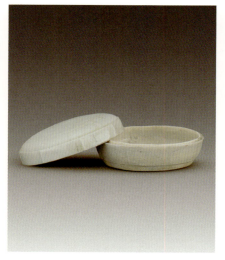

彩版4-722　青白瓷大盒 02NH01T2019：1469

彩版 4-723　青白瓷大盒 02NH01T2019：1471

厘米（彩版 4-726）。

标本 02NH01T2020：597，盒身布满细碎开片，大部分有黑沁。盖面有两组各双圈凸弦纹。盒身口径 9.6、底径 8.3、高 3.1、盖口径 10.3、盖高 2.7、通高 5.6 厘米（彩版 4-727）。

标本 02NH01T2020：601，盖顶较平。釉面开片，盒身有黑沁。盖面有两组各四圈凸弦纹。盒身口径 8.7、底径 7.8、高 2.9、盖口径 9.5、盖高 2.3、通高 4.7 厘米（彩版 4-728）。

标本 02NH01T2020：1007，盒身微弧内收，盖顶较平。釉面布满细密开片，有大片黑沁。盖面有两组凸弦纹。盒身口径 8.8、底径 8.1、高 2.8、盖口径 9.7、盖高 2.4、通高 4.8 厘米（彩版 4-729）。

标本 02NH01T2020：1013，盖、身粘连。盖顶较平。釉面有开片，有灰褐沁色。盖面有三圈凸弦纹。外底心有单字墨

彩版 4-724　青白瓷大盒 02NH01T2020：140

彩版 4-725　青白瓷大盒 02NH01T2020：381

彩版 4-726　青白瓷大盒 02NH01T2020：384

彩版 4-727　青白瓷大盒 02NH01T2020：597

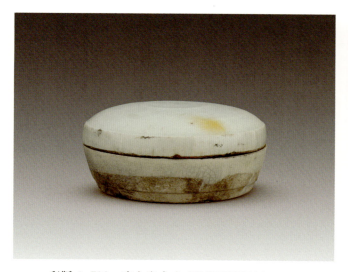

彩版 4-728　青白瓷大盒 02NH01T2020：601　　　　彩版 4-729　青白瓷大盒 02NH01T2020：1007

书题记"□"。盒内有小块固体，可能是泥块。盒盖口径 10.1、底径 8.0、通高 4.8 厘米（彩版 4-730）。

标本 02NH01T2020：1255，盖顶较平。盖面有两组各四圈凸弦纹。盒身口径 8.8、底径 7.8、高 2.6、盖口径 9.5、盖高 2.3、通高 4.6 厘米（彩版 4-731）。

标本 02NH01T2021：378，盖顶较平。釉面有少量开片。盖面有三圈凸弦纹。盒身口径 8.7、底径 7.8、高 2.7、盖口径 9.7、盖高 2.3、通高 4.8 厘米（彩版 4-732）。

标本 02NH01T2021：510，盖、身粘连。盖面有一组四圈凸弦纹。外底粘连少量凝结物。盒盖口径 9.7、底径 7.5、通高 4.9 厘米（彩版 4-733）。

彩版 4-730 青白瓷大盒 02NH01T2020：1013

彩版 4-731 青白瓷大盒 02NH01T2020：1255

彩版 4-732 青白瓷大盒 02NH01T2021：378

彩版 4-733 青白瓷大盒 02NH01T2021：510

B 型　17 件（套），其中 2 件盖缺失。

瓜棱形。身、盖均作八瓣瓜棱状，瓜棱处凹纹明显。盒盖侧边弧，有一道凸棱；盒身子口内敛，腹较浅，下部有一周凸棱，内底心凸起。盒盖内有抹痕，盒身内及外底多有修痕。盖面印花，外侧一般印有一组八花瓣状数量不等的凸弦纹，内印一朵折枝花卉纹，花卉纹的花瓣内有细纹。根据装饰纹样差异，分三亚型。

Ba 型　14 件（套），其中 2 件盖缺失。

盖面印花瓣形外纹和一朵折枝牡丹纹。

标本 02NH01T2019：801，釉色泛灰。盒身口径 8.5、底径 8.6、高 2.7、盒盖口径 10.5、盖高 3.0、通高 5.7 厘米（图 4-106，1；彩版 4-734）。

标本 02NH01T2019：279，盖顶较平。釉面布满细密开片，部分有黑沁，外底有污迹。盒身口径 8.9、底径 8.4、高 2.8、盒盖口径 10.0、盖高 2.6、通高 4.9 厘米（彩版 4-735）。

标本 02NH01T2019：283，盖、身粘连。釉色浅淡，釉面光润。盒内有海水。盒盖口径 9.7、底径 8.0、通高 4.9 厘米（彩版 4-736）。

标本 02NH01T2019：608，盖顶较平。釉色泛灰。盒身口径 8.4、底径 8.0、高 2.6、盒盖口径 9.7、

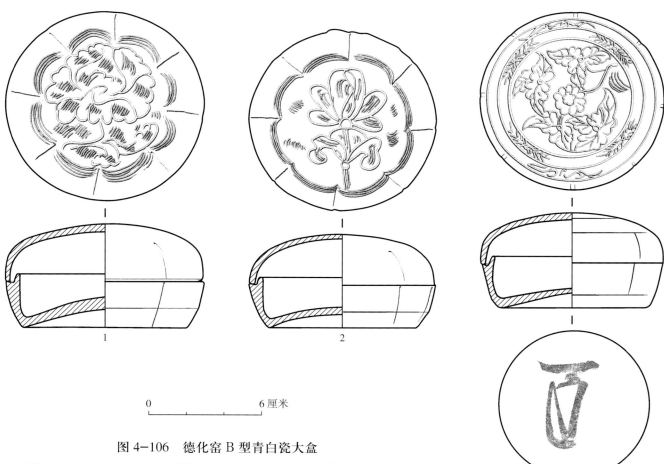

图 4-106　德化窑 B 型青白瓷大盒

1. Ba 型（02NH01T2019：801）　2. Bb 型（02NH01T2019：803）　3. Bc 型（02NH01T2019：278）

彩版 4-734　青白瓷大盒 02NH01T2019：801

彩版 4-735　青白瓷大盒 02NH01T2019：279

彩版 4-736　青白瓷大盒 02NH01T2019：283

彩版 4-737　青白瓷大盒 02NH01T2019：608

彩版 4-738　青白瓷大盒 02NH01T2019：799

彩版 4-739　青白瓷大盒 02NH01T2019：800

盖高 2.6、通高 4.7 厘米（彩版 4-737）。

标本 02NH01T2019：799，白胎泛黄，胎质稍粗。釉色泛灰，釉面布满细密开片。盒身口径 8.8、底径 8.6、盒身高 2.7、口径 9.9、盖高 2.9、通高 5.3 厘米（彩版 4-738）。

标本 02NH01T2019：800，外底有一周凸棱。釉色泛白，盒身有污迹。盖面外侧花瓣状，盖面外侧弦纹明显。盒身口径 8.4、底径 8.3、高 2.5、盒盖口径 9.7、盖高 2.9、通高 5.2 厘米（彩版 4-739）。

标本 02NH01T2019：802，盖面隆起明显。釉色泛灰。盖面、外下腹有污迹。盖面折枝牡丹纹分布接近盖边缘。盒身口径 8.8、底径 8.2、高 2.9、盒盖口径 9.8、盖高 2.9、通高 5.4 厘米（彩版 4-740）。

标本 02NH01T2019：1143，白胎泛黄。釉面布满细密开片。盒身口径 9.0、底径 8.5、高 2.8、盒盖口径 10.0、盖高 2.6、通高 5.0 厘米（彩版 4-741）。

标本 02NH01T2020：599，釉色浅淡，落有渣粒。盒身口径 8.8、底径 8.2、高 2.6、盒盖口径 9.8、盖高 2.8、通高 5.1 厘米（彩版 4-742）。

Bb 型　2 套。

盖面印花瓣形外纹和一朵折枝花卉纹。

标本 02NH01T2019：803，

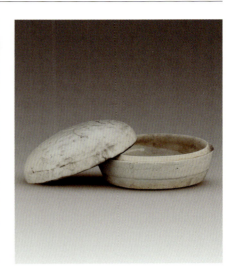

彩版 4-740 青白瓷大盒 02NH01T2019：802

彩版 4-741 青白瓷大盒 02NH01T2019：1143

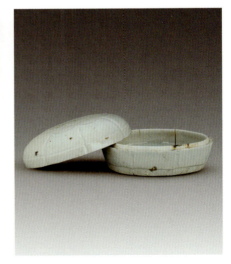

彩版 4-742 青白瓷大盒 02NH01T2020：599

彩版 4-743　青白瓷大盒 02NH01T2019：803

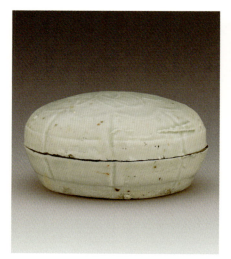

彩版 4-744　青白瓷大盒 02NH01T2019：280

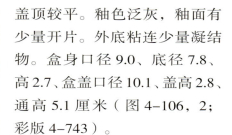

盖顶较平。釉色泛灰，釉面有少量开片。外底粘连少量凝结物。盒身口径 9.0、底径 7.8、高 2.7、盒盖口径 10.1、盖高 2.8、通高 5.1 厘米（图 4-106，2；彩版 4-743）。

标本 02NH01T2019：280，胎体上粘有渣粒。釉色泛灰，釉面有黄褐斑。盒身口径 8.9、底径 7.9、高 2.7、盒盖口径 9.9、盖高 2.9、通高 5.2 厘米（彩版 4-744）。

Bc 型　1 套。

盖面边缘印两组卷草纹，其内侧两道凸弦纹之间印四组草叶纹，顶心印一朵折枝菊纹。

标本 02NH01T2019：278，盖顶较平。白胎泛黄，釉色泛灰。外底心有单字墨书题记"□"。盒身口径 8.3、底径 8.2、高 2.8、盒盖口径 9.8、盖高 2.8、通高 5.2 厘米（图 4-106，3；彩版 4-745）。

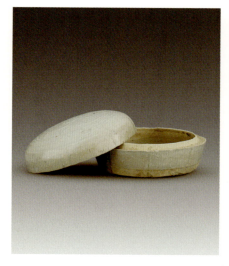

彩版 4-745　青白瓷大盒 02NH01T2019：278

C 型　1 套。

身、盖均作菊瓣状，腹部较深。

标本 02NH01T2020：98，盒身子口，直口。釉色浅淡，釉面开稀疏纹片。盒身、盖边缘均模印分布较均匀的菊瓣纹，盒身中部有一道凸弦纹，盖顶模印一折枝牡丹纹，印纹清晰。盒内有六个铜环，粗细不同，截面圆形。盒身口径 10.3、底径 9.3、高 3.9、盖口径 11.2、高 3.6、通高 7.1 厘米（图 4-107，1；彩版 4-746）。

D 型　1 套。

器形特大。

标本 02NH01T2019：798，身、盖均作八瓣瓜棱状，凹线平滑。盒身子口微敛，外口沿下有一道边，边下略收，腹较浅；盖口外有一道宽边，顶面较平，微隆起。釉色泛灰白，盖釉面开细碎纹片，部分泛灰黑。盒盖顶模印花纹，八瓣花状凸弦纹边缘，内为折枝牡丹纹，印纹较浅。盒身口径 13.0、底径 10.1、高 3.7、盖口径 14.2、高 3.2、通高 6.6 厘米（图 4-107，2；彩版 4-747）。

彩版 4-746　青白瓷大盒 02NH01T2020：98

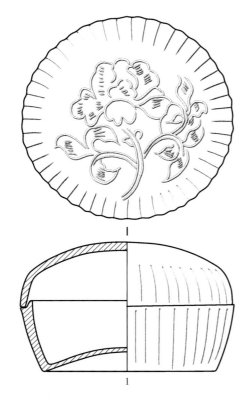

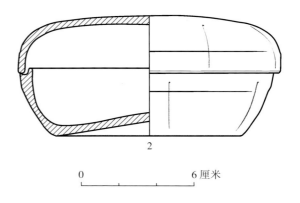

图 4-107　德化窑青白瓷大盒
1. C 型(02NH01T2020：98)　2. D 型(02NH01T2019：798)

彩版 4-747　青白瓷大盒 02NH01T2019：798

（2）中盒

43 套。

器形较小。根据腹部形态和深浅差异，分三型。

A 型　26 套。

浅腹，八棱形。身、盖均作八棱状，腹较浅，内底中部突起明显；盖腹上端向内折收。盖顶模印花纹，印纹大多清晰。釉色多偏白。根据腹部下端有无八棱线，分两亚型。

Aa 型 22 套。

盒身腹下端向内略折收，下有一道折收凸棱线，腹部八棱纹不及腹底端。部分器物外底有墨书题记。根据盖顶面模印花纹的不同，又分五小类。

第一小类 13 套。

盖顶面印一组或两组凸弦纹。盖腹浅，斜直，顶面较平。

标本 02NH01T2019：292，盖面边缘内侧和顶面各有一组四圈凸弦纹，印纹较浅。外底有墨书题记"□"，字迹清晰。盒身口径 6.2、底径 5.5、高 2.0、盖口径 7.1、高 1.7、通高 3.5 厘米（图 4-108，1；彩版 4-748）。

标本 02NH01T2020：103，釉色泛黄，釉面开细碎纹片。盖面边缘内侧有一道凸棱，顶面中心

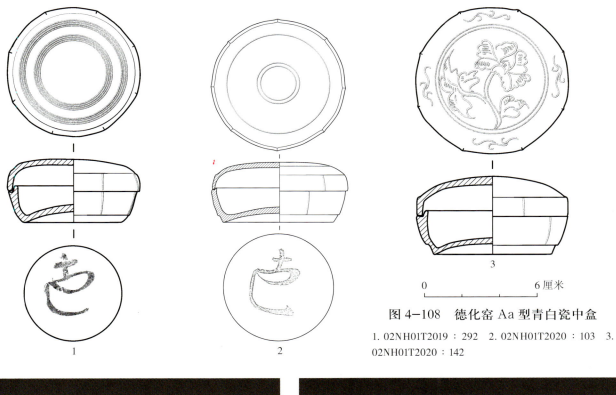

图 4-108 德化窑 Aa 型青白瓷中盒

1. 02NH01T2019：292 2. 02NH01T2020：103 3. 02NH01T2020：142

彩版 4-748 青白瓷中盒 02NH01T2019：292

彩版 4-749　青白瓷中盒 02NH01T2020：103

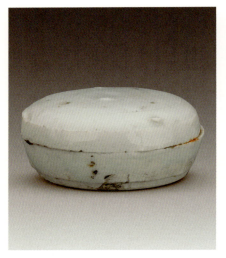 

彩版 4-750　青白瓷中盒 02NH01T2019：286

有双圈凸弦纹。外底有墨书题记"□"，字迹清晰。盒身口径 6.9、底径 6.1、高 1.9、盖口径 7.6、高 1.6、通高 3.3 厘米（图 4-108，2；彩版 4-749）。

标本 02NH01T2019：286，身、盖粘连。盖面边缘内侧有一道凸棱，顶面中心有三圈凸弦纹。外底心有墨书题记"□"。盒身底径 6.0、盖口径 7.3、高 1.6、通高 3.3 厘米（彩版 4-750）。

标本 02NH01T2019：288，釉色泛黄，釉面开细碎纹片，开片处沁成灰褐色或黄褐色。盖面边缘内侧和顶面各有一组四圈凸弦纹，印纹较浅。外底有墨书题记"□"，字迹清晰。盒身口径 6.6、底径 5.6、高 2.1、盖口径 7.3、高 1.8、通高 3.5 厘米（彩版 4-751）。

标本 02NH01T2019：291，盖、身粘连。釉面光润。盖面有两组各四圈弦纹。外底有单

彩版 4-751　青白瓷中盒 02NH01T2019：288

字墨书"□"。盒身口径 6.8、底径 5.6、盖口径 7.1、通高 3.5 厘米（彩版 4-752）。

第二小类　3 套。

盖面边缘为四组卷草纹边饰，顶面双圈凸弦纹内印一朵折枝牡丹纹。

标本 02NH01T2020：142，釉泛淡青色。盒身口径 7.2、底径 6.4、高 2.4、盖口径 8.1、高 2.2、通高 4.3 厘米（图 4-108，3；彩版 4-753）。

标本 02NH01T2020：386，盖、身粘连。釉色浅淡，釉面有灰斑。盒身底径 6.5、盖口径 8.1、高 2.2、通高 4.2 厘米（彩版 4-754）。

标本 02NH01T2021：349，盖、身粘连。釉色泛白，釉面光润。盒内有海水。盒身底径 6.3、盖口径 8.0、高 2.2、通高 4.4 厘米（彩版 4-755）。

彩版 4-752　青白瓷中盒 02NH01T2019：291

彩版 4-753　青白瓷中盒 02NH01T2020：142

彩版 4-754　青白瓷中盒 02NH01T2020：386

彩版 4-755　青白瓷中盒 02NH01T2021：349

第三小类　4 套。

盖面边缘一般印有四组卷草纹边饰，顶面双圈凸弦纹内印一朵折枝花卉纹。

标本 02NH01T2020：648，盖、身粘连。釉色浅淡，有灰斑。盒身底径 6.4、盖口径 8.0、高 2.3、通高 4.2 厘米（图 4-109，1；彩版 4-756）。

标本 02NH01T2020：1016，釉色泛白，内底釉厚处色泛淡青，釉面有少许灰斑。盒身口径 7.0、底径 6.4、高 2.3、盖口径 7.9、高 2.2、通高 4.2 厘米（图 4-109，2；彩版 4-757）。

标本 02NH01T2020：1015，釉色白，内底边缘釉层厚处呈淡青色，釉面有少许灰斑。盒身口径 7.0、底径 6.4、高 2.4、盖口径 8.0、高 2.2、通高 4.2 厘米（彩版 4-758）。

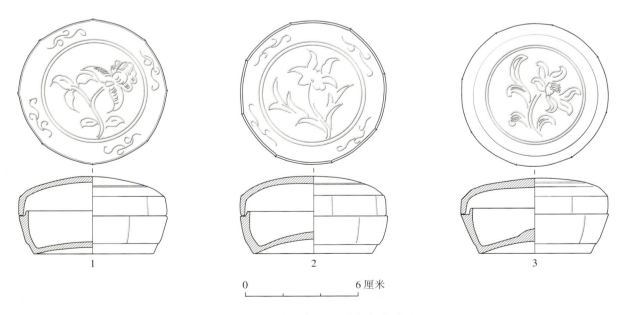

图 4-109　德化窑 Aa 型青白瓷中盒

1. 02NH01T2020：648　2. 02NH01T2020：1016　3. 02NH01T2020：1019

彩版 4-756 青白瓷中盒 02NH01T2020：648

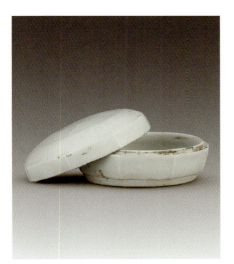

彩版 4-757 青白瓷中盒 02NH01T2020：1016

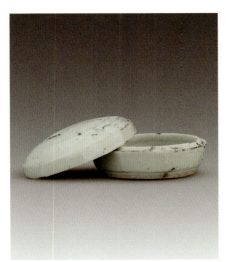

彩版 4-758 青白瓷中盒 02NH01T2020：1015

标本 02NH01T2020：1019，盒身腹略深，较斜直。盖面边缘有一圈凸棱，边缘双圈弦纹外无卷草纹边饰。盒身口径 7.0、底径 6.1、高 2.5、盖口径 8.1、高 2.0、通高 4.1 厘米（图 4-109，3；彩版 4-759）。

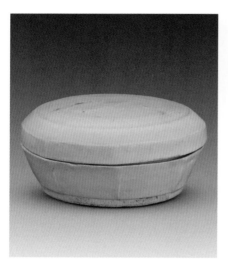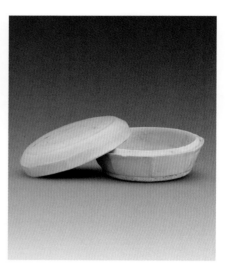

彩版 4-759　青白瓷中盒 02NH01T2020：1019

第四小类　1 套。

盖面印水草芦苇纹。

标本 02NH01T2020：385，釉色泛白，内底积釉处色泛淡青，内底釉层有小开片，盖面有小黄褐斑。盖面边缘内侧有一道凸棱，顶面双圈凸弦纹内印水草芦苇纹。盒身口径 7.3、底径 6.7、高 2.4、盖口径 8.2、高 2.1、通高 4.1 厘米（图 4-110，1；彩版 4-760）。

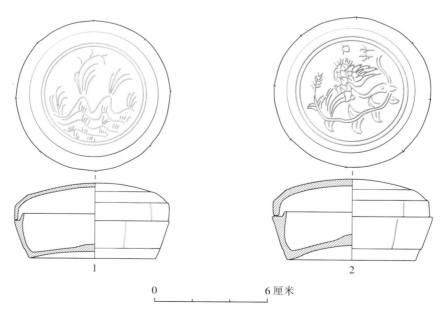

0　　　　　　　　6 厘米

图 4-110　德化窑 Aa 型青白瓷中盒

1. 02NH01T2020：385　2. 02NH01T2020：1021

第五小类　1套。

盖面印芦雁衔枝纹。

标本02NH01T2020：1021，釉色泛白，盒身内底无釉。盖面边缘内侧有一道凸棱，顶面双圈凸弦纹内印芦雁衔枝纹。盒身口径7.1、底径6.6、高2.6、盖口径8.2、高2.0、通高4.4厘米（图4-110，2；彩版4-761）。

Ab型　4套。

腹部八棱线至底，腹中部有一道浅凸棱痕迹。釉色泛灰白，多有黄褐斑。

标本02NH01T2019：1882，盖面印折枝花卉纹，纹样简单。盒身口径6.8、底径6.4、高2.2、盖口径7.9、高2.2、通高4.1厘米（图4-111，1；彩版4-762）。

标本02NH01T2019：1883，盖面印折枝花卉纹，纹样简单。盒身口径7.0、底径6.9、高2.1、

彩版4-760　青白瓷中盒 02NH01T2020：385

彩版4-761　青白瓷中盒 02NH01T2020：1021

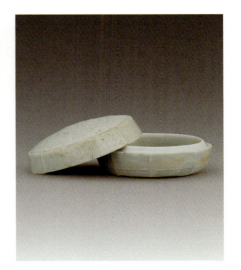

彩版4-762　青白瓷中盒 02NH01T2019：1882

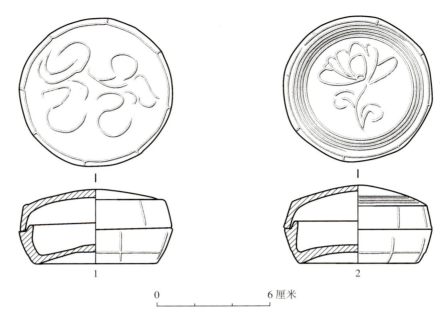

0　　　　　　　　　　6厘米

图 4-111　德化窑 Ab 型青白瓷中盒

1. 02NH01T2019：1882　　2. 02NH01T2019：1884

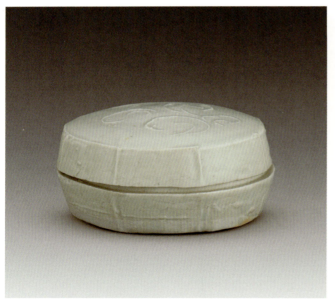

彩版 4-763　青白瓷中盒 02NH01T2019：1883

盖口径 8.0、高 2.3、通高 3.9 厘米（彩版 4-763）。

标本 02NH01T2019：1884，釉色泛灰。盖面边缘四圈凸弦纹内印一朵折枝莲纹，印纹清晰。盒身口径 6.8、底径 6.2、高 2.3、盖口径 7.8、高 2.5、通高 4.3 厘米（图 4-111，2；彩版 4-764）。

标本 02NH01T2019：1881，盖面边缘三圈凸弦纹内印一朵折枝莲纹，印纹清晰。坯体粘有渣粒。盒身口径 7.2、底径 6.4、高 2.4、盖口径 8.1、高 2.2、通高 4.2 厘米（彩版 4-765）。

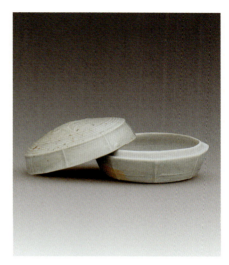

彩版 4-764　青白瓷中盒 02NH01T2019：1884

彩版 4-765　青白瓷中盒 02NH01T2019：1881

B 型　11 套。

浅腹，瓜棱形。身、盖均为八瓣瓜棱状，瓜棱处凹纹明显。盒身子口微敛，腹弧收，较浅，外壁中部有一道棱，下部略内折，平底内凹，内底中部突起明显。盖口外有一道宽边。盒盖内有抹痕，盒身内及外底多有修痕。盖顶印花，盖面印一组八花瓣状的三道凸弦纹，其内印折枝花、兰草或芦雁纹，印纹较浅。根据装饰纹样差异，分三亚型。

Ba 型　7 套。

盖顶印一朵折枝花卉纹。

标本 02NH01T2020：971，釉色浅淡。盒身口径 7.3、底径 6.1、高 2.3、盖口径 8.0、高 2.2、通高 4.3 厘米（图 4-112，1；彩版 4-766）。

标本 02NH01T2020：1017，釉色泛黄。盒身口径 7.2、底径 6.4、高 2.4、盖口径 8.1、高 2.1、通高 4.2 厘米（图 4-112，2；彩版 4-767）。

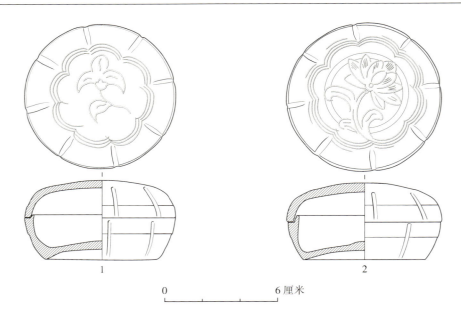

0　　　　　　　6厘米

图4-112　德化窑Ba型青白瓷中盒
1.02NH01T2020：971　2.02NH01T2020：1017

彩版4-766　青白瓷中盒 02NH01T2020：971

彩版4-767　青白瓷中盒 02NH01T2020：1017

标本 02NH01T2019：806，盖、身粘连。釉色浅淡。盒身底径 6.1、盖口径 8.0、高 2.2、通高 4.5 厘米（彩版 4-768）。

标本 02NH01T2020：97，釉色白，釉面光润。盒身口径 8.1、底径 6.4、盖口径 8.0、通高 4.1 厘米（彩版 4-769）。

标本 02NH01T2020：100，釉色偏白，盖部分开细碎纹片。盒身口径 7.3、底径 6.0、高 2.5、盖口径 8.0、高 2.0、通高 4.3

彩版 4-768　青白瓷中盒 02NH01T2019：806

彩版 4-769　青白瓷中盒 02NH01T2020：97

厘米（彩版 4-770）。

　　标本 02NH01T2020：101，盖、身粘连。釉色浅淡，有黄褐斑。盒身底径 6.2、盖口径 8.1、高 2.2、通高 4.4 厘米（彩版 4-771）。

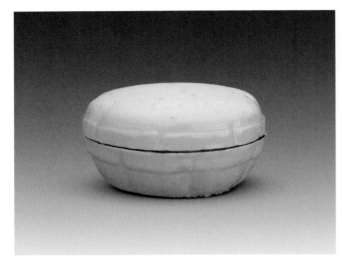

彩版 4-770　　青白瓷中盒 02NH01T2020：100

彩版 4-771　　青白瓷中盒 02NH01T2020：101

　　Bb 型　　1 套。

　　盖顶印一朵折枝菊纹。

　　标本 02NH01T2020：970，盖、身粘连。釉色浅淡，局部泛灰。印纹清晰。底边缘粘有装烧时形成的渣粒。盒身底径 6.5、盖口径 8.2、高 1.9、通高 4.1 厘米（图 4-113，1；彩版 4-772）。

　　Bc 型　　1 套。

　　盖顶印兰草纹。

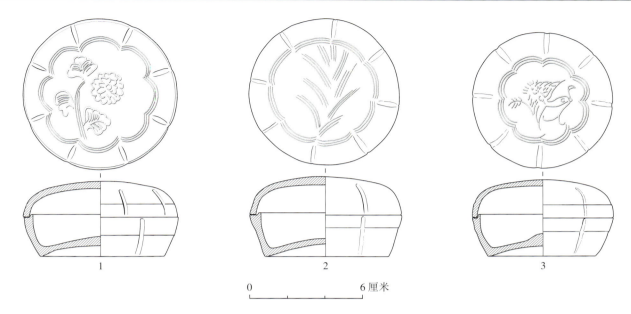

图 4-113　德化窑 B 型青白瓷中盒

1. Bb 型（02NH01T2020：970）　2. Bc 型（02NH01T2020：1018）　3. Bd 型（02NH01T2020：1020）

彩版 4-772　青白瓷中盒 02NH01T2020：970

标本 02NH01T2020：1018，釉色较白，釉面有黄褐斑。每组兰草纹叶片以三道凸弦纹组成。盒身口径 7.1、底径 6.5、高 2.4、盖口径 7.8、高 2.1、通高 4.4 厘米（图 4-113，2；彩版 4-773）。

Bd 型　2 套。

盖顶印芦雁衔枝纹。

标本 02NH01T2020：1020，釉色泛白，局部泛灰。此盒出水时有淤泥粘连，身、盖相连，可打开，内有淤泥。盒身口径 7.2、底径 6.1、高 2.3、盖口径 8.1、高 2.0、通高 4.2 厘米（图 4-113，3；彩

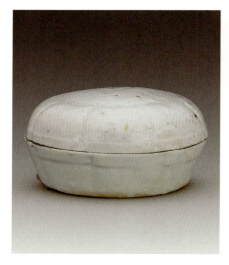

彩版4-773　青白瓷中盒02NH01T2020：1018

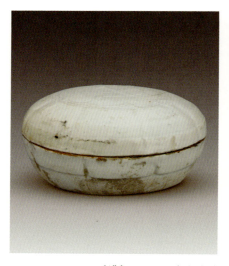
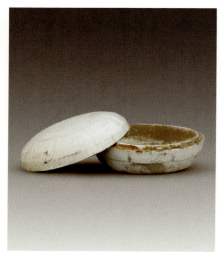

彩版4-774　青白瓷中盒02NH01T2020：1020

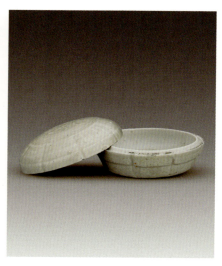

彩版4-775　青白瓷中盒02NH01T2020：647

版4-774）。

标本02NH01T2020：647，釉色泛灰。盒身口径7.2、底径6.3、高2.2、盖口径8.2、高2.1、通高4.2厘米（彩版4-775）。

C型　6套。

深腹，瓜棱形。身、盖均作八瓣瓜棱状，瓜棱处凹纹明显。盒身子口微敛，外口沿下有一道宽边，腹斜弧收，较深，平底内凹，内底突起明显。盖浅弧腹，口外有一道宽边，顶面较平，微隆起。釉色浅淡。盒盖顶模印花纹，边缘印一组八瓣状三凸弦纹，内为折枝牡丹纹。部分外底有墨书题记。

标本02NH01T2019：294，釉色淡青，局部泛灰黄，釉面开细碎纹片。印纹较浅。外底有墨书题记"□"，不可辨识。盒身口径6.1、底径5.0、高4.0、盖口径6.8、高1.9、通高5.4厘米（图4-114，1；彩版4-776）。

标本02NH01T2019：297，釉色淡青，釉面开片，部分泛灰黑。印纹清晰。盒身口径6.0、底径4.4、高3.9、盖口径6.8、高2.0、通高5.6厘米（图4-114，2；彩版4-777）。

标本02NH01T2019：295，釉色泛白，釉面部分泛灰黑，局部开片。印纹较浅。盒身口径6.0、底径4.7、高3.9、盖口径6.9、高1.8、通高5.4厘米（彩版4-778）。

彩版 4-776　青白瓷中盒 02NH01T2019：294

彩版 4-777　青白瓷中盒 02NH01T2019：297

标本 02NH01T2019：296，釉色淡青，局部泛灰黑，釉面开片。印纹清晰。盒身口径 6.0、底径 4.8、高 3.9、盖口径 6.8、高 1.9、通高 5.5 厘米（彩版 4-779）。

标本 02NH01T2019：299，釉色泛白，釉面开有细密纹片。印纹不清。盒身口径 5.8、底径 4.9、盖口径 6.8、通高 5.5 厘米（彩版 4-780）。

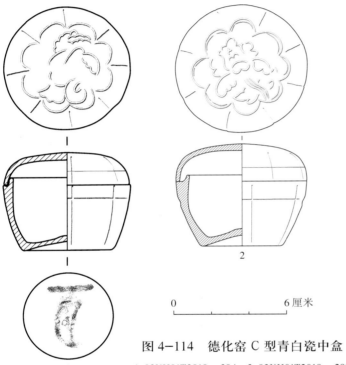

0　　　　　　　　6 厘米

图 4-114　德化窑 C 型青白瓷中盒
1. 02NH01T2019：294　2. 02NH01T2019：297

彩版 4-778　青白瓷中盒 02NH01T2019：295

彩版 4-779　青白瓷中盒 02NH01T2019：296

彩版 4-780　青白瓷中盒 02NH01T2019：299

（3）小盒

30 件（套），其中 4 件盒盖缺失，2 件盒身缺失。

器形小巧。盒盖顶大多模印花纹，少数无纹饰。根据器形差异，分两型。

A 型　13 件（套），其中 3 件盒盖缺失，2 件盒身缺失。

菊瓣形，腹较深。盒身斜直腹，较深，平底微内凹，内底心有小突起。盖浅弧腹，盖面边缘弧收，顶面较平，顶心微下凹，盖内中心突起明显。釉色浅淡，多泛白，外壁施釉多至腹下部，腹底端、外底无釉。盒身、盒盖边缘均模印窄菊瓣纹，盖面顶心一周圆圈内模印纹饰。

标本 02NH01T2019：1135，身、盖粘连。底心内凹。釉色白，有黄褐斑。盖顶圆圈内印小团菊纹。盒身底径 2.7、盖口径 3.9、高 1.0、通高 2.3 厘米（图 4-115，1；彩版 4-781）。

标本 02NH01T2019：1134，身、盖粘连。盖顶圆圈内印一朵团菊纹。盒盖口径 3.6、足径 2.7、通高 2.3 厘米（彩版 4-782）。

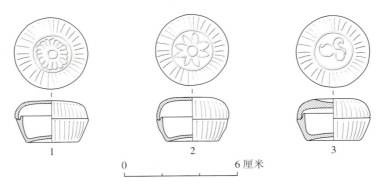

图 4-115　德化窑 A 型青白瓷小盒

1. 02NH01T2019：1135　　2. 02NH01T2019：1136　　3. 02NH01T2019：1139

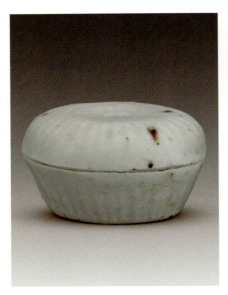

彩版 4-781　青白瓷小盒 02NH01T2019：1135

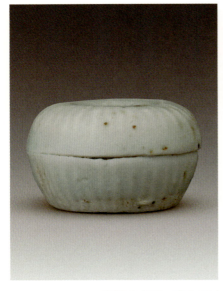

彩版 4-782　青白瓷小盒 02NH01T2019：1134

标本 02NH01T2019：1136，身、盖粘连。盖顶圆圈内印八瓣小团花纹。盒身底径 2.8、盖口径 3.9、高 1.2、通高 2.4 厘米（图4-115，2；彩版 4-783）。

标本 02NH01T2019：1139，底心内凹。釉色白。盖顶圆圈内印一朵折枝花纹。盒身口径 3.2、底径 2.8、高 1.5、盖口径 3.7、高 1.1、通高 2.3 厘米（图4-115，3；彩版 4-784）。

标本 02NH01T2019：1137，身、盖粘连。盖顶圆圈内印一朵折枝花纹。盒身底径 2.8、盖口径 3.9、高 1.1、通高 2.4 厘米（彩版 4-785）。

标本 02NH01T2019：1138，底心内凹。盖顶圆圈内印一朵折枝花纹。盒身口径 3.1、底径 2.7、高 1.5、盖口径 3.9、高 1.1、通高 2.3 厘米（彩版 4-786）。

标本 02NH01T2019：1389，釉色白，釉面开片，有黄褐斑。盖顶圆圈内印一朵折枝花纹。盒身口径 3.1、底径 2.7、高 1.4、盖口径 3.8、高 1.0、通高 2.3 厘米（彩版 4-787）。

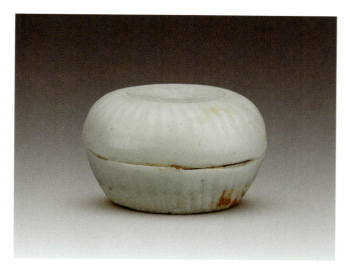

彩版 4-783　青白瓷小盒 02NH01T2019：1136

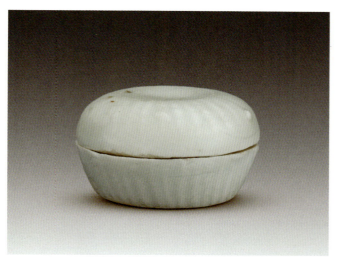

彩版 4-784　青白瓷小盒 02NH01T2019：1139

彩版 4-785　青白瓷小盒 02NH01T2019：1137

彩版4-786　青白瓷小盒 02NH01T2019：1138

彩版4-787　青白瓷小盒 02NH01T2019：1389

B型　17件（套）。

腹部无棱纹，浅腹。盒身子口较直，浅弧腹，弧收，平底或底部微呈饼状，外底较平。盖浅弧腹，顶面较平，顶心微隆起，个别微下凹。根据装饰纹样差异，分三亚型。

Ba型　8套。

盖顶模印花卉纹，印纹清晰。卧足，平底微内凹。

标本02NH01T2020：390，盒身内底心凸起，盖内顶心微凸。釉色白，釉面光洁莹润。盖顶模印缠枝花卉纹，由三组折枝花缠连而成。盒身口径4.1、底径3.0、高1.6、盖口径4.9、高1.4、通高2.8厘米（图4-116，1；彩版4-788）。

标本02NH01T2020：392，身、盖粘连。釉色白，釉面光洁莹润。盖顶模印缠枝花卉纹，由三组折枝花缠连而成。盒身底径2.9、盖口径4.8、高1.3、通高2.6厘米（彩版4-789）。

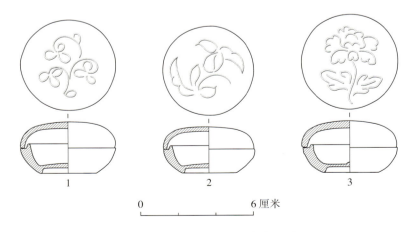

0　　　　　　　　　　6厘米

图4-116　德化窑Ba型青白瓷小盒

1.02NH01T2020：390　2.02NH01T2020：396　3.02NH01T2020：602

标本02NH01T2020：396，身、盖粘连。釉色白，釉面落有较多灰渣。盖顶模印一朵折枝花卉纹。盒身底径3.0、盖口径4.8、高1.3、通高2.5厘米（图4-116，2；彩版4-790）。

标本02NH01T2020：602，平底，外底心微内凹，内底心有脐突，盖内中心微凸。釉色偏白，釉面光洁莹润。盖顶模印一朵折枝牡丹纹，茎上有两片叶。盒身口径4.2、底径2.8、高1.5、盖口径4.9、高1.4、通高2.8厘米（图4-116，3；彩版4-791）。

标本02NH01T2020：395，身、盖粘连。盖顶模印一朵折枝牡丹纹，茎上有两片叶。盒盖口径4.7、足径2.9、通高2.5厘米（彩版4-792）。

标本02NH01T2020：387，卧足较浅，平底，内底心微凸。釉色白，釉面开细碎纹片，部分泛灰黑色。盖顶模印一朵折枝牡丹纹，茎上有两片叶。印纹较浅。盒身口径4.3、底径3.0、高1.6、盖口径4.9、高1.4、通高2.7厘米（彩版4-793）。

标本02NH01T2020：394，身、盖粘连。釉色偏白，釉面光洁莹润。盖顶模印一朵折枝荷花纹，茎上有两片叶。盒身底径3.0、盖口径4.9、高1.5、通高2.6厘米（彩版4-794）。

标本02NH01T2020：603，盒身内底心凸起。釉色白，釉面光洁莹润。盖顶模印一朵折

彩版4-788　青白瓷小盒 02NH01T2020：390

彩版4-789　青白瓷小盒 02NH01T2020：392

彩版4-790　青白瓷小盒 02NH01T2020：396

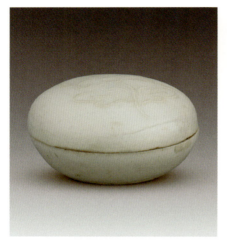

彩版 4-791　青白瓷小盒 02NH01T2020：602　　　彩版 4-792　青白瓷小盒
02NH01T2020：395

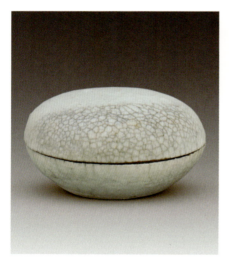

彩版 4-793　青白瓷小盒 02NH01T2020：387

彩版 4-794　青白瓷小盒 02NH01T2020：394　　　彩版 4-795　青白瓷小盒
02NH01T2020：603

枝荷花纹，茎上有两片叶。盒身口径 4.0、底径 2.8、高 1.5、盖口径 4.9、高 1.4、通高 2.7 厘米（彩版 4-795）。

Bb 型　3 套。

盖顶一圈凸弦纹内模印小团花纹，印纹清晰。假矮圈足，饼形，平底内凹，底心有凹窝。盖顶心微内凹。釉色偏灰白，釉面光润。外壁施釉至腹下部，腹底端、外底无釉。

标本 02NH01T2021：67，盖、身粘连。盖顶小团花纹为四花瓣，一枝蔓穿过中心图案。盒身底径 3.0、盖口径 4.7、高 1.3、通高 2.8 厘米（图 4-117，1；彩版 4-796）。

标本 02NH01T2021：68，盖、身粘连。盖顶小团花纹为八瓣花，一枝蔓穿过中心图案。盒身底径 2.9、盖口径 4.7、高 1.2、通高 2.6 厘米（图 4-117，2；彩版 4-797）。

标本 02NH01T2019：808，盖、身粘连。盖顶小团花纹为八瓣花，凸弦纹外有较浅的一道弦纹。盒身底径 3.0、盖口径 4.6、高 1.2、通高 2.6 厘米（彩版 4-798）。

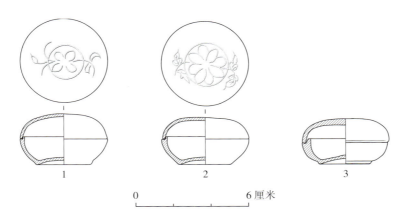

0　　　　　　　6 厘米

图 4-117　德化窑 B 型青白瓷小盒

1. Bb 型（02NH01T2021：67）　2. Bb 型（02NH01T2021：68）　3. Bc 型（02NH01T2019：809）

彩版 4-796　青白瓷小盒 02NH01T2021：67

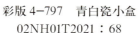

彩版 4-797　青白瓷小盒　　　　　　　　彩版 4-798　青白瓷小盒 02NH01T2019：808
02NH01T2021：68

Bc 型　6 件（套），其中 1 件盖缺失。

盖面素面无纹。青白釉泛灰，外壁施釉至腹下部，内底荡釉，外底无釉；盖面施釉，盖内无釉。

标本 02NH01T2019：809，假矮圈足，底内凹，外底心有凹窝，内底心突起明显。盖顶心微凹，盖内中心微凸。釉色灰白。盒身口径 3.9、底径 2.8、高 1.4、盖口径 4.6、高 1.4、通高 2.5 厘米（图 4-117，3；彩版 4-799）。

标本 02NH01T2020：105，身、盖粘连。卧足极浅。盖顶面较平，顶心隆起。釉色偏白。盒身底径 2.6、盖口径 4.7、高 1.3、通高 2.5 厘米（彩版 4-800）。

标本 02NH01T2020：393，身、盖粘连。平底微凹。盖顶面平。釉色白，有灰斑。盒身底径 2.9、盖口径 4.9、高 1.2、通高 2.5 厘米（彩版 4-801）。

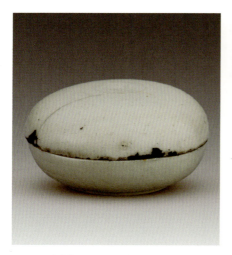

彩版 4-799　青白瓷小盒　　　　　彩版 4-800　青白瓷小盒　　　　　彩版 4-801　青白瓷小盒
02NH01T2019：809　　　　　　　02NH01T2020：105　　　　　　　02NH01T2020：393

11．器盖

2 件。

胎色白，质细密。盖面施青白釉，盖下端无釉，应与相配的罐盖合后同时烧造。

标本 02NH01T2020：2014（21），器形较小，小罐器盖。盖手制捏修而成，分上、下粘接而成。盖下端口部为小圆饼形，与器口扣合，边缘有裂纹。盖上部沿宽平，中部向上隆起。釉色灰白，釉层较薄，开细密纹片，开片处色泛灰。盖口径 1.3、沿径 2.9、高 1.3 厘米（图 4-118，1；彩版 4-802）。

标本 02NH01T2021：216，小罐器盖。盖子口，口微内敛，盖内挖修，有轮修痕，盖沿宽平，沿下有刮修细凹弦纹，盖面由边缘向中心逐渐向上隆起，中部挖削出一道凹线，顶心较平，上装管状纽。青白釉色浅淡，釉面光润，有少许开片。盖口径 4.9、沿径 8.8、高 2.7 厘米（图 4-118，2；彩版 4-803）。

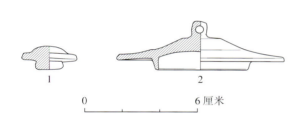

0　　　　　　　6 厘米

图 4-118　德化窑青白瓷器盖

1. 02NH01T2020：2014（21）　2. 02NH01T2021：216

彩版 4-802　青白瓷器盖 02NH01T2020：2014 (21)

彩版 4-803　青白瓷器盖 02NH01T2021：216

四　闽清义窑瓷器

闽清义窑瓷器共 1552 件。以青白瓷为主，器类有碗、盘，釉色多泛黄、泛灰或泛青；另有一类釉色偏青或青灰色的青瓷，器类有碗和盏，制作大多较为粗糙、草率。

（一）青白瓷

1143 件。器类有碗和盘，以碗为大宗，多为花口，分深腹和浅腹两大类，大多有刻划花装饰纹样；盘折腹，以花口居多。

1. 碗

1124 件。根据口沿形状及腹部深浅的差异，分三型。

A 型　670 件。

花口，深腹。一般为六出葵花口，在口沿处向两侧切削而成，尖圆唇，口微外撇，深弧腹，内底边缘有凹痕一道，小平底，底心微凸，圈足，多较规整，足沿窄平，挖足较平直，内墙斜削，外底心微凸。胎色白或灰白，质细腻。内、外均施青白釉，多泛黄或灰，外壁口沿下多见有流釉痕迹，色略深，足沿及外底无釉。釉层较薄，釉面大多光亮莹润。足外墙多可见手执圈足蘸釉而形成的施釉痕迹，外壁可见轮修痕迹。内壁多刻划花纹，有折枝莲花纹、折枝牡丹纹、篦划纹、六瓣花卉纹、出筋等，素面无纹者较少。根据纹饰的不同，可将其分六亚型。

Aa 型　203 件。

折枝莲花纹。内壁口沿下一般浅刻一道凹弦纹，其下刻一折枝莲花纹，花瓣绽放，花茎贯穿碗底，两叶茎环绕腹壁，花瓣、叶片内辅以篦划纹。刻划多潦草，线条较细，简洁流畅。

标本 02NH01T2018：52，釉色泛灰黄，釉面开细碎纹片。口径 18.7、足径 6.1、高 7.5 厘米（彩版 4-804）。

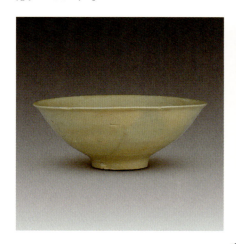

彩版 4-804　青白瓷碗 02NH01T2018：52

标本 02NH01T2018：63，釉色泛灰。外底泛黄，垫烧痕迹明显。外壁粘有小块渣粒。口径 18.1、足径 5.7、高 6.4 厘米（彩版 4-805）。

标本 02NH01T2018：47，釉色泛黄，釉面落有渣粒。口径 19.2、足径 6.0、高 6.4 厘米（图 4-119，1；彩版 4-806）。

标本 02NH01T2018：60，釉色泛灰白，足内墙有流釉。内壁有落渣。外底垫饼支烧痕迹明显。口径 18.3、足径 6.1、高 6.8 厘米（彩版 4-807）。

标本 02NH01T2018：147，釉色泛灰。口径 18.6、足径 5.9、高 6.5 厘米（彩版 4-808）。

标本 02NH01T2018：155，釉色泛灰白，足外墙可见积釉。内底心有落渣。口径 18.4、足径 6.0、高 6.7 厘米（彩版 4-809）。

标本 02NH01T2018：182，釉面落有渣粒。口径 18.3、足径 5.9、高 6.6 厘米（彩版 4-810）。

彩版 4-805　青白瓷碗 02NH01T2018：63

图 4-119　义窑 Aa 型青白瓷碗

1. 02NH01T2018：47　2. 02NH01T2018：241

彩版 4-806　青白瓷碗 02NH01T2018：47

彩版 4-807　青白瓷碗 02NH01T2018：60

标本 02NH01T2018：208，口径 18.2、足径 6.0、高 6.7 厘米（彩版 4-811）。

标本 02NH01T2018：225，釉色泛黄，釉面开片细密。口径 19.1、足径 6.2、高 6.9 厘米（彩版 4-812）。

标本 02NH01T2018：228，五出花口。内底有落渣。口径 17.9、足径 6.2、高 6.5 厘米（彩版 4-813）。

标本 02NH01T2018：241，釉色泛灰。内底有落渣。外底垫烧痕迹明显。口径 18.2、足径 6.2、高 6.7 厘米（图 4-119，2；彩版 4-814）。

标本 02NH01T2018：253，釉色浅淡，釉面有黑褐色缩釉斑或小棕眼，内壁有落渣。口径 18.0、足径 6.0、高 6.9 厘米（彩版 4-815）。

标本 02NH01T2018：369，釉色偏黄，开细碎纹片。口径 17.6、足径 6.2、高 6.7 厘米（彩版 4-816）。

彩版 4-808　青白瓷碗
02NH01T2018：147

彩版 4-809　青白瓷碗
02NH01T2018：155

彩版 4-810　青白瓷碗
02NH01T2018：182

彩版 4-811　青白瓷碗 02NH01T2018：208

彩版 4-812　青白瓷碗 02NH01T2018：225

彩版 4-813　青白瓷碗 02NH01T2018：228

彩版 4-814　青白瓷碗 02NH01T2018：241

彩版 4-815　青白瓷碗 02NH01T2018：253

彩版 4-816 青白瓷碗 02NH01T2018：369

标本 02NH01T2019：673，釉色泛黄。口径 18.7、足径 6.1、高 6.9 厘米（彩版 4-817）。

标本 02NH01T2019：1258，口部变形。釉色泛灰，釉面落有渣粒。外底垫烧痕迹明显。口径 18.4、足径 6.0、高 7.0 厘米（彩版 4-818）。

标本 02NH01T2019：1260，釉色泛黄，釉面落有渣粒。口径 18.5、足径 6.0、高 6.6 厘米（彩版 4-819）。

标本 02NH01T2019：1262，釉色泛黄，釉面落有渣粒。口径 18.2、足径 5.9、高 7.0 厘米（彩版 4-820）。

标本 02NH01T2019：1266，内底心有小凸。釉色泛青，釉面开稀疏长纹片。口径 19.8、足径 5.8、高 6.5 厘米（图 4-120，1；彩版 4-821）。

标本 02NH01T2019：1268，外底心有脐凸。釉色泛黄。刻划纹样清晰。口径 18.3、足径 5.9、

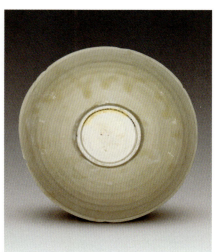

彩版 4-817 青白瓷碗 02NH01T2019：673

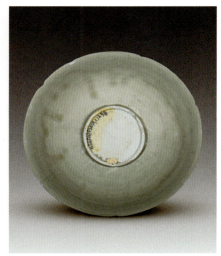

彩版 4-818 青白瓷碗 02NH01T2019：1258

彩版 4-819　青白瓷碗 02NH01T2019：1260　　　　　　彩版 4-820　青白瓷碗
02NH01T2019：1262

0　　　　　　　　6 厘米

图 4-120　义窑 Aa 型青白瓷碗
1. 02NH01T2019：1266　2. 02NH01T2021：363

高 6.7 厘米（彩版 4-822）。

　　标本 02NH01T2019：1278，釉色泛黄。刻划纹样清晰。口径 18.3、足径 5.8、高 6.5 厘米（彩版 4-823）。

彩版 4-821　青白瓷碗 02NH01T2019：1266

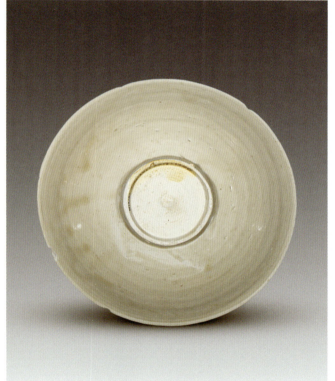

彩版 4-822　青白瓷碗 02NH01T2019：1268

标本 02NH01T2019：1294，釉色泛灰。内底落有渣粒。口径 18.4、足径 6.0、高 6.5 厘米（彩版 4-824）。

标本 02NH01T2019：1297，内底微凹，足沿窄，内墙斜削明显。釉色泛淡青，有稀疏长开片。足内呈黄褐色，垫烧痕迹明显。口径 18.4、足径 5.8、高 6.8 厘米（彩版 4-825）。

标本 02NH01T2019：1298，釉色泛黄。口径 18.7、足径 5.6、高 6.7 厘米（彩版 4-826）。

标本02NH01T2019：1308，釉色泛黄，釉面落有渣粒。外底心垫烧痕迹明显。口径18.5、足径6.3、高6.4厘米（彩版4-827）。

标本02NH01T2019：1633，釉色泛黄，釉面光润。口径18.5、足径6.2、高6.5厘米（彩版4-828）。

彩版4-823　青白瓷碗 02NH01T2019：1278

标本02NH01T2019：1641，口部变形。内壁釉面落有渣粒。口径19.2、足径6.3、高7.2厘米（彩版4-829）。

标本02NH01T2019：1663，釉色泛白，釉面花纹线条处可见较多细密孔痕，开片细密，外壁及足底有流釉现象。器物烧成略欠火候。口径18.5、足径6.2、高7.1厘米（彩版4-830）。

标本02NH01T2019：1690，器物变形。口径18.3、足径5.8、高6.6厘米（彩版4-831）。

彩版4-824　青白瓷碗 02NH01T2019：1294

标本02NH01T2019：1683，

彩版4-825　青白瓷碗 02NH01T2019：1297

彩版4-826　青白瓷碗
02NH01T2019：1298

彩版 4-827　青白瓷碗 02NH01T2019：1308

彩版 4-828　青白瓷碗
02NH01T2019：1633

彩版 4-829　青白瓷碗 02NH01T2019：1641

彩版 4-830　青白瓷碗 02NH01T2019：1663

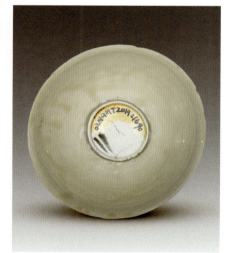

彩版 4-831　青白瓷碗 02NH01T2019：1690

釉色泛黄，开片细密，釉面流釉痕迹明显。纹样刻划草率。口径 18.6、足径 6.1、高 6.8 厘米（彩版 4-832）。

　　标本 02NH01T2019：1693，内壁釉面落有渣粒。口径 18.6、足径 6.0、高 6.7 厘米（彩版 4-833）。

　　标本 02NH01T2019：1763，口部变形。釉色泛淡青，开片细密。刻纹较浅。口径 17.4、足径 5.8、高 5.6 厘米（彩版 4-834）。

彩版 4-832　青白瓷碗 02NH01T2019：1683

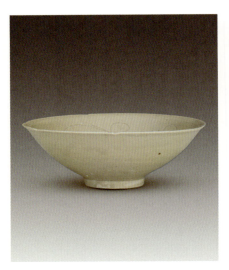

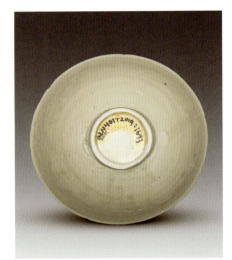

彩版 4-833　青白瓷碗 02NH01T2019：1693

标本02NH01T2019：1767，釉色泛黄，开片细密，釉面落有渣粒。口径17.5、足径5.7、高5.6厘米（彩版4–835）。

标本02NH01T2019：1777，釉色泛黄。口径17.2、足径5.4、高5.5厘米（彩版4–836）。

标本02NH01T2019：1779，釉色泛灰，开片细密。口径17.4、足径5.7、高5.6厘米（彩版4–837）。

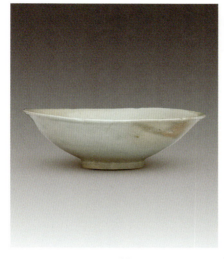

彩版4–834 青白瓷碗 02NH01T2019：1763

彩版4–835 青白瓷碗 02NH01T2019：1767

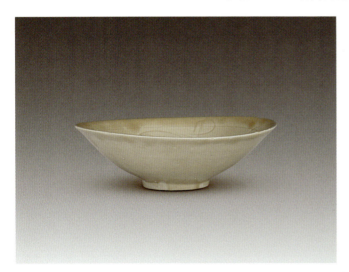

彩版4–836 青白瓷碗 02NH01T2019：1777

标本 02NH01T2020：207，釉色灰白，釉面布满细密开片，花纹处有较密集棕眼，流釉痕迹明显。底足无釉处泛黄。口径18.2、足径6.1、高7.0厘米（彩版 4-838）。

标本 02NH01T2020：261，釉色泛淡青，开细碎纹片。口径18.5、足径6.0、高6.9厘米（彩版 4-839）。

标本 02NH01T2020：263，

彩版 4-837　青白瓷碗 02NH01T2019：1779

彩版 4-838　青白瓷碗 02NH01T2020：207　　　　彩版 4-839　青白瓷碗 02NH01T2020：261

釉色泛黄，釉面光润。外底心有崩裂痕。口径18.0、足径5.9、高6.9厘米（彩版4-840）。

标本02NH01T2021∶363，口部变形。内底落有渣粒。口径18.1、足径5.3、高6.7厘米（图4-120，2；彩版4-841）。

标本02NH01T2021∶364，釉色泛黄。口径18.3、足径5.8、高6.7厘米（彩版4-842）。

标本02NH01T2021∶515，

彩版4-840　青白瓷碗 02NH01T2020∶263

彩版4-841　青白瓷碗 02NH01T2021∶363

彩版4-842　青白瓷碗 02NH01T2021∶364

彩版 4-843　青白瓷碗 02NH01T2021：515

彩版 4-844　青白瓷碗 02NH01T2021：523

彩版 4-845　青白瓷碗 02NH01T2021：537

足沿窄，内墙斜。釉色泛白。口径 18.8、足径 6.2、高 7.0 厘米（彩版 4-843）。

标本 02NH01T2021：523，圈足制作规整。釉色泛黄。内壁釉面落有渣粒。口径 18.7、足径 6.0、高 6.7 厘米（彩版 4-844）。

标本 02NH01T2021：537，釉色泛黄。口径 18.3、足径 6.2、高 6.3 厘米（彩版 4-845）。

标本 02NH01T2021：559，七出葵口，分布不均匀。釉色泛白，釉面光润。口径 18.1、足径 6.1、高 6.6 厘米（彩版 4-846）。

标本 02NH01T2021：565，内壁落有渣粒。口径 18.6、足径 6.1、高 6.6 厘米（彩版 4-847）。

标本 02NH01T2021：576，釉色泛黄。口径 18.0、足径 5.9、高 6.6 厘米（彩版 4-848）。

标本 02NH01T2021：580，

圈足制作规整。釉色泛淡青，口沿下及底端流釉处色深泛青，釉面光洁莹润。口径18.9、足径6.0、高6.4厘米（彩版4-849）。

标本02NH01T2021：641，口径18.1、足径5.9、高6.6厘米（彩版4-850）。

标本02NH01T2021：693，釉色泛黄，开片细密。烧成略欠火候。口径18.3、足径6.1、高7.1厘米（彩版4-851）。

彩版4-846　青白瓷碗　　　　　彩版4-847　青白瓷碗　　　　　彩版4-848　青白瓷碗
02NH01T2021：559　　　　　　02NH01T2021：565　　　　　　02NH01T2021：576

彩版4-849　青白瓷碗 02NH01T2021：580　　　　　　彩版4-850　青白瓷碗 02NH01T2021：641

标本 02NH01T2021：697，釉色泛黄，开片细碎。口径 19.1、足径 6.5、高 7.2 厘米（彩版 4-852）。

标本 02NH01T2022：50，釉色泛淡青，釉面有小棕眼，落有渣粒。口径 18.4、足径 5.9、高 6.7 厘米（彩版 4-853）。

标本 02NH01T2022：56，修足规整。釉色泛灰，釉面开细密纹片。口径 18.6、足径 6.2、高 7.2 厘米（图 4-121；彩版 4-854）。

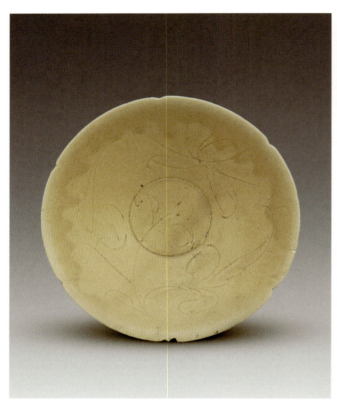

彩版 4-851　　青白瓷碗 02NH01T2021：693

彩版 4-853　　青白瓷碗 02NH01T2022：50

彩版 4-852　　青白瓷碗 02NH01T2021：697

彩版 4-854　　青白瓷碗 02NH01T2022：56

Ab 型　291 件。

折枝牡丹纹。内壁口沿下一般浅刻一道凹弦纹，其下刻一折枝牡丹纹，花瓣绽放，花茎贯穿碗底，两叶茎环绕腹壁，花瓣、叶片内辅以篦划纹。刻划多潦草，线条较细，简洁流畅。器形特征和花纹布局与 Aa 型相同。

标本 02NH01T2018：45，釉色泛黄，釉面开细密纹片，有棕眼。内壁落有渣粒。口径 17.1、足径 6.0、高 5.9 厘米（彩版 4-855）。

标本 02NH01T2018：68，釉色泛灰，釉面开细碎纹片，内壁落有渣粒。外底可见垫烧痕迹。口径 18.5、足径 6.3、高 6.7 厘米（彩版 4-856）。

标本 02NH01T2018：142，五出葵口，分布不均匀。釉色泛黄，刻纹处有小棕眼，釉面开细密纹片。口径 19.2、足径 6.3、高 6.8 厘米（彩版 4-857）。

标本 02NH01T2018：146，釉色泛灰，釉面有棕眼，内壁有落渣。口径 18.7、足径 5.8、高 6.7 厘米（图 4-122，1；彩版 4-858）。

标本 02NH01T2018：157，釉色泛白，釉面有小棕眼。口径 17.7、足径 5.6、高 6.4 厘米（彩版 4-859）。

标本 02NH01T2018：167，釉面有小棕眼，局部开片。口径 17.8、足径 5.7、高 6.4 厘米（彩版 4-860）。

图 4-121　义窑 Aa 型青白瓷碗
（02NH01T2022：56）

彩版 4-855　青白瓷碗
02NH01T2018：45

彩版 4-856　青白瓷碗
02NH01T2018：68

彩版 4-857　青白瓷碗
02NH01T2018：142

0　　　　　6厘米

图 4-122　义窑 Ab 型青白瓷碗

1.02NH01T2018：146　2.02NH01T2018：255

彩版 4-858　青白瓷碗 02NH01T2018：146

彩版 4-859　青白瓷碗 02NH01T2018：157

标本 02NH01T2018：173，外底心有脐突。釉色浅淡，釉面光润。口径 18.2、足径 6.3、高 6.3 厘米（彩版 4-861）。

标本 02NH01T2018：197，内底落有渣粒。口径 18.6、足径 6.1、高 6.6 厘米（彩版 4-862）。

彩版 4-860　青白瓷碗 02NH01T2018：167

彩版 4-861　青白瓷碗 02NH01T2018：173

彩版 4-862　青白瓷碗 02NH01T2018：197

标本 02NH01T2018：200，内底心微凸。釉色泛白，釉面有小棕眼。刻划花纹浅淡。外底有垫烧痕迹。口径 17.6、足径 6.1、高 6.5 厘米（彩版 4-863）。

标本 02NH01T2018：211，口部变形，外底心微凸。釉色泛白，釉面有小棕眼和黑褐色斑点。口径 18.8、足径 6.1、高 6.5 厘米（彩版 4-864）。

标本 02NH01T2018：221，内壁落有渣粒。口径 18.5、足径 6.0、高 6.4 厘米（彩版 4-865）。

标本 02NH01T2018：226，釉色偏黄，釉面有棕眼。外底有垫烧痕迹。花纹线条较宽，刻痕较粗，有立体质感。口径 18.8、足径 6.0、高 6.5 厘米（彩版 4-866）。

彩版 4-863　青白瓷碗
02NH01T2018：200

彩版 4-864　青白瓷碗
02NH01T2018：211

彩版 4-865　青白瓷碗
02NH01T2018：221

彩版 4-866　青白瓷碗 02NH01T2018：226

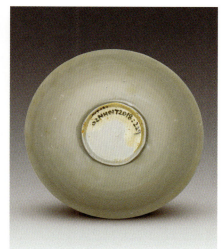

彩版 4-867　青白瓷碗 02NH01T2018：229

标本 02NH01T2018：229，足沿窄，内墙斜。釉色泛黄，釉面光润。内底落有渣粒。口径 18.6、足径 6.3、高 6.4 厘米（彩版 4-867）。

标本 02NH01T2018：250，足沿窄，内墙斜。釉色泛灰，釉面有小棕眼。口径 18.3、足径 6.3、高 6.5 厘米（彩版 4-868）。

标本 02NH01T2018：252，釉色泛灰白，釉面有小棕眼。口径 18.1、足径 6.2、高 6.5 厘米（彩版 4-869）。

标本 02NH01T2018：255，釉色泛白，釉面光润。外壁胎体可见较多凹斑。口径 19.0、足径 6.3、高 6.6 厘米（图 4-122，2；彩版 4-870）。

标本 02NH01T2018：256，釉色泛淡青，釉面光润。外壁胎体可见较多小凹斑。口径 18.2、足径 6.2、高 6.5 厘米（彩版 4-871）。

彩版 4-868　青白瓷碗 02NH01T2018：250

彩版 4-869　青白瓷碗
02NH01T2018：252

彩版 4-870　青白瓷碗
02NH01T2018：255

标本 02NH01T2018：263，足沿窄，内墙斜。釉色偏黄，釉面局部开片，内壁有小褐斑，足底有垫烧痕迹。口径 18.0、足径 5.8、高 6.5 厘米（彩版 4-872）。

标本 02NH01T2018：273，釉色泛灰白或黄，色不匀，外壁口沿下流釉痕迹明显。底部烧制过火呈红褐色。口径 18.4、足径 6.5、高 6.7 厘米（彩版 4-873）。

标本 02NH01T2018：364，釉色泛白，釉面光润。外底泛黄，有垫烧痕迹。口径 17.3、足径 6.1、高 5.2 厘米（彩版 4-874）。

标本 02NH01T2019：1248，釉色泛黄，开细密纹片。口径 19.4、足径 6.6、高 7.4 厘米（彩版 4-875）。

标本 02NH01T2019：1267，釉色泛灰，釉面有小褐斑。外底有垫烧痕迹。口径 18.3、足径 6.0、高 6.2 厘米（彩版 4-876）。

彩版 4-871　青白瓷碗
02NH01T2018：256

彩版 4-872　青白瓷碗 02NH01T2018：263

彩版 4-873　青白瓷碗
02NH01T2018：273

彩版 4-874　青白瓷碗 02NH01T2018：364

彩版 4-875　青白瓷碗 02NH01T2019：1248

彩版 4-876　青白瓷碗 02NH01T2019：1267

标本 02NH01T2019：1293，底心微凸，挖足较浅。釉色泛白，内壁有落渣。外底垫烧痕迹明显。口径 18.1、足径 6.0、高 6.5 厘米（彩版 4-877）。

标本 02NH01T2019：1301，釉色泛黄，釉面开细密纹片。口径 18.6、足径 6.4、高 6.6 厘米（彩版 4-878）。

标本 02NH01T2019：1310，釉色泛灰。口径 18.1、足径 5.7、高 6.3 厘米（彩版 4-879）。

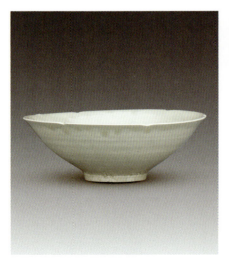

彩版 4-877　青白瓷碗 02NH01T2019：1293

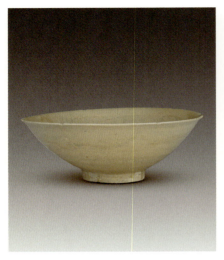

彩版 4-878　青白瓷碗 02NH01T2019：1301

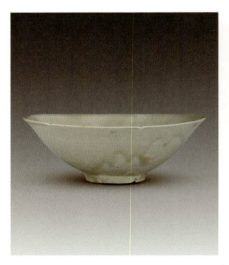

彩版 4-879　青白瓷碗 02NH01T2019：1310

标本 02NH01T2019：1612，釉色泛黄，釉面光润。口径 19.0、足径 6.1、高 6.5 厘米（彩版 4-880）。

标本 02NH01T2019：1617，足沿窄，内墙斜。釉色泛黄，内壁落有渣粒。口径 17.6、足径 5.8、高 6.1 厘米（彩版 4-881）。

标本 02NH01T2019：1625，釉色泛黄，釉面有较多小褐斑。刻划花纹清晰。口径 18.7、足径 6.0、高 6.2 厘米（彩版 4-882）。

标本 02NH01T2019：1646，内壁落有渣粒。纹样刻划潦草。口径 18.4、足径 6.4、高 6.6 厘米（彩版 4-883）。

标本 02NH01T2019：1654，内壁落有渣粒。口径 19.0、足径 6.1、高 6.8 厘米（彩版 4-884）。

标本 02NH01T2019：1675，釉色泛黄。内壁落有小渣

彩版 4-880　青白瓷碗 02NH01T2019：1612

彩版 4-881 青白瓷碗 02NH01T2019：1617

彩版 4-882 青白瓷碗 02NH01T2019：1625

彩版 4-883 青白瓷碗 02NH01T2019：1646

彩版 4-884　青白瓷碗 02NH01T2019：1654

彩版 4-885　青白瓷碗 02NH01T2019：1675

彩版 4-886　青白瓷碗 02NH01T2019：1685

粒。口径 17.5、足径 5.8、高 6.2 厘米（彩版 4-885）。

标本 02NH01T2019：1685，足沿窄，内墙斜，外底心微凸。釉色泛白，釉面光润。刻划花纹较浅。口径 16.4、足径 6.3、高 6.7 厘米（彩版 4-886）。

标本 02NH01T2019：1687，器物变形。底心微凸。釉色泛黄，开片细密。口径 18.3、足径 6.5、高 6.3 厘米（彩版 4-887）。

标本 02NH01T2019：1688，口沿外撇明显。釉色泛黄，釉面局部开片，内壁落有渣粒。口径 18.6、足径 6.0、高 6.6 厘米（图 4-123，1；彩版 4-888）。

标本 02NH01T2019：1696，釉色泛黄，釉面有较多小褐斑，内壁有落渣。外底部有垫烧痕迹。口径 18.5、足径 6.0、高 6.4 厘米（彩版

彩版 4-887　青白瓷碗 02NH01T2019：1687

图 4-123　义窑 Ab 型青白瓷碗

1. 02NH01T2019：1688　2. 02NH01T2021：685

彩版 4-888　青白瓷碗
02NH01T2019：1688

彩版 4-889　青白瓷碗
02NH01T2019：1696

4-889）。

标本 02NH01T2019：1702，釉色泛白，内壁落有渣粒。刻纹清晰，篦划纹浅。口径 19.1、足径 6.2、高 7.0 厘米（彩版 4-890）。

标本 02NH01T2019：1703，釉色泛灰，釉面有小褐斑，内壁落有渣粒。口径 18.3、足径 6.2、高 6.8 厘米（彩版 4-891）。

标本 02NH01T2019：1704，刻划草率，花纹较浅。口径

彩版 4-890　青白瓷碗 02NH01T2019：1702

彩版 4-891　青白瓷碗 02NH01T2019：1703

18.7、足径 6.4、高 6.9 厘米（彩版 4−892）。

标本 02NH01T2020：582，釉色泛黄。口沿内侧有粘连痕迹。口径 18.9、足径 6.0、高 6.6 厘米（彩版 4−893）。

标本 02NH01T2020：583，口部变形，底心微凸。釉色泛黄，釉面有小棕眼，开细密纹片。口径 18.3、足径 6.1、高 7.2 厘米（彩版 4−894）。

标本 02NH01T2020：1056，釉色泛白，内、外壁均有明显流釉痕迹。内底落有渣粒。外底有垫烧痕迹。刻划花纹较浅。口径 18.4、足径 6.1、高 6.4 厘米（彩版 4−895）。

标本 02NH01T2021：337，制作规整。釉色泛淡青，釉面光润。外底有垫烧痕迹。口径 18.6、足径 6.1、高 6.9 厘米（彩版 4−896）。

标本 02NH01T2021：338，釉色泛淡青，内壁落有较多小渣粒。口径 18.4、足径 6.1、高 6.8 厘米（彩版 4−897）。

彩版 4−892　青白瓷碗 02NH01T2019：1704

彩版 4−893　青白瓷碗
02NH01T2020：582

彩版 4−894　青白瓷碗
02NH01T2020：583

彩版 4−895　青白瓷碗
02NH01T2020：1056

彩版 4-896　　青白瓷碗 02NH01T2021：337

彩版 4-897　　青白瓷碗 02NH01T2021：338

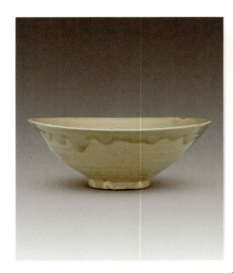

彩版 4-898　　青白瓷碗 02NH01T2021：340

　　标本 02NH01T2021：340，釉色泛黄，外口沿处流釉明显，内壁有落渣。口径 18.3、足径 6.0、高 6.5 厘米（彩版 4-898）。

　　标本 02NH01T2021：511，内壁落有渣粒。口径 18.6、足径 6.1、高 6.5 厘米（彩版 4-899）。

　　标本 02NH01T2021：512，釉色泛白，釉面有较多小棕眼。外底有垫烧痕迹。口径 18.3、足径 6.1、高 6.4 厘米（彩版 4-900）。

　　标本 02NH01T2021：525，足沿窄，内墙斜。釉色泛黄，釉面有小棕眼。外底泛黄，垫烧痕迹明显。口径 18.1、足径 6.0、高 6.5 厘米（彩版 4-901）。

　　标本 02NH01T2021：528，釉色泛黄，釉面有棕眼，开片细密。外底有垫烧痕迹。口径 18.0、足径 6.2、高 6.7 厘米（彩版 4-902）。

　　标本 02NH01T2021：538，口部变形，挖足较浅。口沿内侧有粘连痕迹。口径 19.1、足径 6.2、高 6.5 厘米（彩版 4-903）。

彩版 4-899　青白瓷碗
02NH01T2021：511

彩版 4-900　青白瓷碗
02NH01T2021：512

彩版 4-901　青白瓷碗
02NH01T2021：525

彩版 4-902　青白瓷碗
02NH01T2021：528

彩版 4-903　青白瓷碗
02NH01T2021：538

彩版 4-904　青白瓷碗
02NH01T2021：543

标本 02NH01T2021：543，釉色泛灰白，釉面有较多棕眼，内壁落有渣粒。口径 18.3、足径 6.0、高 6.5 厘米（彩版 4-904）。

标本 02NH01T2021：546，釉色泛淡青，口沿内侧有灰斑。刻划花纹较浅。口径 17.8、足径 6.0、高 6.7 厘米（彩版 4-905）。

标本 02NH01T2021：554，釉面开细碎纹片，开片处多呈黑色或黄色。口径 18.9、足径 6.3、高 7.4 厘米（彩版 4-906）。

标本 02NH01T2021：562，釉色泛白，内壁有落渣。口径 18.5、足径 6.0、高 6.5 厘米（彩版 4-907）。

标本 02NH01T2021：567、558，两件粘连，一侧有铁质锈蚀物和海底淤积物相粘连。釉色泛黄，开细碎纹片。口径 18.2、足径 6.2、高 6.8 厘米（彩版 4-908）。

标本 02NH01T2021：572，釉色泛黄。口径 17.8、足径 5.6、高 6.3 厘米（彩版 4-909）。

彩版 4-905　青白瓷碗
02NH01T2021：546

彩版 4-906　青白瓷碗
02NH01T2021：554

彩版 4-907　青白瓷碗
02NH01T2021：562

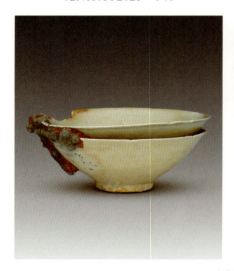

彩版 4-908　青白瓷碗 02NH01T2021：567、568

标本 02NH01T2021：583，釉色泛淡青，内壁有落渣。外底有垫烧痕迹。口径 18.4、足径 6.1、高 6.4 厘米（彩版 4–910）。

标本 02NH01T2021：584，釉色泛黄，釉面开细碎纹片，有小棕眼。口径 18.7、足径 6.3、高 6.8 厘米（彩版 4–911）。

标本 02NH01T2021：629，口部变形。釉色泛白，内壁釉面落有渣粒。外底泛黄，垫烧痕迹明显。口径 18.6、足径 5.8、高 6.6 厘米（彩版 4–912）。

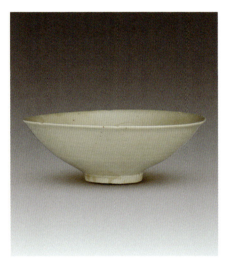

彩版 4–909　青白瓷碗 02NH01T2021：572

彩版 4–910　青白瓷碗 02NH01T2021：583

彩版 4-911　　青白瓷碗 02NH01T2021：584

彩版 4-912　　青白瓷碗 02NH01T2021：629

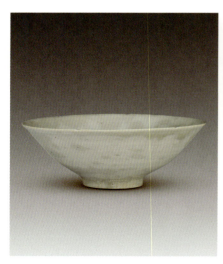

彩版 4-913　　青白瓷碗 02NH01T2021：630

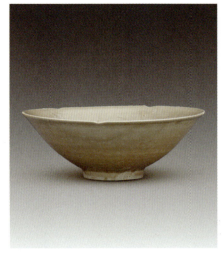  

彩版 4-914　青白瓷碗 02NH01T2021：639

彩版 4-915　青白瓷碗 02NH01T2021：651

彩版 4-916　青白瓷碗 02NH01T2021：685

标本 02NH01T2021：630，釉色泛灰，内壁有落渣。口径 18.3、足径 6.0、高 6.8 厘米（彩版 4-913）。

标本 02NH01T2021：639，釉色泛黄，内壁有落渣。口径 18.2、足径 6.0、高 6.7 厘米（彩版 4-914）。

标本 02NH01T2021：651，釉色泛白，釉面有较多棕眼。外底垫烧痕迹明显。口径 18.3、足径 6.3、高 6.7 厘米（彩版 4-915）。

标本 02NH01T2021：685，釉色泛灰，釉面有小褐斑，内壁有落渣。足沿处有垫烧痕迹。口径 18.5、足径 5.3、高 6.7 厘米（图 4-123，2；彩版 4-916）。

Ac 型　2 件。

篦划纹。内壁口沿下浅刻一道凹弦纹，内腹壁及内底饰以篦划纹，划纹线条弯曲，腹壁呈纵向"S"状，划纹较浅。

标本 02NH01T2018：264，釉色泛黄，开细纹片，釉面有棕眼，内底落有渣粒。腹壁共划有七组篦划纹，每组有十一道；内底心划纹较随意。外底有垫烧痕迹。口径 18.8、足径 6.3、高 6.9 厘米（彩版 4-917）。

标本 02NH01T2019：1251，底心微凸，挖足较深。釉色泛黄，开细密纹片。篦划纹较浅，纹样较随意。口径 19.0、足径 6.2、高 7.0 厘米（彩版 4-918）。

彩版 4-917　青白瓷碗 02NH01T2018：264

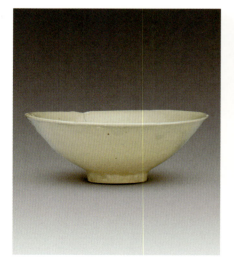

彩版 4-918　青白瓷碗 02NH01T2019：1251

Ad 型　16件。

六瓣花卉纹。六出葵花口，每瓣花口的中部又修削成凹纹，形似荷叶状。内壁腹部多以双线由底边向口部刻出花瓣纹反向"S"形边缘，口沿下随葵花口形状浅刻一条凹纹，其与葵花口形成六瓣花纹，每花瓣内刻卷云状花卉纹，形似开光花卉纹，花瓣、叶片内多填以篦划纹。内底心凹弦纹内刻一朵折枝莲花纹。纹样复杂，线条流畅，刻纹清晰。

标本 02NH01T2018：384，挖足较浅。釉色泛黄，开细碎纹片，内底釉面有落渣。花纹内的篦划纹较浅。底足有垫烧痕迹。口径 18.7、足径 6.2、高 7.2 厘米（彩版 4-919）。

标本 02NH01T2021：908，釉色泛黄，内底有大块落渣。花纹内的篦划纹较浅。足沿可见垫烧痕迹。口径 18.7、足径 6.0、高 6.8 厘米（图 4-124，1；彩版 4-920）。

标本 02NH01T2021：910，釉色泛黄。外壁有粘连痕迹。花纹内的篦划纹清晰。足沿有垫烧痕迹。口径 18.8、足径 5.8、高 6.6 厘米（图 4-124，2；彩版 4-921）。

标本 02NH01T2021：911，釉色泛淡青，釉面光润。花纹内的篦划纹清晰。外底垫烧痕迹明

彩版 4-919　青白瓷碗 02NH01T2018：384

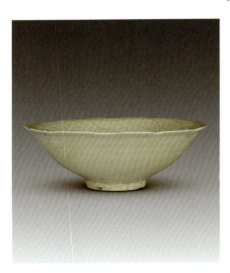

彩版 4-920　青白瓷碗 02NH01T2021：908

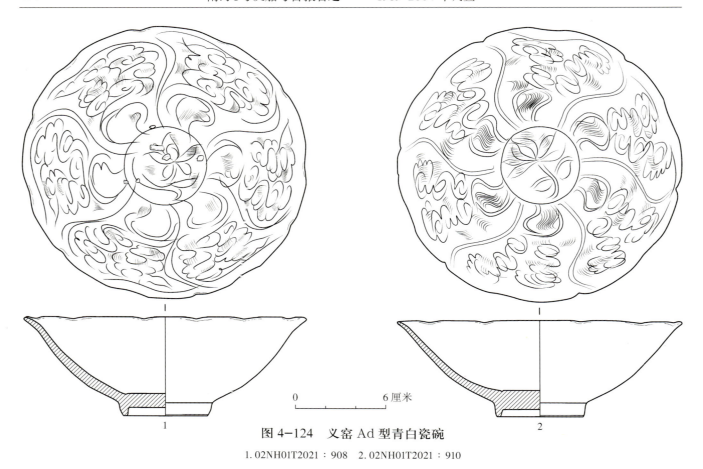

图 4-124　义窑 Ad 型青白瓷碗

1. 02NH01T2021：908　2. 02NH01T2021：910

彩版 4-921　青白瓷碗 02NH01T2021：910

彩版 4-922　青白瓷碗 02NH01T2021：911

图 4-125　义窑 Ad 型青白瓷碗
（02NH01T2022：110）

显。口径 18.7、足径 6.1、高 6.6 厘米（彩版
4-922）。

标本 02NH01T2022：110，挖足较浅。刻纹
清晰，刻花纹内不饰篦划纹。外底有垫烧痕迹。
口径 18.6、足径 6.2、高 6.4 厘米（图 4-125；彩
版 4-923）。

Ae 型　151 件。

内壁由六瓣葵口的豁口处向下出筋，多至腹
中部，筋纹凸起较细，出筋处色多泛白。

标本 02NH01T2018：151，内底心微凸。釉
色泛黄。口径 17.6、足径 6.0、高 6.1 厘米（彩版
4-924）。

标本 02NH01T2018：160，釉色泛黄，外壁
开细碎纹片。外底有垫烧痕迹。口径 17.7、足径 5.6、
高 6.3 厘米（彩版 4-925）。

标本 02NH01T2018：184，釉色泛灰，内底
有落渣。外底垫烧痕迹明显。口径 18.1、足径 6.0、
高 6.4 厘米（彩版 4-926）。

标本 02NH01T2018：176，内底心微凸，挖

彩版 4-923　青白瓷碗 02NH01T2022：110

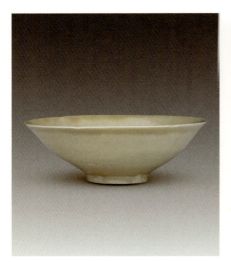

彩版 4-924　青白瓷碗 02NH01T2018：151

足较深。釉色泛黄，釉面开片，有灰斑。内壁有三周修坯时形成的凹槽，内底心有落渣。出筋不明显。口径 17.6、足径 6.3、高 6.2 厘米（彩版 4-927）。

　　标本 02NH01T2018：186　外底心微凸。釉色泛白。口径 17.6、足径 6.4、高 5.9 厘米（彩版 4-928）。

　　标本 02NH01T2018：189　内底心微凸，挖足较深。釉色泛灰，釉面有较多小棕眼，边缘泛

彩版 4-925　青白瓷碗 02NH01T2018：160

彩版 4-926　青白瓷碗 02NH01T2018：184

彩版 4-927　青白瓷碗 02NH01T2018：176　　　　　彩版 4-928　青白瓷碗 02NH01T2018：186

白色，内底有落渣。口沿有粘连痕迹，足部有垫烧痕迹。口径 18.2、足径 6.1、高 6.4 厘米（彩版 4-929）。

　　标本 02NH01T2018：203，釉色泛黄，釉面有棕眼。出筋痕迹清晰。足底有垫烧痕迹。口径 17.7、足径 6.0、高 5.9 厘米（彩版 4-930）。

　　标本 02NH01T2018：231，外壁釉面有较多小棕眼。出筋痕迹较浅。口径 17.6、足径 5.9、高 6.0 厘米（图 4-126，1；彩版 4-931）。

　　标本 02NH01T2018：244，釉色泛灰黄，局部开片。口径 18.0、足径 5.8、高 6.1 厘米（彩版 4-932）。

　　标本 02NH01T2018：249，足沿窄，内墙斜。釉色泛白，内底落有渣粒。外壁胎体有较多小凹斑。口径 17.5、足径 5.8、高 6.1 厘米（彩版 4-933）。

　　标本 02NH01T2018：260，釉色泛黄，釉面有小棕眼，内底有落渣，外壁有较多缩釉斑点。口径 17.6、足径 5.7、高 6.0 厘米（彩版 4-934）。

　　标本 02NH01T2018：261，内底心微凸，挖足较深。釉色泛灰，局部开细纹片。出筋清晰。外底有垫烧痕迹。口径 17.9、足径 5.8、高 6.5 厘米（彩版 4-935）。

　　标本 02NH01T2018：262，釉色泛白，釉面开片。口径

彩版 4-929　青白瓷碗 02NH01T2018：189

彩版 4-930　青白瓷碗 02NH01T2018：203

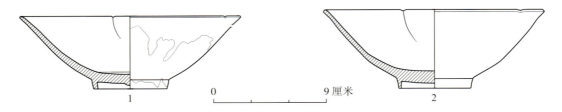

图 4-126　义窑 Ae 型青白瓷碗

1. 02NH01T2018：231　2. 02NH01T2018：265

彩版 4-931　青白瓷碗
02NH01T2018：231

彩版 4-932　青白瓷碗
02NH01T2018：244

彩版 4-933　青白瓷碗
02NH01T2018：249

彩版 4-934　青白瓷碗
02NH01T2018：260

彩版 4-935　青白瓷碗
02NH01T2018：261

彩版 4-936　青白瓷碗
02NH01T2018：262

18.0、足径 5.9、高 6.4 厘米（彩版 4-936）。

　　标本 02NH01T2018：265，釉色泛灰，釉面开细碎纹片。口径 17.9、足径 5.8、高 6.5 厘米（图 4-126，2；彩版 4-937）。

　　标本 02NH01T2018：274，足沿窄，内墙斜。釉色泛白，开细碎纹片，釉面有灰斑和小棕眼。外底泛黄褐色，垫烧痕迹明显。口径 18.1、足径 6.3、高 6.7 厘米（彩版 4-938）。

　　标本 02NH01T2018：341，釉色泛黄，釉面开稀疏纹片，内底有落渣。口径 17.8、足径 5.9、高 6.2 厘米（彩版 4-939）。

　　标本 02NH01T2018：346，釉色泛黄，外壁釉面有棕眼，内底有落渣。口径 17.9、足径 6.0、高 5.8 厘米（彩版 4-940）。

　　标本 02NH01T2019：837，釉色泛黄，开细碎纹片，外壁釉面有缩釉斑。口径 18.2、足径 5.9、高 7.0 厘米（彩版 4-941）。

标本 02NH01T2019：839，釉色泛灰，内底有落渣。出筋明显，色泛白。口径 17.3、足径 6.1、高 6.1 厘米（彩版 4-942）。

标本 02NH01T2019：842，釉色泛黄，口沿内外流釉痕迹明显。内底心落有渣粒。口径 17.5、足径 6.2、高 6.2 厘米（彩版 4-943）。

标本 02NH01T2019：844，釉色泛黄。口径 17.4、足径 6、高 5.8 厘米（图 4-127，1；彩版 4-944）。

标本 02NH01T2019：1292，内底较小，挖足较深，足沿略宽。釉色泛白，釉面落有渣粒。外底无釉处泛黄。口径 17.5、足径 6.1、高 6.4 厘米（彩版 4-945）。

标本 02NH01T2019：1316，釉色泛白。口径 18.8、足径 6.4、高 6.6 厘米（彩版 4-946）。

标本 02NH01T2019：1324，内底心微凸，挖足较深，足沿略宽。釉色泛白。口径 18.4、足径 6.6、高 6.7 厘米（彩版 4-947）。

彩版 4-937　青白瓷碗 02NH01T2018：265　　　彩版 4-938　青白瓷碗 02NH01T2018：274

彩版 4-939　青白瓷碗 02NH01T2018：341　　　彩版 4-940　青白瓷碗 02NH01T2018：346

彩版 4-941　青白瓷碗 02NH01T2019：837

彩版 4-942　青白瓷碗 02NH01T2019：839

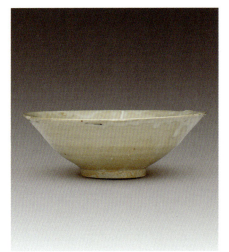

彩版 4-943　青白瓷碗 02NH01T2019：842

彩版 4-944　青白瓷碗 02NH01T2019：844

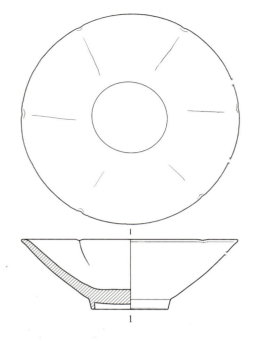

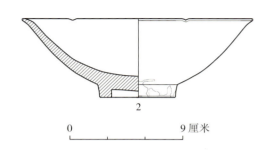

图 4-127 义窑 Ae、Af 型青白瓷碗
1. Ae 型 02NH01T2019：844 2. Af 型 02NH01T2019：1299

彩版 4-945 青白瓷碗 02NH01T2019：1292

　　标本 02NH01T2019：1296，内底较小，底心微凸。釉色泛白，内底落有渣粒。口径 17.5、足径 5.9、高 6.1 厘米（彩版 4-948）。

　　标本 02NH01T2019：1682，釉色泛白，内底有落渣。口径 17.9、足径 6.0、高 6.4 厘米（彩版 4-949）。

　　标本 02NH01T2020：9，釉色偏黄，釉面开细碎纹片。口径 17.9、足径 6.1、高 6.7 厘米（彩版 4-950）。

　　标本 02NH01T2020：13，釉色泛黄，釉面有棕眼。出筋分布不均匀。外壁腹部有修坯形成的跳刀痕。口径 17.2、足径 5.9、高 6.2 厘米（彩版 4-951）。

　　标本 02NH01T2020：40，釉色泛白，口沿内外流釉痕迹明显，釉面有小灰斑，内底落有渣粒。

彩版 4-946　青白瓷碗 02NH01T2019：1316

彩版 4-947　青白瓷碗 02NH01T2019：1324

彩版 4-948　青白瓷碗 02NH01T2019：1296　　　　彩版 4-949　青白瓷碗 02NH01T2019：1682

彩版 4-950　青白瓷碗 02NH01T2020　9

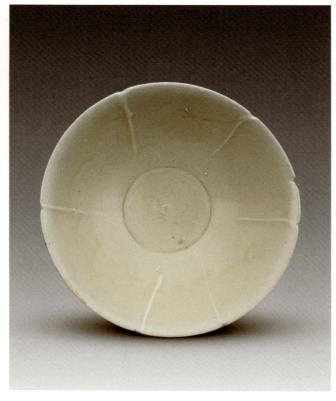

彩版 4-951　青白瓷碗 02NH01T2020：13

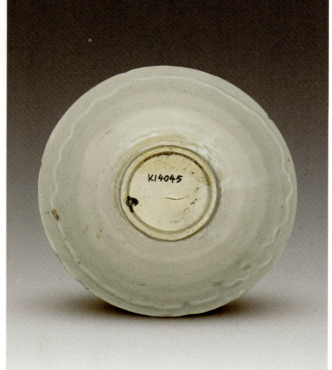

彩版 4-952　青白瓷碗 02NH01T2020：40

口径 17.9、足径 6.2、高 6.5 厘米（彩版 4–952）。

标本 02NH01T2020：48，釉色泛灰白，内底有落渣。出筋纹较细。口径 18.0、足径 6.4、高 6.4 厘米（彩版 4–953）。

标本 02NH01T2020：64，釉色泛黄，釉面开片，内壁落有渣粒。外壁胎体小凹坑较多。口径 17.2、足径 5.5、高 6 厘米（彩版 4–954）。

标本 02NH01T2021：635，内底心微凸。釉色泛黄，内底落有渣粒。足底有垫烧痕迹。口径 17.8、足径 5.7、高 6.4 厘米（彩版 4–955）。

标本 02NH01T2021：646，釉色泛白。口径 18.7、足径 6.1、高 6.8 厘米（彩版 4–956）。

标本 02NH01T2021：650，釉色泛灰，釉面有小灰斑。外底色泛黄，垫烧痕迹明显。口径 18.8、足径 6.5、高 6.4 厘米（彩版 4–957）。

标本 02NH01T2021：668，内底心微凸，足沿窄，挖足较深。釉色泛白，釉面光润，内底落有渣粒。外底色泛黄，垫烧痕迹明显。口径 18.0、足径 5.9、高 6.5 厘米（彩版 4–958）。

彩版 4–953　青白瓷碗 02NH01T2020：48

彩版 4–954　青白瓷碗 02NH01T2020：64

彩版 4-955　青白瓷碗 02NH01T2021：635

彩版 4-956　青白瓷碗 02NH01T2021：646

彩版 4-957　青白瓷碗 02NH01T2021：650　　　　彩版 4-958　青白瓷碗 02NH01T2021：668

Af 型　7件。

素面。此类器物数量不多，与 Ae 型出筋纹碗形制相同。

标本 02NH01T2019：1299，釉色泛黄，内底落有渣粒。口径 18.3、足径 5.8、高 6.5 厘米（图 4-127，2；彩版 4-959）。

标本 02NH01T2019：1678，釉色泛乳白色，开细密纹片，口沿处流釉痕迹明显。口径 17.6、足径 6.0、高 6.2 厘米（彩版 4-960）。

标本 02NH01T2019：1686，内底心微凸，挖足较深，足沿较宽。釉色泛黄。内壁上腹部有三周修坯时形成的凹纹，内壁、外腹部均有坯体渣粒。口径 17.7、足径 6.0、高 6.3 厘米（彩版 4-961）。

标本 02NH01T2020：51，釉色泛白，口沿处流釉痕迹明显，内底心有落渣。口径 17.6、足径 6.0、高 6.4 厘米（彩版 4-962）。

彩版 4-959　青白瓷碗 02NH01T2019：1299

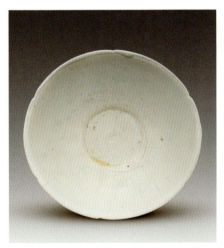
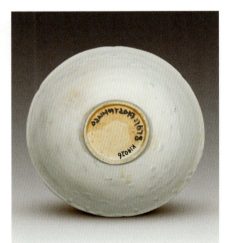

彩版 4-960　青白瓷碗 02NH01T2019：1678

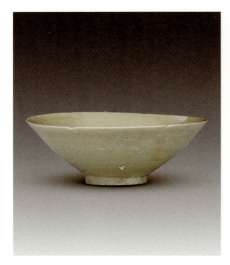

彩版 4-961　　青白瓷碗 02NH01T2019：1686

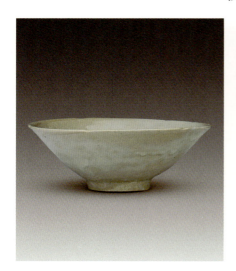

彩版 4-962　　青白瓷碗 02NH01T2020：51

B 型　427 件。

花口，浅腹。器物形制、装饰工艺与 A 型碗同类器物相似，唯其腹部较浅。一般为六出葵花口，在口沿处向两侧切削而成，尖圆唇，口微外撇，浅弧腹，内底边缘一般有凹痕一道，小平底，底心微凸，圈足，多较规整，足沿窄平，挖足较平直，内墙斜削，外底心微凸。胎色白或灰白，质细腻。内、外均施青白釉，多泛黄或灰，外壁口沿下多见有流釉痕迹，色略深，足沿及外底无釉。釉层较薄，釉面大多光亮莹润。足外墙多可见手执圈足蘸釉而形成的施釉痕迹，外壁可见轮修痕迹。内壁均刻划花纹，有折枝莲花纹、折枝牡丹纹、篦划纹、六瓣花卉纹。根据纹饰的不同，可将其分四亚型。

Ba 型　29 件。

折枝莲花纹。内壁口沿下一般浅刻一道凹弦纹，其下刻一折枝莲花纹，花瓣绽放，花茎贯穿碗底，两叶茎环绕腹壁，花瓣、叶片内辅以篦划纹。内底边缘有凹弦纹一道。刻划多潦草，线条较细，简洁流畅。

标本 02NH01T2018：330，釉色泛灰白，釉面有小棕眼和灰斑。口径 15.9、足径 5.6、高 4.6 厘米（彩版 4-963）。

标本 02NH01T2018：23，釉色泛黄，釉面开稀疏纹片。口径 16.7、足径 5.5、高 4.6 厘米（图4-128，1；彩版 4-964）。

标本 02NH01T2018：337，釉色泛黄，有少量开片，内壁落有渣粒。口径 17.0、足径 5.8、高 4.9厘米（彩版 4-965）。

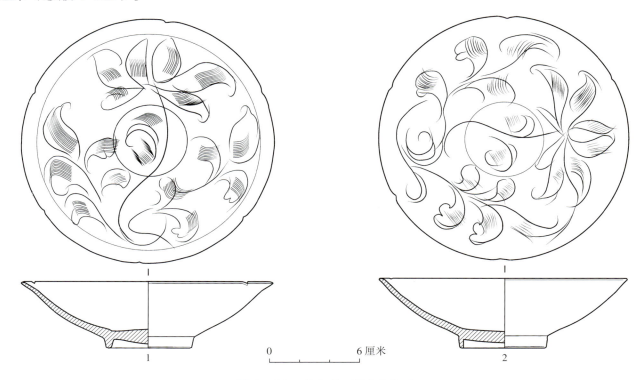

0   6 厘米

图 4-128 义窑 Ba 型青白瓷碗

1. 02NH01T2018：23   2. 02NH01T2018：342

彩版 4-963 青白瓷碗 02NH01T2018：330

　　标本 02NH01T2018：338，釉色泛灰，外壁开细碎纹片，内壁有小棕眼和灰斑，落有渣粒。底足有垫烧痕迹。口径 15.8、足径 5.5、高 4.5 厘米（彩版 4-966）。

　　标本 02NH01T2018：342，足沿细，部分尖，内墙斜。釉色泛黄，内底落有渣粒。口径 16.7、足径 5.9、高 4.9 厘米（图 4-128，2；彩版 4-967）。

　　标本 02NH01T2018：354，足墙较宽。釉色泛灰，内底落有渣粒，残留较多细小颗粒。口径 16.7、足径 6.0、高 5.1 厘米（彩版 4-968）。

彩版 4-964　青白瓷碗 02NH01T2018：23

彩版 4-965　青白瓷碗 02NH01T2018：337

彩版 4-966 青白瓷碗 02NH01T2018：338

彩版 4-967 青白瓷碗 02NH01T2018：342　　　　彩版 4-968 青白瓷碗 02NH01T2018：354

标本 02NH01T2018：362，腹较浅，底略宽，底心微凸。釉色偏白，内壁釉面有小棕眼和灰斑，落有渣粒。口径 16.5、足径 5.9、高 4.1 厘米（图 4-129，1；彩版 4-969）。

标本 02NH01T2019：1331，釉色泛黄，外壁流釉痕迹明显。外底有垫烧痕迹。刻纹较深。口径 16.5、足径 5.5、高 5.1 厘米（彩版 4-970）。

标本 02NH01T2019：1339，内底心微凸。釉色泛黄。内底和外腹部落有渣粒。口径 16.8、足径 5.6、高 5.2 厘米（彩版 4-971）。

标本 02NH01T2019：1757，釉色泛白。口径 16.5、足径 6.0、高 5.1 厘米（彩版 4-972）。

标本 02NH01T2019：1761，足沿略宽。釉色泛黄，有小棕眼。口径 17.1、足径 5.9、高 5.1 厘米（彩版 4-973）。

标本 02NH01T2019：1768，釉色泛黄，釉面开细碎纹片。口径 18.1、足径 5.8、高 5.6 厘米（图 4-129，2；彩版 4-974）。

标本 02NH01T2019：1770，釉色泛灰，釉面光润。口径 17.0、足径 6.0、高 4.5 厘米（彩版

0　　　　6厘米

图 4-129　义窑 Ba 型青白瓷碗

1. 02NH01T2018：362　2. 02NH01T2019：1768

彩版 4-969　青白瓷碗 02NH01T2018：362　　　　彩版 4-970　青白瓷碗 02NH01T2019：1331

彩版 4-971　青白瓷碗 02NH01T2019：1339

彩版 4-972　青白瓷碗 02NH01T2019：1757

彩版 4-973　青白瓷碗 02NH01T2019：1761

4-975）。

标本 02NH01T2019：1775，釉色泛黄，釉面有小棕眼。口径 15.9、足径 5.6、高 4.8 厘米（彩版 4-976）。

标本 02NH01T2021：621，釉色泛黄，釉面光润。口径 17.3、足径 5.9、高 5.2 厘米（彩版 4-977）。

彩版 4-974　青白瓷碗 02NH01T2019：1768　　　　　彩版 4-976　青白瓷碗 02NH01T2019：1775

彩版 4-975　青白瓷碗 02NH01T2019：1770

Bb 型　101 件。

折枝牡丹纹。内壁口沿下一般浅刻一道凹弦纹，其下刻一折枝牡丹纹，花瓣绽放，花茎贯穿碗底，两叶茎环绕腹壁，花瓣、叶片内辅以篦划纹。内底边缘有凹弦纹一道。刻划多潦草，线条较细，简洁流畅。器形特征和花纹布局与 Ba 型相同。

标本 02NH01T2018：325，釉色泛黄，釉面光润。口径 17.0、足径 5.9、高 4.8 厘米（彩版 4-978）。

标本 02NH01T2018：331，釉色泛黄。刻纹略粗。口径 17.3、足径 6、高 5.1 厘米（彩版 4-979）。

标本 02NH01T2018：332，釉色泛黄，内壁落有小渣粒。口径 16.4、足径 5.5、高 4.4 厘米（彩版 4-980）。

标本 02NH01T2018：344，釉色黄，足沿及外底有流釉。外底部残存垫饼痕迹。口径 17.0、足径 5.5、高 4.5 厘米（彩版 4-981）。

彩版 4-977　青白瓷碗 02NH01T2021：621

彩版 4-978　青白瓷碗 02NH01T2018：325

彩版 4-979　青白瓷碗 02NH01T2018：331

彩版 4-980　青白瓷碗 02NH01T2018：332

标本 02NH01T2018：357，内底心微凸，足沿宽窄不均匀，挖足不规则。釉色泛白，釉面光润。口径 17.2、足径 6.2、高 5.2 厘米（彩版 4-982）。

标本 02NH01T2018：353，釉色泛黄，内壁落有渣粒。口径 17.3、足径 5.9、高 5.4 厘米（彩版 4-983）。

标本 02NH01T2018：358，釉色泛黄，釉面开细碎纹片。口径 17.0、足径 5.6、高 5.0 厘米（彩版 4-984）。

标本 02NH01T2018：371，釉色不匀，部分泛黄，部分泛白，口沿处流釉斑痕明显。釉面开细碎纹片，内壁有小灰斑。口径 16.9、足径 6.0、高 5.1 厘米（彩版 4-985）。

标本 02NH01T2018：375，釉色黄，釉面开片细密，有小棕眼，落有渣粒。口径 16.5、足径 5.9、高 5.5 厘米（彩版 4-986）。

标本 02NH01T2018：376，釉色泛黄，开片细密。口径 16.6、足径 5.8、高 4.6 厘米（彩版 4-987）。

标本 02NH01T2019：1328，足墙窄细，足沿部分较尖。釉色泛黄，釉面光润。外底有垫

彩版 4-981　青白瓷碗 02NH01T2018：344

彩版 4-982　青白瓷碗 02NH01T2018：357

彩版 4-983　青白瓷碗 02NH01T2018：353

彩版 4-984　青白瓷碗 02NH01T2018：358

彩版 4-985　青白瓷碗 02NH01T2018：371

彩版 4-986　青白瓷碗 02NH01T2018：375

彩版 4-987　青白瓷碗 02NH01T2018：376

烧痕迹。口径 16.4、足径 5.6、高 5.0 厘米（彩版 4-988）。

　　标本 02NH01T2019：1335，足部有坯体裂痕。釉色泛灰白，开片细密，有小灰斑。外底泛黄，垫饼痕迹明显。口径 16.6、足径 5.7、高 5.1 厘米（彩版 4-989）。

　　标本 02NH01T2019：1337，釉色泛灰。口径 17.2、足径 5.8、高 5.0 厘米（彩版 4-990）。

　　标本 02NH01T2019：1340，釉色泛灰，局部开片。口径 17.6、足径 6.0、高 5.1 厘米（彩版 4-991）。

　　标本 02NH01T2019：1343，釉色泛白。刻纹较浅。口径 16.8、足径 5.8、高 5 厘米（彩版 4-992）。

　　标本 02NH01T2019：1350，釉色黄。口径 17.0、足径 5.8、高 4.6 厘米（彩版 4-993）。

　　标本 02NH01T2019：1351，外底微凸，足沿窄，挖足不规则。釉色泛黄。口径 16.9、足径 5.8、高 4.8 厘米（彩版 4-994）。

　　标本 02NH01T2019：1352，足沿窄面不匀，内墙斜。釉色泛黄，开细碎纹片。外底残存垫饼痕迹。

彩版 4-988　青白瓷碗 02NH01T2019：1328

彩版 4-989　青白瓷碗 02NH01T2019：1335

彩版 4-990　青白瓷碗 02NH01T2019：1337

彩版 4-991　　青白瓷碗 02NH01T2019：1340

彩版 4-992　　青白瓷碗 02NH01T2019：1343

彩版 4-993　　青白瓷碗 02NH01T2019：1350

彩版 4-994　青白瓷碗 02NH01T2019：1351　　　　　　彩版 4-995　青白瓷碗 02NH01T2019：1352

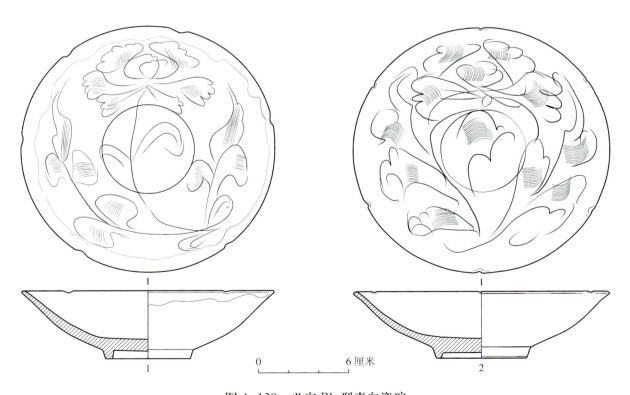

0　　　　　　6 厘米

图 4-130　义窑 Bb 型青白瓷碗

1. 02NH01T2019：1754　2. 02NH01T2019：1774

口径 17.3、足径 5.8、高 5.1 厘米（彩版 ↙-995）。

标本 02NH01T2019：1754，釉色泛灰，口沿处流釉严重。外底垫烧痕迹明显。口径 16.8、足径 5.7、高 4.7 厘米（图 4-130，1；彩版 4-996）。

标本 02NH01T2019：1756，口部变形，内底心微凸。釉色泛灰，釉面开细碎纹片。口径 16.8、足径 5.9、高 5.2 厘米（彩版 4-997）。

标本 02NH01T2019：1758，釉色泛灰白。口径 16.7、足径 5.6、高 4.5 厘米（彩版 4-998）。

标本 02NH01T2019：1759，釉面泛白，釉厚处略泛淡青色，釉面光润。上腹部坯体上有一烧制前形成的穿孔。口径 16.9、足径 6.1、高 4.8 厘米（彩版 4-999）。

彩版 4-996　青白瓷碗 02NH01T2019：1754　　　　彩版 4-997　青白瓷碗 02NH01T2019：1756

彩版 4-998　青白瓷碗 02NH01T2019：1758　　　　彩版 4-999　青白瓷碗 02NH01T2019：1759

标本 02NH01T2019：1760，足沿宽窄不匀。釉色泛黄，内底落有渣粒。口径 17.1、足径 5.7、高 4.9 厘米（彩版 4-1000）。

标本 02NH01T2019：1774，釉色泛白，釉厚处泛灰，局部开片。外底无釉处色泛黄。口径 17.0、足径 6.0、高 4.6 厘米（图 4-130，2；彩版 4-1001）。

标本 02NH01T2019：1765，釉色泛灰，釉面落有渣粒。刻纹较细。底部残存垫饼痕迹。口径 17.2、足径 6.0、高 4.8 厘米（彩版 4-1002）。

标本 02NH01T2019：1781，釉色泛灰白，落有渣粒。口径 16.4、足径 5.9、高 5.0 厘米（彩版 4-1003）。

标本 02NH01T2019：1782，口部变形。釉色泛黄。外壁有修坯时形成的跳刀痕。口径 16.9、足径 5.4、高 5.2 厘米（彩版 4-1004）。

标本 02NH01T2019：1784，釉色泛灰白，

彩版 4-1000　青白瓷碗 02NH01T2019：1760

彩版 4-1001　青白瓷碗 02NH01T2019：1774

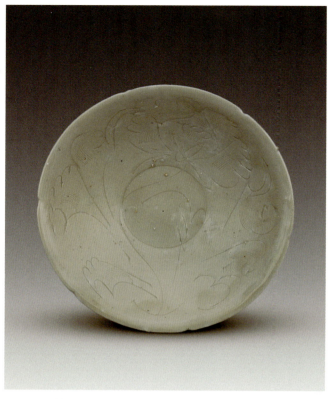

彩版 4-1002　青白瓷碗 02NH01T2019：1765

釉面泛涩，开片细密。刻纹较浅。底部呈黄褐色，垫饼痕迹明显。口径 16.4、足径 5.7、高 4.9 厘米（彩版 4-1005）。

　　标本 02NH01T2021：620，釉色泛白，釉面光润。口径 16.5、足径 5.8、高 4.2 厘米（彩版 4-1006）。

　　标本 02NH01T2021：617，足沿窄，内墙斜。釉色泛灰白。外底垫烧痕迹明显。口径 16.7、足径 5.5、高 4.9 厘米（彩版 4-1007）。

　　标本 02NH01T2021：623，釉色泛淡青，光洁莹润。刻纹较浅。口径 16.7、足径 5.8、高 5.1 厘米（图 4-131；彩版 4-1008）。

　　标本 02NH01T2021：625，釉色不匀，部分泛白，部分泛灰黄，内底落有渣粒。外底残留有垫饼痕迹。口径 16.9、足径 6.0、高 4.7 厘米（彩版 4-1009）。

　　标本 02NH01T2021：627，釉色泛黄。

彩版 4-1003　青白瓷碗 02NH01T2019：1781

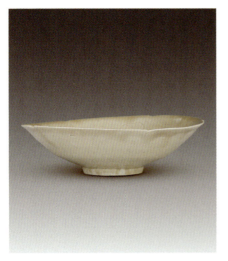

彩版 4-1004　青白瓷碗 02NH01T2019：1782

彩版 4-1005　青白瓷碗 02NH01T2019：1784

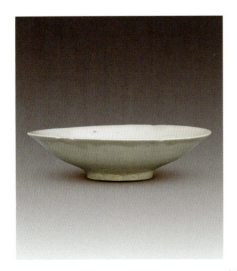

彩版 4-1006　青白瓷碗 02NH01T2021：620

彩版 4-1007　青白瓷碗 02NH01T2021：617

图 4-131　义窑 Bb 型青白瓷碗
（02NH01T2021：623）

彩版 4-1008　青白瓷碗 02NH01T2021：623

彩版 4-1009　青白瓷碗 02NH01T2021∶625

彩版 4-1011　青白瓷碗 02NH01T2021∶738

彩版 4-1010　青白瓷碗 02NH01T2021∶627

口径 16.5、足径 5.8、高 4.3 厘米（彩版 4-1010）。

标本 02NH01T2021∶738，釉色泛黄，开细碎纹片。口径 17.2、足径 5.8、高 4.9 厘米（彩版 4-1011）。

Bc 型　1 件。

篦划纹。内壁口沿下浅刻一道凹弦纹，内腹壁及内底饰以篦划纹，划纹线条弯曲，较浅。

标本 02NH01T2018∶339，敞口，挖足较浅。釉色泛灰白，内壁落有细小渣粒。口径 16.6、足径 6.0、高 4.9 厘米（彩版 4-1012）。

Bd 型　296 件。

六瓣花卉纹。六出葵花口，每瓣花口的中部又修削成凹纹，形似荷叶状。内壁腹部多以双线由底部向口部刻出花瓣纹反向"S"形边缘，口沿下随葵花口形状浅刻一条凹纹，其与葵花口形成六瓣花纹，每花瓣内刻卷云状花卉纹，形似开光花卉纹，花瓣、叶片内多填以篦划纹。纹样复杂，线条流畅，刻纹清晰。内壁由腹至底心渐平，底心微凸或有小脐突。器物形制、装饰工艺与 Ad 型深腹花卉纹碗相似，唯其内底弧平，无凹弦纹，腹部略浅。

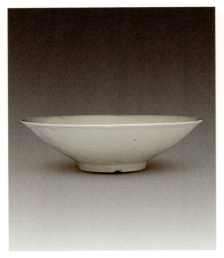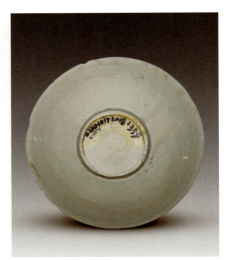

彩版 4-1012　青白瓷碗 02NH01T2018：339

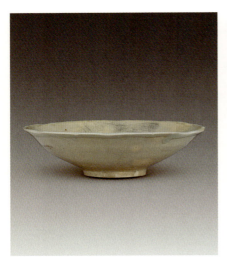

彩版 4-1013　青白瓷碗 02NH01T2018：71

标本 02NH01T2018：71，釉色泛黄、泛灰白，口沿处流釉严重，釉面泛涩，开片细密。口径
17.6、足径 6.0、高 5.1 厘米（彩版 4-1013）。

标本 02NH01T2018：72，釉色泛白，局部开细碎片。口径 16.8、足径 5.8、高 4.7 厘米（彩版
4-1014）。

标本 02NH01T2018：73，釉色泛白，釉面开细碎纹片。口径 17.3、足径 5.7、高 5.1 厘米（彩
版 4-1015）。

标本 02NH01T2018：76，釉色泛黄，釉面光润。口径 16.8、足径 5.4、高 5.0 厘米（彩版
4-1016）。

标本 02NH01T2018：77，釉色泛白，局部泛黄，开片细密。外底泛黄褐色，垫烧痕迹明显。
口径 18.0、足径 6.0、高 5.6 厘米（彩版 4-1017）。

标本 02NH01T2018：81，釉色泛黄，釉面光润。足沿及外底的垫烧痕迹明显。口径 18.3、足径 5.8、
高 4.6 厘米（彩版 4-1018）。

彩版 4-1014　青白瓷碗 02NH01T2018：72

彩版 4-1015　青白瓷碗 02NH01T2018：73　　　　　彩版 4-1016　青白瓷碗 02NH01T2018：76

彩版 4-1017　青白瓷碗 02NH01T2018：77　　　　　　　彩版 4-1018　青白瓷碗 02NH01T2018：81

标本 02NH01T2018：82，足沿窄，内墙斜，外底有小突。釉色泛黄。刻纹较浅。外底有垫烧痕迹。口径 17.8、足径 6.0、高 5.0 厘米（彩版 4-1019）。

标本 02NH01T2018：83，釉色泛白，釉厚处泛淡青，开片细密。外底泛黄褐色，可见垫饼痕迹。口径 17.8、足径 6.0、高 5.2 厘米（彩版 4-1020）。

标本 02NH01T2018：86，底心有小突。釉色泛黄，局部开片。口径 17.3、足径 5.8、高 5.0 厘米（彩版 4-1021）。

标本 02NH01T2018：87，釉色泛黄，内壁落有渣粒。底部垫烧痕迹明显。口径 17.5、足径 5.8、高 4.5 厘米（彩版 4-1022）。

标本 02NH01T2018：91，内底心有小突，足墙细，沿较尖。釉色泛白，釉厚处泛淡青色，釉面光润。口径 17.8、足径 5.9、高 5.0 厘米（彩版 4-1023）。

标本 02NH01T2018：93，釉色泛黄，开片细密。外底垫烧痕迹明显。口径 17.3、足径 5.9、高 5.0 厘米（彩版 4-1024）。

彩版 4-1019　青白瓷碗 02NH01T2018：82

彩版 4-1020　青白瓷碗 02NH01T2018：83

彩版 4-1021　青白瓷碗 02NH01T2018：86

彩版 4-1022　青白瓷碗 02NH01T2018：87

彩版 4-1023　青白瓷碗 02NH01T2018：91

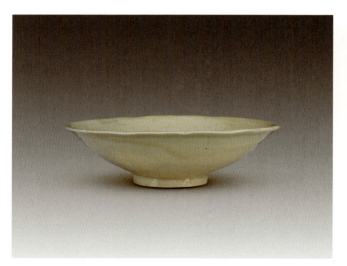 

彩版 4-1024　青白瓷碗 02NH01T2018：93

标本 02NH01T2018：94，釉色泛灰，釉面开片。外底有垫饼痕迹。口径 17.7、足径 5.8、高 4.6 厘米（彩版 4-1025）。

标本 02NH01T2018：95，釉色泛白，开片细密。外底垫烧痕迹明显。口径 17.4、足径 5.9、高 5.0 厘米（彩版 4-1026）。

标本 02NH01T2018：97，釉色泛灰白，开片细密。口径 16.9、足径 5.7、高 5.1 厘米（彩版 4-1027）。

标本 02NH01T2018：98，内底心有小突。釉色泛白，内壁有小灰斑。口径 17.7、足径 5.8、高 4.9 厘米（彩版 4-1028）。

标本 02NH01T2018：100，釉色泛白，釉面光润。外口沿有粘连。口径 16.9、足径 5.7、高 4.8 厘米（彩版 4-1029）。

标本 02NH01T2018：104，内底心有小突。釉色泛黄，釉面光润。刻纹较细。口径 17.7、足径 6.0、高 5.1 厘米（彩版 4-1030）。

彩版 4-1025　青白瓷碗 02NH01T2018：94　　　　彩版 4-1026　青白瓷碗 02NH01T2018：95

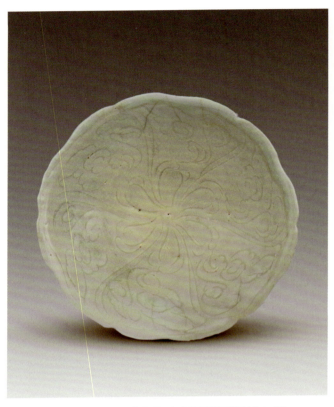

彩版 4-1027　青白瓷碗 02NH01T2018：97

彩版 4-1028　青白瓷碗 02NH01T2018：98

彩版 4-1029　青白瓷碗 02NH01T2018：100

标本 02NH01T2019：1799，釉色泛灰白，开片细密。内壁纹饰不清晰。口径 17.4、足径 5.9、高 5.4 厘米（彩版 4-1031）。

标本 02NH01T2019：1809，釉色泛灰白，内壁釉面有落渣。口径 17.8、足径 5.6、高 5.2 厘米（彩版 4-1032）。

标本 02NH01T2019：1814，釉色泛灰白，釉面光润。外底有垫烧痕迹。口径 17.9、足径 5.8、高 5.0 厘米（彩版 4-1033）。

彩版 4-1030　　青白瓷碗 02NH01T2018：104

彩版 4-1031　　青白瓷碗 02NH01T2019：1799

标本 02NH01T2019：1820，釉色泛白，釉面开片。花纹刻划细腻。口径 17.5、足径 6.0、高 5.1 厘米（彩版 4-1034）。

标本 02NH01T2019：1822，足沿较尖，内墙斜。釉色泛黄，釉面光润。外底有垫烧痕迹。口径 17.0、足径 5.6、高 4.4 厘米（彩版 4-1035）。

标本 02NH01T2019：1826，釉色泛白，釉面光润。外底泛黄褐色，垫饼支烧痕迹明显。口径 16.8、足径 5.6、高 4.8 厘米（彩版 4-1036）。

标本 02NH01T2019：1829，釉色泛白，微泛淡青色，内底釉面有落渣。外底垫烧痕迹明显。口径 17.3、足径 5.9、高 4.7 厘米（彩版 4-1037）。

标本 02NH01T2019：1830，内底心有小突，足沿窄。釉色泛白。口径 17.2、足径 5.9、高 4.6 厘米（彩版 4-1038）。

标本 02NH01T2019：1832，釉色泛白，釉面光润。口径 17.8、足径 5.6、高 4.5 厘米（彩版 4-1039）。

彩版 4-1032　青白瓷碗 02NH01T2019：1809

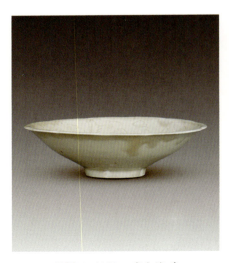

彩版 4-1033　青白瓷碗
02NH01T2019：1814

彩版 4-1034　青白瓷碗
02NH01T2019：1820

彩版 4-1035　青白瓷碗
02NH01T2019：1822

彩版 4-1036　青白瓷碗 02NH01T2019：1826　　　　彩版 4-1037　青白瓷碗 02NH01T2019：1829

彩版 4-1038　青白瓷碗 02NH01T2019：1830

彩版 4-1039　青白瓷碗 02NH01T2019：1832

标本 02NH01T2019：1833，釉色泛白，内壁局部开片。口径 16.7、足径 5.5、高 4.3 厘米（彩版 4-1040）。

标本 02NH01T2019：1834，釉色泛白。外底泛黄褐色，垫饼垫烧痕迹明显。口径 17.3、足径 5.8、高 4.9 厘米（彩版 4-1041）。

标本 02NH01T2019：1835，足沿窄，内墙斜。釉色泛白，釉面光润。口径 16.7、足径 5.6、高 4.3 厘米（彩版 4-1042）。

标本 02NH01T2019：1839，釉色泛白，内底心有落渣。外底有垫烧痕迹。口径 16.7、足径 5.5、高 4.5 厘米（彩版 4-1043）。

标本 02NH01T2019：1840，釉色泛灰白，有褐斑。外底有垫烧痕迹。口径 17.6、足径 6.3、高 5.0

彩版 4-1040　青白瓷碗 02NH01T2019：1833

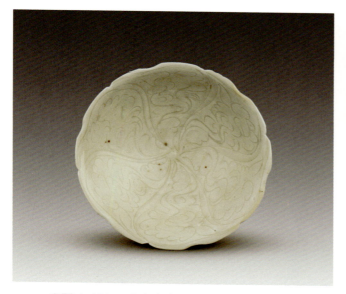

彩版 4-1041　青白瓷碗 02NH01T2019：1834　　　　彩版 4-1042　青白瓷碗 02NH01T2019：1835

厘米（图 4-132，1；彩版 4-1044）。

标本 02NH01T2019：1841，釉色泛灰黄。外底有垫烧痕迹。口径 16.8、足径 5.7、高 4.6 厘米（彩版 4-1045）。

标本 02NH01T2020：213，釉色白，微泛淡青色，有小棕眼和灰斑，外壁釉面开片。外底有垫烧痕迹。口径 17.5、足径 5.7、高 5 厘米（彩版 4-1046）。

标本 02NH01T2020：217，釉色不匀，泛黄，局部泛淡青色，釉面开片细密，内壁釉面有灰褐色斑。口径 17.2、足径 5.9、高 5.2 厘米（彩版 4-1047）。

标本 02NH01T2020：221，釉色泛黄，釉面受沁泛涩，开片细密，内壁有灰褐色斑和小棕眼。外底垫烧痕迹明显。口径 17.3、足径 5.7、高 5.1 厘米（彩版 4-1048）。

标本 02NH01T2020：223，釉色泛白，开片

彩版 4-1043　青白瓷碗 02NH01T2019：1839

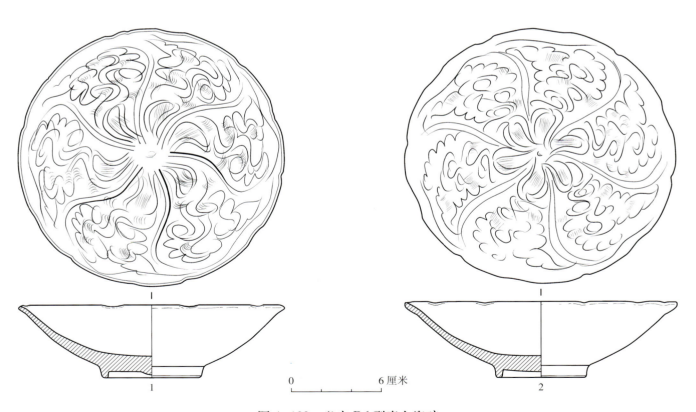

0　　　　　　6 厘米

图 4-132　义窑 Bd 型青白瓷碗

1. 02NH01T2019：1840　2. 02NH01T2022：65

彩版 4-1044　青白瓷碗 02NH01T2019：1840

彩版 4-1045　青白瓷碗 02NH01T2019：1841

彩版 4-1046 青白瓷碗 02NH01T2020：213

彩版 4-1047 青白瓷碗 02NH01T2020：217

彩版 4-1048 青白瓷碗 02NH01T2020：221

细密，内壁有较多小棕眼。外底有垫烧痕迹。口径 18.0、足径 6.0、高 5.2 厘米（彩版 4-1049）。

标本 02NH01T2020：227，釉色泛白，开片细密。外底垫饼痕迹明显。口径 17.8、足径 5.9、高 5.4 厘米（彩版 4-1050）。

标本 02NH01T2020：577，釉色泛白，开片细密，有灰褐色斑。刻划纹较浅，花纹不清晰。口径 17.1、足径 5.7、高 5.0 厘米（彩版 4-1051）。

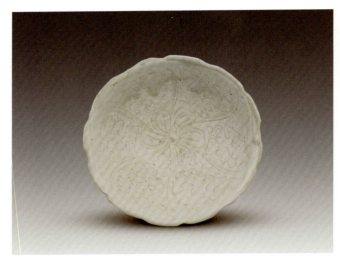

彩版 4-1049　青白瓷碗 02NH01T2020：223

彩版 4-1050　青白瓷碗 02NH01T2020：227

彩版 4-1051　青白瓷碗 02NH01T2020：577

标本 02NH01T2020：1029，釉色泛白，釉面开片。刻纹较浅。外底有垫烧痕迹。口径 17.1、足径 5.6、高 5.0 厘米（彩版 4-1052）。

标本 02NH01T2020：1030，足沿窄，内墙斜。釉色泛灰白，釉面开细碎纹片，开片处局部泛黑或泛黄。口径 17.2、足径 5.6、高 4.9 厘米（彩版 4-1053）。

标本 02NH01T2020：1237，釉色泛灰白，开片细密。外底垫烧痕迹明显。口径 17.6、足径 5.6、高 5.2 厘米（彩版 4-1054）。

标本 02NH01T2020：1240，内底心有小突。釉色泛白，釉厚处色深泛灰白色，釉面开片。口径 17.6、足径 5.8、高 4.9 厘米（彩版 4-1055）。

标本 02NH01T2020：1241，足沿尖，内墙斜。釉色泛白，釉面泛涩，开片细密。外底垫烧痕迹明显。口径 17.4、足径 5.5、高 5.1 厘米（彩版 4-1056）。

标本 02NH01T2021：370，内底心有小突。釉色泛白，釉面光润。外底有垫烧痕迹。口径 17.3、足径 5.9、高 4.9 厘米（彩版 4-1057）。

彩版 4-1052 青白瓷碗 02NH01T2020：1029

彩版 4-1053 青白瓷碗 02NH01T2020：1030

彩版 4-1054 青白瓷碗 02NH01T2020：1237

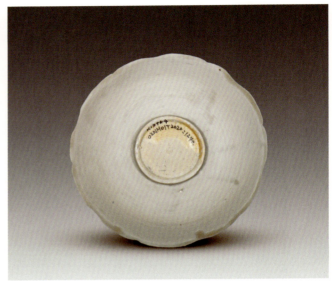

彩版 4-1055　青白瓷碗 02NH01T2020：1240

彩版 4-1056　青白瓷碗 02NH01T2020：1241　　　　　彩版 4-1057　青白瓷碗 02NH01T2021：370

　　标本 02NH01T2021：395，釉色泛白，开片细密。外底泛黄褐色，垫烧痕迹明显。口径 17.7、足径 5.8、高 5.0 厘米（彩版 4-1058）。

　　标本 02NH01T2021：397，釉色泛灰白，开细碎纹片。口沿处残留有海底淤积物。口径 17.3、足径 6.0、高 5.0 厘米（彩版 4-1059）。

　　标本 02NH01T2021：400，釉色泛灰白，釉面受浸蚀泛涩，开片细密，局部开片处呈灰黑色。外底有垫烧痕迹。口径 17.3、足径 5.7、高 5.0 厘米（彩版 4-1060）。

　　标本 02NH01T2021：382，釉色泛白，开片细密。外底有垫烧痕迹。口径 17.1、足径 5.7、高 5.4 厘米（彩版 4-1061）。

　　标本 02NH01T2021：404，内底心有脐突，足沿窄。釉色泛灰白，开片细密。外底有垫烧痕迹。

彩版 4-1058　青白瓷碗 02NH01T2021：395

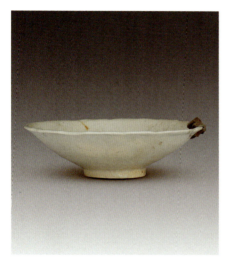

彩版 4-1059　青白瓷碗 02NH01T2021：397

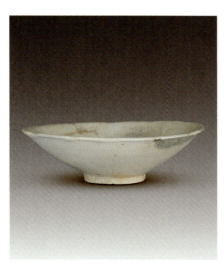

彩版 4-1060　青白瓷碗 02NH01T2021：400

彩版 4-1061　青白瓷碗 02NH01T2021：382　　　　　　彩版 4-1062　青白瓷碗 02NH01T2021：404

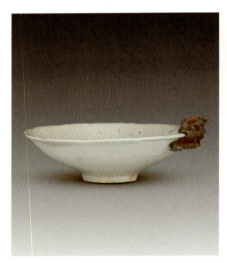

彩版 4-1063　青白瓷碗 02NH01T2021：409

口径 17.0、足径 5.6、高 4.8 厘米（彩版 4-1062）。

标本 02NH01T2021：409，釉色泛白，开细碎纹片。口沿处残留有大块海底淤积物和含铁凝结物。外底垫烧痕迹明显。口径 17.5、足径 5.6、高 5.4 厘米（彩版 4-1063）。

标本 02NH01T2021：408，釉色泛灰，开细碎纹片，开片处局部呈灰黑色。外底有垫饼痕迹。口径 17.4、足径 5.8、高 4.9 厘米（彩版 4-1064）。

标本 02NH01T2021：416，釉色泛白，釉厚处呈淡青色，釉面开片细密。外底有垫烧痕迹。口径 17.8、足径 5.9、高 5.0 厘米（彩版 4-1065）。

标本 02NH01T2021：427，足沿窄。釉色泛白，釉面光润。碗口有粘连痕迹，外底有垫烧痕迹。口径 17.8、足径 5.8、高 4.9 厘米（彩版 4-1066）。

标本 02NH01T2021：428，足沿窄，内墙斜。釉色泛黄，釉面光润。足沿、口沿处有粘连痕，

彩版 4-1064 青白瓷碗 02NH01T2021：408

彩版 4-1065 青白瓷碗 02NH01T2021：416

彩版 4-1066 青白瓷碗 02NH01T2021：427

彩版 4-1067 青白瓷碗 02NH01T2021：428

外底可见垫烧痕迹。口径 17.9、足径 5.7、高 4.9 厘米（彩版 4-1067）。

标本 02NH01T2021：429，足沿窄。釉色泛白，局部开片。外底有垫饼垫烧痕迹。口径 17.1、足径 5.5、高 4.9 厘米（彩版 4-1068）。

标本 02NH01T2021：430，釉色泛黄。足沿有磕缺，外底有垫烧痕迹。口径 17.8、足径 5.9、高 4.8 厘米（彩版 4-1069）。

标本 02NH01T2021：433，釉色泛白，釉面光润。口径 17.2、足径 5.5、高 5.0 厘米（彩版 4-1070）。

标本 02NH01T2021：435，釉色泛白，釉面开片。外底有垫烧痕迹。口径 17.7、足径 5.7、高 5.1 厘米（彩版 4-1071）。

标本 02NH01T2021：439，口部变形。釉色泛白，釉面光润。外底垫烧痕迹明显。口径 17.7、

彩版 4-1068　青白瓷碗 02NH01T2021：429

彩版 4-1069　青白瓷碗 02NH01T2021：430

彩版 4-1070　青白瓷碗 02NH01T2021：433

彩版 4-1071　青白瓷碗 02NH01T2021：435

彩版 4-1072　青白瓷碗 02NH01T2021：439

足径 5.5、高 4.6 厘米（彩版 4-1072）。

　　标本 02NH01T2021：444，釉色泛黄。口径 17.6、足径 6.0、高 4.9 厘米（彩版 4-1073）。

　　标本 02NH01T2021：445，釉色泛灰白，釉面开片，内底心落有渣粒。口径 17.0、足径 5.8、高 5.1 厘米（彩版 4-1074）。

　　标本 02NH01T2021：446，釉色泛灰，局部泛白，内底釉面有落渣。口径 17.6、足径 6.0、高 5.0 厘米（彩版 4-1075）。

　　标本 02NH01T2021：448，釉色泛灰白，开细密纹片，开片处局部受沁泛灰黑。口径 17.2、足径 5.7、高 5.1 厘米（彩版 4-1076）。

　　标本 02NH01T2021：451，足沿窄，内墙斜。釉色泛黄。口径 17.4、足径 5.6、高 4.8 厘米（彩版 4-1077）。

彩版 4-1073　青白瓷碗 02NH01T2021：444

彩版 4-1074　青白瓷碗 02NH01T2021：445

彩版 4-1075　青白瓷碗 02NH01T2021：446

彩版 4-1076　青白瓷碗 02NH01T2021：448

彩版 4-1077　青白瓷碗 02NH01T2021：451

彩版 4-1078　青白瓷碗 02NH01T2021：454

标本02NH01T2021：454，釉色泛黄，开片细密，内底心有落渣。外底有垫烧痕迹。口径17.3、足径5.6、高4.9厘米（彩版4-1078）。

标本02NH01T2021：842，釉色泛灰白，开片细密，内底心落有渣粒。外底垫烧痕迹明显。口径17.4、足径5.9、高5.3厘米（彩版4-1079）。

标本02NH01T2021：848，内底心有小突，足墙窄，足沿尖。釉色泛黄，开片细密。口径17.4、足径5.4、高4.9厘米（彩版4-1080）。

标本02NH01T2021：851，足沿尖。釉色泛白，开片细密。外底泛黄褐色，垫烧痕迹明显。口径17.6、足径5.7、高4.9厘米（彩版4-1081）。

彩版4-1079　青白瓷碗02NH01T2021：842

彩版4-1080　青白瓷碗02NH01T2021：848

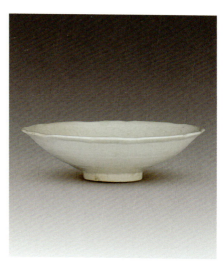  

彩版4-1081　青白瓷碗02NH01T2021：851

标本 02NH01T2021：861，釉色泛黄，釉面有褐斑，内底心有落渣。外底有垫饼垫烧痕迹。口径 17.3、足径 6.0、高 4.7 厘米（彩版 4-1082）。

标本 02NH01T2021：869，釉色泛灰白，釉面有小褐斑。外底有垫烧痕迹。口径 17.4、足径 5.9、高 4.6 厘米（彩版 4-1083）。

标本 02NH01T2021：872，口部变形。釉色泛淡青色，光洁莹润。外腹壁有粘连痕迹，底有垫烧痕迹。口径 17.3、足径 5.9、高 5.3 厘米（彩版 4-1084）。

标本 02NH01T2021：873，釉色泛黄，局部开片。外底有垫烧痕迹。口径 17.6、足径 5.7、高 4.9 厘米（彩版 4-1085）。

标本 02NH01T2021：876，釉色泛灰黄，局部开片。外底有垫烧痕迹。口径 17.3、足径 5.5、高 4.9

彩版 4-I082　青白瓷碗 02NH01T2021：861

彩版 4-1083　青白瓷碗 02NH01T2021：869　　　　　　彩版 4-1084　青白瓷碗 02NH01T2021：872

厘米（彩版 4-1086）。

标本 02NH01T2021：878，足沿窄。釉色泛白，釉厚处呈淡青色，釉面光洁莹润。外底泛黄褐色，垫烧痕迹明显。口径 17.8、足径 5.7、高 5.0 厘米（彩版 4-1087）。

标本 02NH01T2021：881，釉色泛白，釉面落有渣粒。外底泛黄褐色，有垫烧痕迹。外底心有单字墨书题记，字迹不可辨认。口径 17.8、足径 6.0、高 5.4 厘米（彩版 4-1088）。

标本 02NH01T2022：65，釉色泛白，局部呈淡青色，局部开片。外底泛黄褐色，垫烧痕迹明显。口径 18.0、足径 5.8、高 5.2 厘米（图 4-132，2；彩版 4-1089）。

标本 02NH01T2022：71，釉色泛白，釉面开片，内底心釉面有落渣。口径 17.6、足径 5.8、高 5.0 厘米（彩版 4-1090）。

彩版 4-1085　青白瓷碗 02NH01T2021：873

彩版 4-1086　青白瓷碗 02NH01T2021：876

彩版 4-1087　青白瓷碗 02NH01T2021：878

彩版 4-1088　青白瓷碗 02NH01T2021：881

彩版 4-1089　青白瓷碗 02NH01T2022：65

彩版 4-1090　青白瓷碗 02NH01T2022：71

彩版 4-1091　青白瓷碗 02NH01T2022：79

标本 02NH01T2022：79，尖唇。釉色泛黄，局部开片。外底垫烧痕迹明显。口径 18.0、足径 5.7、高 4.7 厘米（彩版 4-1091）。

标本 02NH01T2022：82，腹略浅，底较平。釉色泛白，略呈淡青色，釉面光洁莹润，局部开稀疏纹片。外底有垫饼痕迹。口径 17.5、足径 6.0、高 4.4 厘米（彩版 4-1092）。

标本 02NH01T2022：86，釉色泛灰白，釉面细碎开片。外底有垫烧痕迹。口径 17.9、足径 5.8、高 5.1 厘米（彩版 4-1093）。

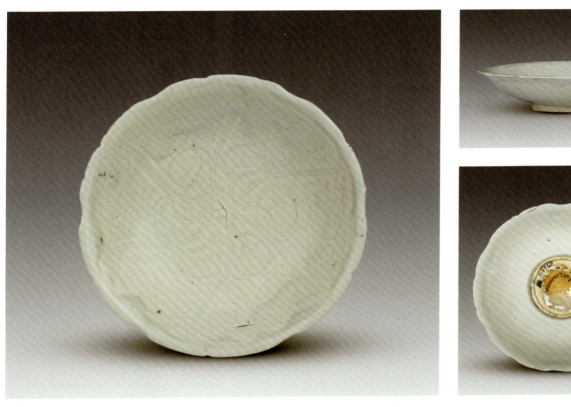

彩版 4-1092　青白瓷碗 02NH01T2022：82

彩版 4-1093　青白瓷碗 02NH01T2022：86

C 型　22 件。

圆形平口，略外撇，尖圆唇，弧腹较深，内底边缘有凹痕一道，小平底，底心微凸，圈足，多较规整，足沿窄平，内墙斜削，外底心微凸。胎色白或灰白，质细腻。内、外均施青白釉，多泛黄或灰，外壁口沿下多见有流釉痕迹，色略深，足沿及外底无釉。釉层较薄，釉面大多光亮莹润。足外墙多可见手执圈足蘸釉而形成的施釉痕迹，外壁可见轮修痕迹。内壁刻划折枝莲花纹或水波纹，刻纹一般较浅。根据纹饰的不同，可将其分两亚型。

Ca 型　1 件。

折枝莲花纹。内壁口沿下浅刻一道凹弦纹，其下刻一折枝莲花纹，花瓣绽放，花茎贯穿碗底，两叶茎环绕腹壁，花瓣、叶片内辅以篦划纹。刻划潦草，线条较细，简洁流畅。花纹布局与 Aa、Ba 型相同。

标本 02NH01T2021：624，口部变形，内底心微凸。釉色泛黄，釉面开细密纹片，内壁落有渣粒。口部有黄褐或灰褐色沁斑。口径 16.5、足径 5.8、高 4.7 厘米（彩版 4-1094）。

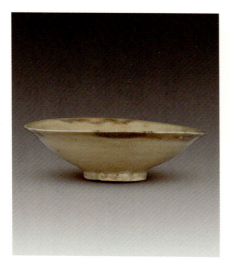

彩版 4-1094　青白瓷碗 02NH01T2021：624

Cb 型　21 件。

水波纹。内壁口沿下一般浅刻一道凹弦纹，其下腹部至内底心刻纵向水波状纹，局部填划以成组的短篦划纹。刻划多潦草，线条较细，简洁流畅。

标本 02NH01T2018：16，足墙较宽。釉色泛黄，釉面开细碎纹片，因浸蚀泛涩。内壁有落渣和小灰褐色斑。口径 17.9、足径 6.2、高 5.8 厘米（彩版 4-1095）。

标本 02NH01T2018：19，釉色泛灰白，开片密集，开片处因浸蚀多呈灰黑色或黄褐色。外底垫烧痕迹明显。口径 18.3、足径 6.2、高 5.4 厘米（彩版 4-1096）。

标本 02NH01T2018：21，口部变形，尖唇，腹略浅，斜挖足较深。釉色泛白，局部开片。外底有垫饼垫烧痕迹。口径 17.8、足径 6.1、高 5.5 厘米（彩版 4-1097）。

标本 02NH01T2018：25，釉色泛白，釉面开片细密，内壁有较多棕眼。外底有垫烧痕迹。口径 18.7、足径 6.2、高 5.8 厘米（彩版 4-1098）。

彩版 4-1095　青白瓷碗 02NH01T2018：16

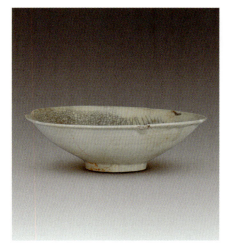

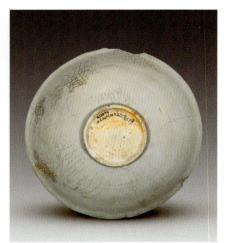

彩版 4-1096　青白瓷碗 02NH01T2018：19

　　标本 02NH01T2018：31，釉色泛黄，外壁釉面有棕眼，碗内落有渣粒。外底泛黄褐色，垫饼垫烧痕迹明显。口径 18.0、足径 6.1、高 5.6 厘米（彩版 4-1099）。

　　标本 02NH01T2021：648，釉色泛白，釉面开细碎纹片。外底泛黄褐色，垫烧痕迹明显。口径 18.8、足径 6.2、高 5.8 厘米（彩版 4-1100）。

　　标本 02NH01T2021：670，釉色泛灰白，开片细密。外底有垫烧痕迹。口径 18.8、足径 6.1、高 5.8 厘米（彩版 4-1101）。

彩版 4-1097　青白瓷碗 02NH01T2018∶21

彩版 4-1098　青白瓷碗 02NH01T2018∶25

彩版 4-1099　青白瓷碗 02NH01T2018∶31

彩版 4-1100　青白瓷碗 02NH01T2021∶648

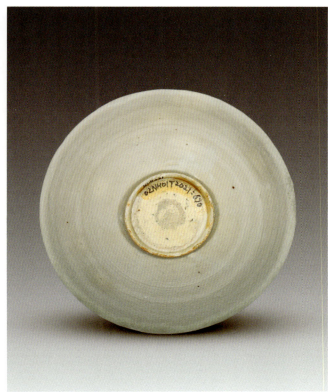

彩版 4-1101 青白瓷碗 02NH01T2021：670

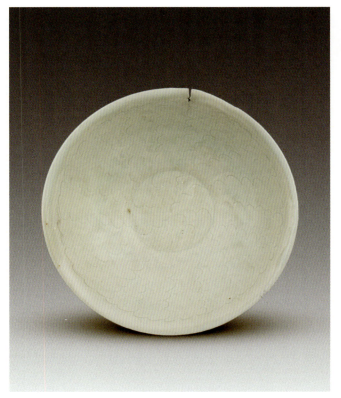

彩版 4-1102 青白瓷碗 02NH01T2021：734

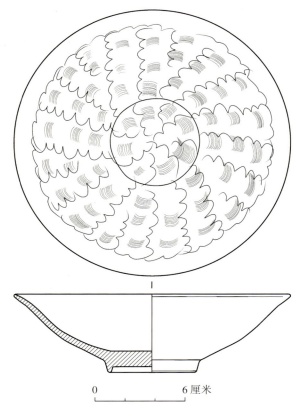

图 4-133　义窑 Cb 型青白瓷碗
（02NH01T2021：734）

标本 02NH01T2021：734，足沿窄，内墙斜。釉色泛白，釉面光洁莹润。口部坯体有裂痕，足底有垫烧痕迹。口径 18.3、足径 6.0、高 5.4 厘米（图4-133；彩版 4-1102）。

2. 盘

24 件。

尖圆唇，敞口，部分微外撇，上腹斜直，微弧，下腹折收，腹较浅，腹部折痕多较明显，内底边缘平折，底较平阔，底心微凸，圈足较高，窄沿，挖足较深。胎色白，质细腻。内外均施青白釉，泛黄或泛灰，足内及外底不施釉。根据口沿形状的差异，分两型。

A 型　23 件。

六出花口。六瓣葵花口，葵口豁口由口沿向两侧斜削而成，内壁一般自花口豁口处向腹壁装饰成六条微凸起的出筋纹，纹较细，部分出筋纹不显。

标本 02NH01T2018：116，釉色泛灰白，釉面光洁莹润。内壁出筋纹不明显。外底垫烧痕迹明显。口径 16.0、足径 6.2、高 3.8 厘米（彩版 4-1103）。

彩版 4-1103　青白瓷盘 02NH01T2018：116

标本 02NH01T2018：111，釉色泛白，内底心落有较多渣粒。口径 16.0、足径 6.0、高 4.2 厘米（彩版 4-1104）。

标本 02NH01T2018：120，腹部折痕明显。釉色泛黄，釉面一侧开细长纹片。口径 17.1、足径 5.7、高 4.0 厘米（彩版 4-1105）。

标本 02NH01T2018：125，釉色泛白，釉面光润，流釉痕明显，釉厚处泛灰色。外底垫烧痕迹明显。口径 16.6、足径 6.0、高 4.0 厘米（彩版 4-1106）。

标本 02NH01T2018：127，釉色泛灰黄，釉面开细碎纹片，有小灰斑，内底落有渣粒。口径 15.3、足径 5.7、高 4.1 厘米（图 4-134，1；彩版 4-1107）。

标本 02NH01T2018：128，釉色泛黄，内底落有渣粒。口径 16.2、足径 5.9、高 4.0 厘米（彩版 4-1108）。

标本 02NH01T2018：130，足墙较宽，外腹底端有较宽的跳刀痕。釉色泛黄，开细碎纹片。口径 16.6、足径 6.4、高 4.4 厘米（彩版 4-1109）。

标本 02NH01T2018：131，釉色泛黄，开片细密。外壁胎体有小坑斑痕。口径 16.4、足径 6.2、高 4.6 厘米（彩版 4-1110）。

标本 02NH01T2021：745，釉色泛灰黄，釉面光润。口径 16.4、足径 5.7、高 4.1 厘米（图 4-134，2；彩版 4-1111）。

标本 02NH01T2021：746，足沿窄，内墙

彩版 4-1104　青白瓷盘 02NH01T2018：111

彩版 4-1105　青白瓷盘 02NH01T2018：120

彩版 4-1106　青白瓷盘 02NH01T2018：125

彩版 4-1107　青白瓷盘 02NH01T2018：127

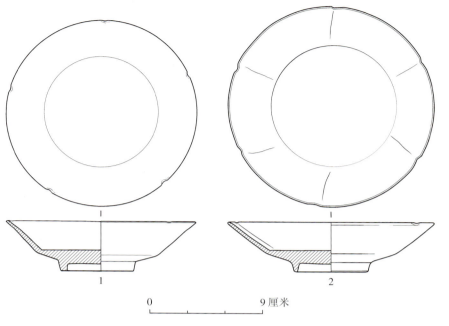

图 4-134　义窑 A 型青白瓷盘

1. 02NH01T2018：127　2. 02NH01T2021：745

彩版 4-1108　青白瓷盘
02NH01T2018：128

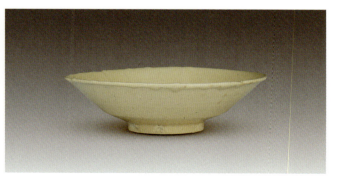

彩版 4-1109　青白瓷盘 02NH01T2018：130

彩版 4-1110　青白瓷盘 02NH01T2018：131

彩版 4-1111　青白瓷盘 02NH01T2021：745

彩版 4-1112　青白瓷盘 02NH01T2021：746

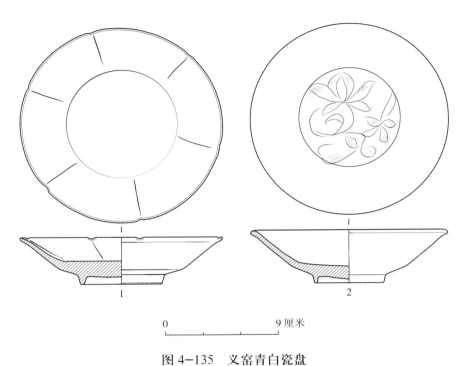

斜。釉色泛白，釉面光洁莹润，开长条状纹片。外底垫烧痕迹明显。口径16.1、足径6.0、高3.9厘米（图4-135，1；彩版4-1112）。

B型 1件。

圆形平口。

标本02NH01T2018：112，口微外撇，圈足内墙斜削。釉色泛黄，釉面开细碎纹片，有小孔和灰斑，内壁落有渣粒。内底心凹弦纹内刻一折枝莲花纹，花瓣、叶片填以细篦划纹，纹样简洁，线条流畅。烧成略欠火候。外底有垫烧痕迹。口径15.6、足径5.7、高4.4厘米（图4-135，2；彩版4-1113）。

图4-135 义窑青白瓷盘

1. A型（02NH01T2021：746） 2. B型（02NH01T2018：112）

彩版4-1113 青白瓷盘 02NH01T2018：112

（二）青瓷

409件。

器形有碗和盏，大小有别，制作工艺相近，大多较为粗糙。青釉多泛灰、灰青、灰黄等，也有的泛青白、灰白等，呈色不同，斑驳不一。

1. 碗

5件。

器形较大。敞口，有的微外撇，圆唇，弧腹较浅，矮圈足，外墙较直，足沿外侧斜削，内墙斜挖，外底微凸。胎色灰白，质略粗厚。内外均施青釉，泛灰、灰白或泛黄，多泛乳浊质感，釉面多龟裂。外施釉不及底，腹底端可见向两侧蘸釉而形成的施釉痕。内口沿下、内底边缘各有一周凹弦纹。外壁可见轮修痕迹。器物烧成多略欠火候。

标本02NH01T2021：249，釉色泛黄，局部泛灰，釉面龟裂严重。外口沿有流釉痕迹。烧成略欠火候。口径23.2、足径6.4、高7.5厘米（图4-136，1；彩版4-1114）。

标本02NH01T2021：250，口部变形。敞口微撇，腹较浅，足内墙斜，底心微凸，修足不规整。釉色泛灰，具乳浊质感，釉面棕眼较多。底足无釉处色深，泛灰褐色。外壁有粘连痕迹。口径21.5、足径6.4、高5.9厘米（图4-136，2；彩版4-1115）。

标本02NH01T2021：251，口部变形严重。敞口微撇，足沿较宽，外底心微凸，修足不规整。釉色泛灰，具乳浊质感，釉面棕眼较多。底足无釉处泛灰色。口径21.6、足径6.7、高6.3厘米（彩版4-1116）。

标本02NH01T2021：252，足沿较宽、稍斜，修足不规整，外底心有脐突。釉色泛灰，具乳浊质感，

彩版4-1114　青瓷碗 02NH01T2021：249

釉面龟裂严重，外口沿有流釉现象。底足无釉处泛黄褐色。口径 22.6、足径 6.9、高 7.3 厘米（彩版 4-1117）。

标本 02NH01T2021：253，足沿宽窄不均，内墙斜，修足不规整。釉色泛灰白，具乳浊质感，釉面龟裂严重，外口沿有流釉现象。底足无釉处泛褐色。外腹部近底端有一周跳刀痕迹。口径 23.0、足径 6.4、高 6.7 厘米（图 4-137；彩版 4-1118）。

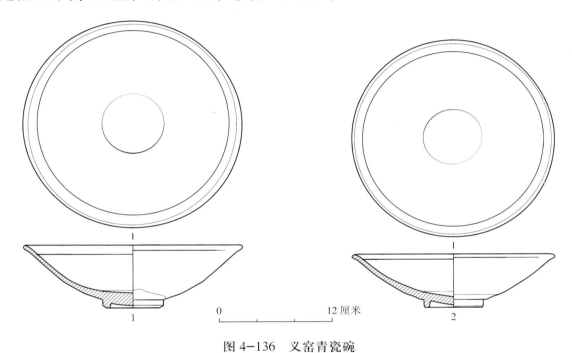

图 4-136 义窑青瓷碗

1. 02NH01T2021：249　2. 02NH01T2021：250

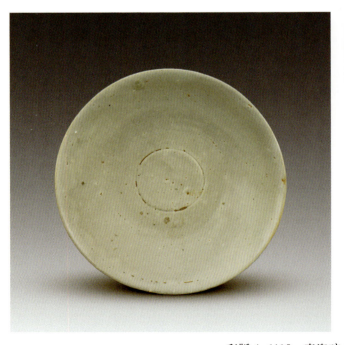

彩版 4-1115　青瓷碗 02NH01T2021：250

彩版 4-1116　青瓷碗 02NH01T2021：251

彩版 4-1117　青瓷碗 02NH01T2021：252

彩版 4-1118　青瓷碗 02NH01T2021：253

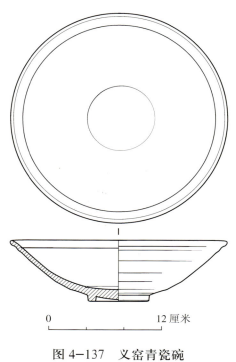

0　　　　　　　12 厘米

图 4-137　义窑青瓷碗
（02NH01T2021：253）

2. 盏

404 件。

器形较小，数量较多，式样单一。敞口，有的微外撇，多为尖方唇，弧腹，内底边缘有修坯而成的一周凸棱，底心呈圆突状，矮圈足，外墙较直，足沿较平，内墙斜削，外底微凸。胎色灰或灰白，质较粗厚。内外均施青釉，色泽不一，多泛青白、灰、灰白、灰青或黄色，釉面多光亮，有的具乳浊质感。外施釉不及底，腹底端可见向两侧蘸釉而形成的施釉痕，无釉处色较深。内口沿下刻有一周凹弦纹。外壁可见轮修痕迹。

标本 02NH01T2018：1，外壁口沿下有一道修胎痕，足沿稍斜。青釉泛灰、泛黄，有流釉现象。口径 14.3、足径 5.0、高 4.9 厘米（彩版 4-1119）。

标本 02NH01T2018：4，敞口微侈，修足不规整，外底微凸。釉色泛黄，釉面光亮。内底有一圈稻草间隔的叠烧痕迹。口径 14.6、足径 5.1、高 4.8 厘米（彩版 4-1120）。

标本 02NH01T2018：5，敞口微侈，足底不平，沿较宽，修足不规整。青釉泛黄，有黄褐斑和灰斑。口径 14.7、足径 4.8、高 5.2 厘米（彩版 4-1121）。

标本 02NH01T2018：7，外壁口沿下有一道修坯留下的凸棱，圈足稍高。青釉泛灰，有灰斑，具乳浊质感，有流釉现象。外壁底端及足部有过火形成的红褐色。口径 15.9、足径 5.3、高 5.0 厘米（图 4-138，1；彩版 4-1122）。

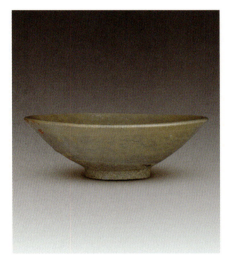  

彩版 4-1119　青瓷盏 02NH01T2018：1

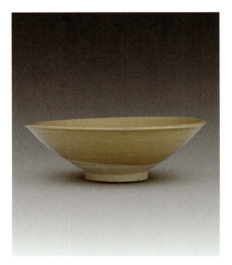  

彩版 4-1120　青瓷盏 02NH01T2018：4

彩版 4-1121　青瓷盏 02NH01T2018：5

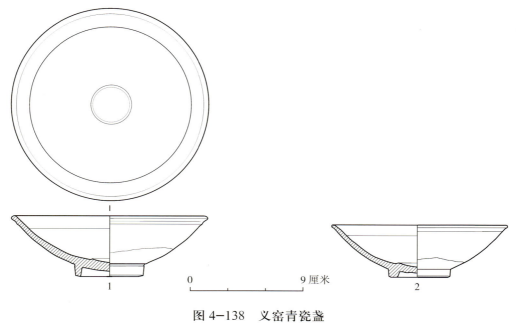

图 4-138　义窑青瓷盏

1.02NH01T2018：7　2.02NH01T2019：1573

标本 02NH01T2018：10，青釉泛灰白，有流釉现象。口径 14.1、足径 4.9、高 4.8 厘米（彩版 4-1123）。

标本 02NH01T2019：538，口沿下有修坯痕，足沿稍斜，外底略凸，底心平削。青釉泛灰黄。口径 14.4、足径 5.0、高 4.9 厘米（彩版 4-1124）。

标本 02NH01T2019：539，敞口微撇，足底不平，修足不规整。青釉泛黄，开片较明显。口径 15.4、足径 5.1、高 4.5 厘米（彩版 4-1125）。

彩版 4-1122　青瓷盏 02NH01T2018：7

彩版 4-1123　青瓷盏 02NH01T2018：10

标本 02NH01T2019：1489，口部变形。足沿宽窄不均，内墙稍斜，修足不规整。青釉泛灰白，有流釉现象。外壁见有跳刀痕迹，内底心有一根落草痕。口径 14.3、足径 4.9、高 4.5 厘米（彩版 4-1126）。

标本 02NH01T2019：1492，足沿较宽，底平削。釉色泛灰，有流釉现象。口径 13.8、足径 5.1、高 4.3 厘米（彩版 4-1127）。

标本 02NH01T2019：1523，足沿较宽，内墙稍斜，底不平，修足不规整。釉色泛黄、泛灰，口沿釉薄处泛浅酱色，釉面开片，落有渣粒。口径 12.9、足径 4.8、高 4.3 厘米（彩版 4-1128）。

标本 02NH01T2019：1532，圆唇，外底心平削。青釉泛灰白，有流釉现象。内底心有一圈稻草间隔的叠烧痕迹。口径 14.5、足径 5.0、高 4.4 厘米（彩版 4-1129）。

彩版 4-1124　青瓷盏 02NH01T2019：538

彩版 4-1125　青瓷盏 02NH01T2019：539

彩版 4-1126　青瓷盏 02NH01T2019：1489

彩版 4-1127　青瓷盏 02NH01T2019：1492

标本 02NH01T2019：1534，削足不规整，外底有削痕。青釉泛灰，釉面有小灰斑和落渣。口径 14.0、足径 4.8、高 4.8 厘米（彩版 4-1130）。

标本 02NH01T2019：1546，足沿宽窄不均，外底心平削，修足不规整。外壁口沿下有一道修胎留下的痕迹。釉色泛黄，釉面光润。内底有一圈稻草间隔的叠烧痕迹。口径 14.1、足径 5.1、高 5.1 厘米（彩版 4-1131）。

标本 02NH01T2019：1547，圆唇，足沿较宽，内墙斜削，外底不平，有脐突，修足不规整。釉色青灰，釉面光润，开细纹片，内底落有渣粒。外腹近底端有跳刀痕迹。口径 13.5、足径 4.4、高 4.5 厘米（彩版 4-1132）。

标本 02NH01T2019：1549，口微撇，足沿较宽，外底心平削，修足不规整。外壁口沿下有一

彩版 4-1128　青瓷盏 02NH01T2019：1523

彩版 4-1129　青瓷盏 02NH01T2019：1532　　　　彩版 4-1130　青瓷盏 02NH01T2019：1534

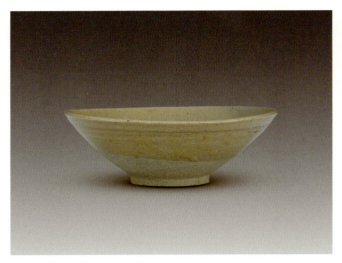

彩版 4-1131　　青瓷盏 02NH01T2019：1546

彩版 4-1132　　青瓷盏 02NH01T2019：1547

彩版 4-1133　　青瓷盏 02NH01T2019：1549

道修胎痕迹。釉色泛白，有流釉现象。内底有一圈稻草间隔的叠烧痕迹。口径14.4、足径4.9、高4.6厘米（彩版4-1133）。

标本02NH01T2019：1554，圆唇，足沿较宽，内墙斜，外底微凸，修足不规整。青釉泛灰，釉面粘有渣粒。口径13.4、足径4.9、高4.4厘米（彩版4-1134）。

标本02NH01T2019：1556，足沿宽窄不一，修足不规整，外底有脐突。釉色泛灰黄，有流釉现象。外底因过火而泛红褐色。口径14.0、足径4.9、高4.5厘米（彩版4-1135）。

标本02NH01T2019：1557，足沿宽窄不均，外底心平削。釉色泛灰，釉面光润。外壁腹部有跳刀痕。口径14.0、足径5.1、高4.4厘米（彩版4-1136）。

标本02NH01T2019：1563，足沿宽窄不均，内墙斜削，底有脐突，修足不规整。青釉泛灰，口沿处呈浅酱色，釉面开片细碎，灰斑密布，内壁落有较多渣粒。口径13.4、足径4.8、高4.6厘米（彩版4-1137）。

标本02NH01T2019：1566，圆唇，足沿宽窄不均，内墙斜削，外底微凸，修足不规整。釉色泛黄，

彩版4-1134　青瓷盏02NH01T2019：1554

彩版4-1135　青瓷盏02NH01T2019：1556

彩版 4-1136　青瓷盏 02NH01T2019：1557

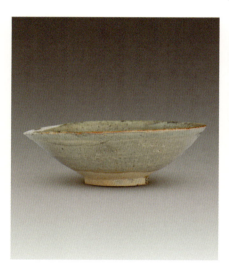

彩版 4-1137　青瓷盏 02NH01T2019：1563

彩版 4-1138　青瓷盏 02NH01T2019：1566

开片明显。口径 12.8、足径 4.7、高 4.3 厘米（彩版 4-1138）。

标本 02NH01T2019：1572，口部变形。修足不规整。釉色泛黄。口径 14.4、足径 4.8、高 5.1 厘米（彩版 4-1139）。

标本 02NH01T2019：1573，敞口微撇，足沿宽窄不均，内墙斜削，外底心不平，修足不规整。釉色泛黄，内壁落有渣粒。外壁口沿下有一周修坯痕，腹部有跳刀痕迹。口径 13.8、足径 4.7、高 4.3 厘米（图 4-138，2；彩版 4-1140）。

标本 02NH01T2019：1576，圈足较矮，略收，足沿稍斜、宽窄不均，外底挖修不规整。釉色泛灰白，具乳浊质感，釉面有灰斑，有流釉现象。外腹部底端有跳刀痕迹。口径 14.2、足径 4.8、高 4.1 厘米（彩版 4-1141）。

标本 02NH01T2019：1578，外底不平，修足不规整。青釉泛白，有灰斑。外口沿下有一道修坯而成的棱线。口径 14.4、足径 5.0、高 4.8 厘米（彩版 4-1142）。

标本 02NH01T2019：1582，足沿稍斜，外底有脐突，修足不规整。青釉泛灰，口沿处泛浅酱色，

彩版 4-1139　青瓷盏 02NH01T2019：1572

  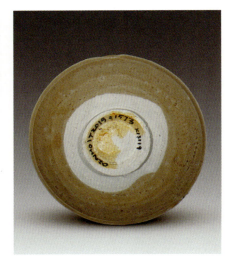

彩版 4-1140　青瓷盏 02NH01T2019：1573

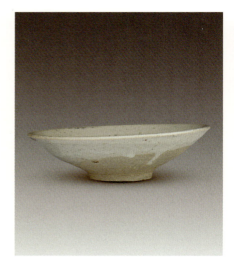

彩版 4-1141　青瓷盏 02NH01T2019：1576

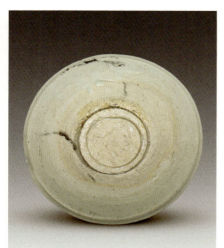

彩版 4-1142　青瓷盏 02NH01T2019：1578

釉面开片，有灰斑。外腹底端有跳刀痕。外底呈黄褐色。口径 13.0、足径 4.5、高 4.4 厘米（彩版 4-1143）。

标本 02NH01T2019：1595，足沿较宽，外底心平削。釉色泛黄，釉面泛涩，开片明显，有流釉现象。口径 14.0、足径 4.9、高 5.2 厘米（彩版 4-1144）。

标本 02NH01T2019：1598，足沿较宽，内墙斜削，外底心微凸。釉色不匀，泛黄或泛乳白色，釉面落有灰斑，外壁有较多白斑和棕眼，流釉痕迹明显。口径 14.9、足径 4.9、高 5.8 厘米（彩版 4-1145）。

标本 02NH01T2020：22，外底心微凸，修足不规整。青釉泛灰黄，釉面有较多小灰褐斑，流釉明显。外底泛红褐色。口径 14.2、足径 4.9、高 4.6 厘米（彩版 4-1146）。

标本 02NH01T2020：68，圆唇，圈足稍高，足沿较宽，挖足浅，外底不平，修足不规整。釉色泛灰，微泛淡青色，口沿处泛浅酱色，釉面开片较明显。口径 14.1、足径 5.0、高 5.2 厘米（彩版 4-1147）。

彩版 4-1143　青瓷盏 02NH01T2019：1582

彩版 4-1144　青瓷盏 02NH01T2019：1595

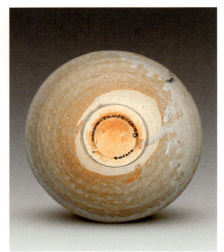

彩版 4-1145　青瓷盏 02NH01T2019：1598

彩版 4-1146　青瓷盏　　　　　　　　彩版 4-1147　青瓷盏　　　　　　　　彩版 4-1148　青瓷盏
02NH01T2020：22　　　　　　　　　02NH01T2020：68　　　　　　　　　02NH01T2020：70

　　标本 02NH01T2020：70，侈口，尖圆唇，腹较浅，内底平滑，无凹纹，足沿宽窄不均，修足不规整，外底不平。青釉泛灰黄，有泛黄色和灰黑色的斑块或斑点，有流釉现象。口径 14.5、足径 4.9、高 4.1 厘米（图 4-139，1；彩版 4-1148）。

　　标本 02NH01T2020：71，圆唇，足沿宽窄不均，修足不规整。青灰釉，釉面有大面积黑色沁斑，开细碎纹片。口径 14.3、足径 5.3、高 5.1 厘米（彩版 4-1149）。

　　标本 02NH01T2020：232，圆唇，外底不平，修足不规整。釉色泛灰青，釉面光润。外壁底端有跳刀痕迹。口径 13.0、足径 4.5、高 4.4 厘米（彩版 4-1150）。

　　标本 02NH01T2020：242，外底微凸。釉色泛灰白，口沿处泛黄色，有流釉现象。内底心有一周稻草间隔的叠烧痕迹。口径 14.6、足径 5.3、高 4.7 厘米（彩版 4-1151）。

　　标本 02NH01T2020：244，足沿较宽，外底平削，修足不规整。釉色泛灰白。口径 14.7、足径 5.1、高 4.7 厘米（彩版 4-1152）。

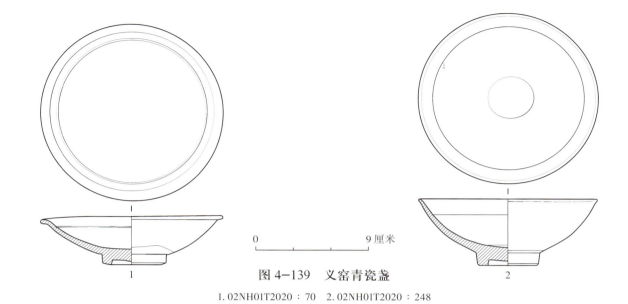

图 4-139　义窑青瓷盏
1. 02NH01T2020：70　2. 02NH01T2020：248

彩版 4-1149　青瓷盏 02NH01T2020：71

彩版 4-1150　青瓷盏 02NH01T2020：232

彩版 4-1151　青瓷盏 02NH01T2020：242

彩版 4-1152　青瓷盏 02NH01T2020：244

标本 02NH01T2020：246，敞口，弧腹较浅，足沿较窄，外底不平，修足不规整。釉色泛灰白，有流釉现象。口径 14.4、足径 5.0、高 4.4 厘米（彩版 4-1153）。

标本 02NH01T2020：248，足沿较宽，宽窄不均，底心斜挖，修足不规整。釉色泛淡青，口沿处呈酱色，釉面有细碎开片。口径 14.2、足径 4.9、高 5.5 厘米（图 4-139，2；彩版 4-1154）。

标本 02NH01T2020：252，侈口，圆唇，腹较浅，足沿较宽，修足不规整。釉色不匀，泛黄或灰白，釉面密布灰褐色小斑点，流釉痕迹明显。口径 14.8、足径 5.2、高 4.1 厘米（图 4-140，1；彩版 4-1155）。

标本 02NH01T2020：522，外底微凸，底心平削。釉色泛黄，釉面密布灰褐色小斑点，落有渣粒。口径 14.3、足径 4.9、高 4.7 厘米（彩版 4-1156）。

标本 02NH01T2020：523，修足不规整。釉色不匀，泛黄或灰白，釉面有较多小灰褐斑，流釉痕迹明显。外壁口沿下有一道修坯留下的凸棱，有跳刀痕迹。口径 14.5、足径 4.6、高 5.0 厘米（彩版 4-1157）。

彩版 4-1153　青瓷盏 02NH01T2020：246　　　　彩版 4-1154　青瓷盏 02NH01T2020：248

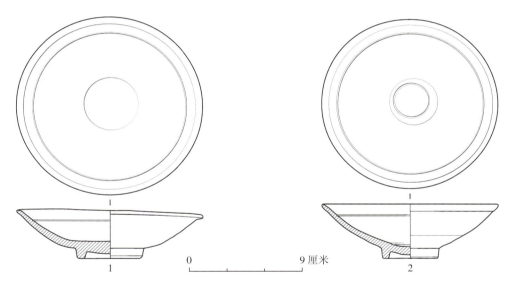

0　　　　　　　　9厘米

图 4-140　义窑青瓷盏

1. 02NH01T2020：252　　2. 02NH01T2020：538

标本 02NH01T2020：527，弧腹较深，外底不平，修足不规整。釉色不匀，泛黄，局部泛灰白色，釉面有较多小灰斑，内壁落有渣粒，外壁有棕眼。口径 14.4、足径 4.8、高 5.0 厘米（彩版 4-1158）。

标本 02NH01T2020：530，圈足略收，修足不规整。釉色泛灰白。外壁口沿下有一道修坯留下的凸棱，腹底端跳刀痕明显。口径 13.8、足径 4.8、高 4.2 厘米（彩版 4-1159）。

标本 02NH01T2020：531，足沿宽窄不均，外底心平削，修足不规整。釉色泛青白，内底心落有灰斑，流釉现象明显。外壁口沿下有一道修坯留下的凸棱。口径 14.0、足径 4.9、高 4.9 厘米（彩版 4-1160）。

彩版 4-1155　青瓷盏 02NH01T2020：252

彩版 4-1156　青瓷盏 02NH01T2020：522

彩版 4-1157　青瓷盏 02NH01T2020：523

彩版 4-1158　青瓷盏 02NH01T2020：527

彩版 4-1159　青瓷盏 02NH01T2020：530

彩版 4-1160　青瓷盏 02NH01T2020：531

　　标本02NH01T2020：534，足沿稍斜、宽窄不均，底心平削，修足不规整。釉色泛灰白，流釉现象明显。外腹部底端有跳刀痕迹。口径13.5、足径4.8、高4.0厘米（彩版4-1161）。

　　标本02NH01T2020：536，足沿稍斜，内墙斜削，外底心平削。釉色泛灰，釉面有流釉现象。内底有一圈稻草间隔的叠烧痕迹。口径14.4、足径4.8、高4.5厘米（彩版4-1162）。

　　标本02NH01T2020：538，足沿宽窄不均，底心平削，修足不规整。釉色泛灰白，流釉现象明显。外壁口沿下有一道修坯留下的痕迹。口径14.0、足径4.5、高4.5厘米（图4-140，2；彩版4-1163）。

　　标本02NH01T2020：541，足沿较宽，外底微凸。釉色泛灰，有流釉现象。外壁口沿下有一道修坯留下的凸棱。内底有一圈稻草间隔的叠烧痕迹，内外粘有少量海生物。口径14.2、足径4.9、高4.5厘米（彩版4-1164）。

　　标本02NH01T2020：627，足沿较宽，外底心平削。釉色泛灰黄，釉面有流釉现象。外壁口沿粘连另一件同类盏口沿，可见其为多件叠烧而成。口径14.5、足径4.8、高4.2厘米（彩版

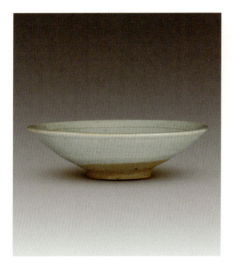  

彩版4-1161　青瓷盏02NH01T2020：534

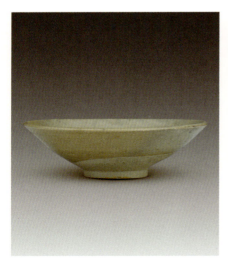  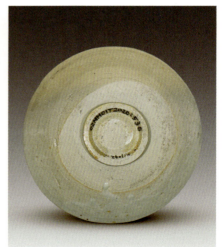

彩版4-1162　青瓷盏02NH01T2020：536

彩版 4-1163　青瓷盏 02NH01T2020：538

彩版 4-1164　青瓷盏 02NH01T2020：541

彩版 4-1165　青瓷盏 02NH01T2020：627

4-1165）。

标本 02NH01T2020：976，圆唇，足沿宽窄不均，内墙斜削，外底不平，修足不规整。釉色泛青灰，开片较明显。外壁口沿下有一道修坯留下的凸棱。口径 13.0、足径 4.4、高 4.8 厘米（彩版 4-1166）。

标本 02NH01T2020：994，足沿稍斜，外底不平，修足不规整。釉色泛黄，局部开片。外壁修坯痕迹明显。口径 13.3、足径 4.6、高 4.5 厘米（彩版 4-1167）。

标本 02NH01T2021：350，圆唇，足沿较宽。釉色泛青黄。口径 13.6、足径 4.5、高 5.2 厘米（彩版 4-1168）。

标本 02NH01T2021：353，足沿稍斜、宽窄不均，修足不规整。釉色灰黄，有流釉痕迹。口径 14.1、足径 4.9、高 4.1 厘米（彩版 4-1169）。

标本 02NH01T2021：355，圈足稍高，足沿稍斜，外底心有削痕。釉色泛青白，有流釉痕，内壁有落渣。外壁口沿下有一道修坯形成的凸棱。口径 14.1、足径 5.0、高 5.0 厘米（彩版 4-1170）。

彩版 4-1166　青瓷盏 02NH01T2020：976

彩版 4-1167　青瓷盏 02NH01T2020：994

彩版 4-1168　青瓷盏 02NH01T2021：350

标本 02NH01T2021：356，足沿宽窄不均，外底挖修不平。釉色泛灰白，有流釉现象。外壁口沿下有一道修坯形成的棱线。口径 14.2、足径 5.2、高 5.0 厘米（彩版 4-1171）。

标本 02NH01T2021：487，足沿宽，挖足浅，修足不规整。釉色泛青白，釉面有流釉现象，内底心落有渣粒。口径 14.6、足径 5.3、高 4.7 厘米（彩版 4-1172）。

标本 02NH01T2021：489，足沿稍斜，宽窄不均，外底不平，修足不规整。釉色泛青灰，有灰褐色斑。口沿下有一周修坯形成的棱线。口径 13.3、足径 4.6、高 4.6 厘米（彩版 4-1173）。

标本 02NH01T2021：494，修足不规整。釉色泛灰，釉面有较多灰斑，流釉痕迹明显。内壁口沿下凹弦纹较浅。外壁口沿下有一道修坯形成的棱线，近底端有跳刀痕迹。口径 13.9、足径 4.5、高 5.2 厘米（彩版 4-1174）。

标本 02NH01T2021：499，足沿较宽，修足不规整。釉色泛灰，釉面有灰斑。内壁口沿下凹弦纹较浅。外壁近底端有跳刀痕迹。口径 13.5、足径 4.9、高 5.3 厘米（彩版 4-1175）。

彩版 4-1169　青瓷盏 02NH01T2021：353

彩版 4-1170　青瓷盏 02NH01T2021：355

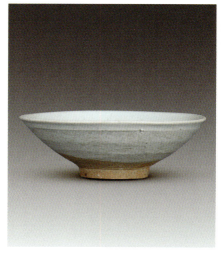

彩版 4-1171　青瓷盏 02NH01T2021：356

彩版 4-1172　青瓷盏 02NH01T2021：487

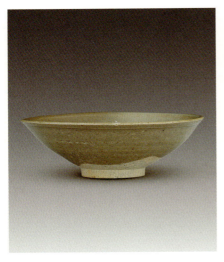

彩版 4-1173　青瓷盏 02NH01T2021：489

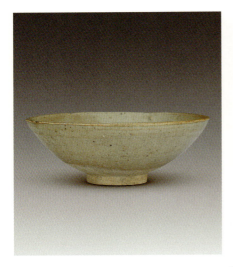

彩版 4-1174　青瓷盏 02NH01T2021：494

彩版 4-1175　青瓷盏 02NH01T2021：499　　　　　彩版 4-1176　青瓷盏 02NH01T2021：501

标本 02NH01T2021：501，足沿较宽，内墙斜，外底不平，修足不规整。釉色青灰，局部开片。外壁有跳刀痕迹。口径 13.2、足径 4.7、高 4.6 厘米（彩版 4-1176）。

标本 02NH01T2021：503，足沿圆滑，宽窄不均，外底不平，修足不规整。青釉泛黄，釉面落有渣粒。口径 14.0、足径 4.8、高 4.8 厘米（彩版 4-1177）。

标本 02NH01T2021：505，圆唇，足沿稍斜，外底不平，修足不规整。釉色青黄，釉面光润。口径 13.2、足径 4.8、高 4.3 厘米（彩版 4-1178）。

标本 02NH01T2021：765，侈口，尖圆唇，足沿较宽。釉色泛灰，釉面有流釉现象。外壁口沿下有一道修坯形成的棱线。内底心有一周稻草间隔的叠烧痕迹。口径 14.3、足径 4.6、高 5.1 厘米（彩版 4-1179）。

彩版 4-1177　青瓷盏 02NH01T2021：503

彩版 4-1178　青瓷盏 02NH01T2021：505

彩版 4-1179　青瓷盏 02NH01T2021：765

标本 02NH01T2021：769，足沿稍斜，外底平削，修足不规整。釉色灰白，有流釉现象。内底有一圈稻草间隔的叠烧痕迹。口径 14.4、足径 5.2、高 4.7 厘米（彩版 4-1180）。

标本 02NH01T2021：771，足沿较宽，宽窄不均，修足不规整。釉色泛黄，有流釉现象。外口沿下有一周修坯痕迹。口径 14.2、足径 4.7、高 5.1 厘米（彩版 4-1181）。

标本 02NH01T2021：772，圈足略收，足沿稍斜，宽窄不均，修足不规整。釉色泛灰白。外壁口沿下有一道修胎留下的凸棱。口径 14.9、足径 4.9、高 5.1 厘米（彩版 4-1182）。

标本 02NH01T2021：773，修足不规整。釉色泛灰白。内底有一圈稻草间隔的叠烧痕迹。口径 14.4、足径 5.0、高 4.8 厘米（彩版 4-1183）。

彩版 4-1180　青瓷盏 02NH01T2021：769

彩版 4-1181　青瓷盏 02NH01T2021：771

标本 02NH01T2021：774，外底微凸。釉色泛灰。内底有一圈稻草间隔的叠烧痕迹，外壁粘连海底淤积物、船板等凝结物。口径 14.6、足径 4.5、高 5.1 厘米（彩版 4-1184）。

标本 02NH01T2021：795，外底微凸，修足不规整。釉色灰白。外壁口沿下有一道修坯形成的棱线，内底有一圈稻草间隔的叠烧痕迹。口径 14.3、足径 4.9、高 4.7 厘米（彩版 4-1185）。

标本 02NH01T2021：797，足沿宽，底微凸。釉色泛黄。口径 14.0、足径 4.5、高 4.4 厘米（彩版 4-1186）。

标本 02NH01T2021：801，足沿稍斜，宽窄不均，外底微凸，修足不规整。釉色泛灰白，釉面泛涩，有较多灰斑和小棕眼。烧成略欠火候，烧结度不高。口径 14.0、足径 4.6、高 4.5 厘米（彩

彩版 4-1182 青瓷盏 02NH01T2021：772

彩版 4-1183 青瓷盏 02NH01T2021：773

彩版 4-1184　青瓷盏 02NH01T2021：774

版 4-1187）。

　　标本 02NH01T2021：805，修足不规整。釉色泛黄，开片较明显，开片处因海底浸蚀而致局部泛灰、泛黄，外壁流釉斑点明显。口沿下有一周修坯而成的凸棱。口径 14.4、足径 5.1、高 5.0 厘米（彩版 4-1188）。

　　标本 02NH01T2021：825，足沿稍斜，宽窄不均，底心有削痕，修足不规整。釉色泛灰白，釉面有灰斑。内底有一圈稻草间隔的叠烧痕迹，外壁近底端有明显跳刀痕迹。口径 14.3、足径 4.9、高 5.0 厘米（彩版 4-1189）。

　　标本 02NH01T2021：836，足沿较宽，外底微凸，修足不规整。釉色泛黄。内底心有一圈稻草

彩版 4-1185 青瓷盏 02NH01T2021：795

彩版 4-1186 青瓷盏 02NH01T2021：797

彩版 4-1187　青瓷盏 02NH01T2021：801

彩版 4-1188　青瓷盏 02NH01T2021：805

彩版 4-1189　青瓷盏 02NH01T2021：825

彩版 4-1190　青瓷盏 02NH01T2021：836

间隔的叠烧痕迹。口径 14.2、足径 4.8、高 4.5 厘米（彩版 4-1190）。

　　标本 02NH01T2021：838，足沿较宽，修足不规整。釉色青灰，釉面开细碎纹片，有大面积灰斑，落有渣粒。口沿下有一周修坯而成的凸棱。口径 14.5、足径 4.9、高 5.2 厘米（彩版 4-1191）。

　　标本 02NH01T2022：14，足沿较宽，外底微凸，有修挖痕。釉色泛灰，有小黑斑。口径 14.0、足径 5.2、高 4.6 厘米（彩版 4-1192）。

彩版 4-1191　青瓷盏 02NH01T2021：838　　　　彩版 4-1192　青瓷盏 02NH01T2022：14

五　晋江磁灶窑瓷器

62 件。品种有黑釉、酱釉、青釉、绿釉，器类有碗、盘、罐、瓶等。

（一）黑釉瓷

21 件。器类有碗、罐等，罐又有小口扁腹罐、四系罐。

1. 碗

1 件。

标本 02NH01T2021：287，敞口，方唇，弧腹，内底较阔，边缘有凹纹一周，小圈足，足沿平，沿外侧斜削，内墙斜削，挖足较浅，外底心微凸。胎色灰白，质较细，夹有沙粒。内壁及外壁上腹部施黑釉，釉面光亮，口部内、外釉层薄处呈酱色，下腹及底足无釉。口径 10.5、足径 4.1、高 5.0 厘米（图 4-141；彩版 4-1193）。

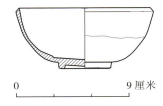

0　　　　　　9 厘米

图 4-141　磁灶窑黑釉碗
（02NH01T2021：287）

2. 四系罐

4 件。

敞口稍直，圆唇，粗短颈微束，溜肩，鼓腹，下腹弧收，大平底内凹。肩部有一道凸棱，其下接装四系耳，呈桥形，扁宽。罐腹部有多道轮制时形成的瓦楞纹。灰白色胎，质地较细。唇部

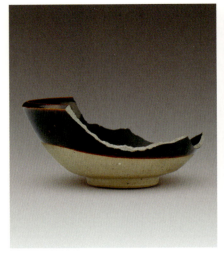

彩版 4-1193   黑釉碗 02NH01T2021：287

及内沿施黑釉，颈部抹釉，抹痕清晰，罐体施釉至下腹部，黑釉呈色不一，有的泛褐色，有的因海水浸泡而釉面泛涩。底部多有墨书题记，字迹多清晰。

标本 02NH01T2020：1261，外底边缘有垫烧痕迹，因烧制过火微呈红褐色。釉色局部偏灰褐。肩部残留有凝结物。外底心有单字墨书题记"囗"，字迹清晰。口径 8.7、底径 9.4、高 19.4 厘米（图4-142，1；彩版 4-1194）。

标本 02NH01T2021：225，外底边缘有垫烧痕迹，因烧制过火微呈红褐色。釉色泛酱褐色，釉面多见浅色斑点。口沿上可见四枚支钉叠烧痕迹。外底心有单字墨书题记"囗"，墨有褪色。口径 8.4、底径 8.6、高 18.0 厘米（图 4-142，2；彩版 4-1195）。

标本 02NH01T2120：1，釉面有结晶斑痕。外底有墨书题记"蔡囗"，字迹清晰。口径 9.0、底径 9.5、高 19.9 厘米（图 4-143；彩版 4-1196）。

标本 02NH01T2021：292，外底边缘有垫烧痕迹。釉色泛酱褐色，局部泛灰，色泽不匀，口颈

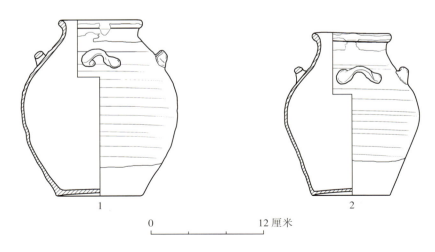

图 4-142   磁灶窑黑釉四系罐
1. 02NH01T2020：1261   2. 02NH01T2021：225

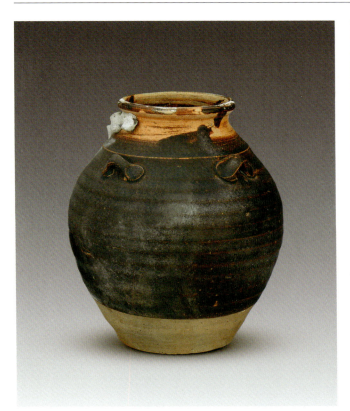

彩版 4-1194　黑釉四系罐 02NH01T2020：1261

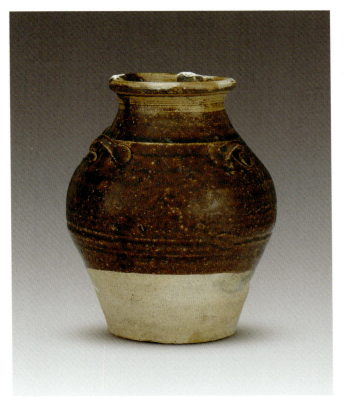

彩版 4-1195　黑釉四系罐 02NH01T2021：225

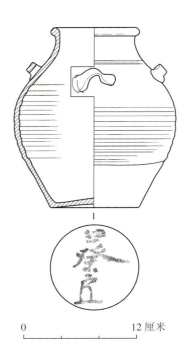

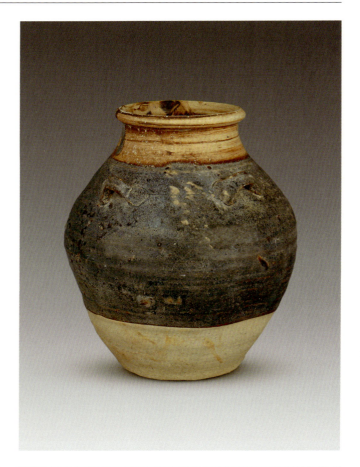

0　　　　　　　12 厘米

图 4-143　磁灶窑黑釉四系罐
（02NH01T2120：1）

彩版 4-1196　黑釉四系罐 02NH01T2120：1

彩版 4-1197　黑釉四系罐 02NH01T2021：292

部抹釉处可见乳白色结晶斑。外底有墨书题记"林□六哥□"五字，字迹清晰。口径 9.2、足径 9.5、高 21.2 厘米（彩版 4-1197）。

3. 扁腹罐

16 件。

形制相似，大小略有差异。小口，唇部微卷，口内侧敛，短束颈，丰肩，矮扁鼓腹，下腹弧收，平底内凹。腹部可见轮旋痕迹。胎色灰白，质较粗，夹有小砂粒。黑釉，外壁施釉至下腹部，口部内侧施釉，内壁荡釉，釉层较薄，薄处色浅，釉面光洁莹润。外底大多有墨书题记。根据器形大小和腹部差异，分两型。

A 型　15 件。

器形较大。

标本 02NH01T2018：388，黑釉匀净，釉面光润。外底有单字墨书"□"，字迹清晰。口径 3.3、底径 8.3、高 8.8 厘米（彩版 4-1198）。

标本 02NH01T2018：389，下腹部微变形。釉面落有渣粒。外底有单字墨书"□"，字迹褪色。口径 3.7、底径 9.0、高 9.2 厘米（图 4-144，1；彩版 4-1199）。

标本 02NH01T2019：822，黑釉匀净。外底有单字墨书"□"，字迹晕染。口径 3.5、底径 9.4、

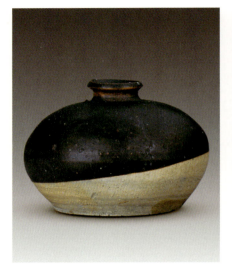

彩版 4-1198　黑釉扁腹罐 02NH01T2018：388

彩版 4-1199　黑釉扁腹罐 02NH01T2018：389

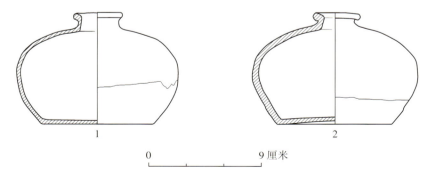

图 4-144　磁灶窑 A 型黑釉扁腹罐

1. 02NH01T2018：389　2. 02NH01T2019：822

高 9.2 厘米（图 4–144，2；彩版 4–1200）。

标本 02NH01T2019：1885，黑釉色泽不匀，部分泛酱色。外壁下腹无釉处有墨迹。口径 3.4、底径 7.2、高 8.0 厘米（图 4–145，1；彩版 4–1201）。

标本 02NH01T2020：353，釉面有乳白色结晶斑。外底有单字墨书痕迹，斑驳不清。口径 3.4、底径 8.6、高 8.0 厘米（图 4–145，2；彩版 4–1202）。

彩版 4–1200 黑釉扁腹罐 02NH01T2019：822

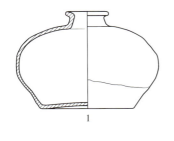

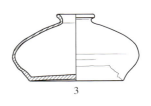

0   9 厘米

图 4–145 磁灶窑黑釉扁腹罐

1. A 型（02NH01T2019：1885） 2. A 型（02NH01T2020：353） 3. B 型（02NH01T2021：227）

彩版 4-1201　黑釉扁腹罐 02NH01T2019：1885　　　　彩版 4-1202　黑釉扁腹罐 02NH01T2020：353

　　标本 02NH01T2018：385，釉面受浸泡而泛涩，釉色偏青。外底有单字墨书"□"，字迹清晰。口径 3.4、底径 9.1、高 8.2 厘米（彩版 4-1203）。

　　标本 02NH01T2018：386，黑釉匀净，釉面泛涩。外底有单字墨书"□"，字迹清晰。口径 3.9、底径 9.2、高 8.6 厘米（彩版 4-1204）。

　　标本 02NH01T2018：387，釉面局部受沁泛涩，釉色酱黑偏青。外底有单字墨书"□"，字迹清晰。口径 4.3、底径 9.9、高 9.0 厘米（彩版 4-1205）。

　　标本 02NH01T2018：390，釉面泛涩，有沁斑，有落渣。外底有单字墨书"□"，字迹清晰。口径 3.5、底径 9.3、高 8.8 厘米（彩版 4-1206）。

　　标本 02NH01T2018：391，黑釉匀净，釉面泛涩。腹部有轮制形成的瓦楞纹，稀疏明显。外底有单字墨书"□"，字迹清晰。口径 3.2、底径 8.3、高 8.2 厘米（彩版 4-1207）。

彩版 4-1203 黑釉扁腹罐 02NH01T2018：385

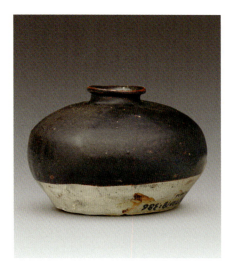

彩版 4-1204 黑釉扁腹罐 02NH01T2018：386

彩版 4-1205 黑釉扁腹罐 02NH01T2018：387

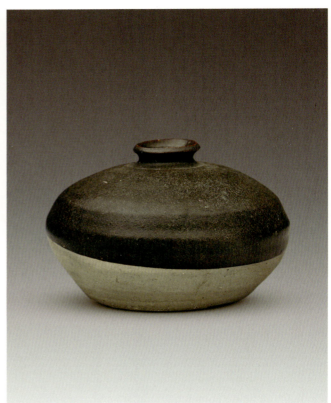

彩版 4-1206　黑釉扁腹罐 02NH01T2018：390　　　　彩版 4-1207　黑釉扁腹罐 02NH01T2018：391

标本 02NH01T2019：1151，釉面泛涩，有白色结晶斑。外底有单字墨书"向"，字迹褪色，下腹部有字，不可辨识。口径 3.4、底径 8.9、高 8.0 厘米（彩版 4-1208）。

标本 02NH01T2018：392，下腹部近底处微变形。黑釉匀净、光润。外底有单字墨书"□"，字迹清晰。口径 3.5、底径 9.2、高 8.8 厘米（彩版 4-1209）。

标本 02NH01T2019：1817，下腹微变形。釉面泛涩，有褐色小斑点。外底有单字墨书"□"，字迹清晰。口径 3.7、底径 8.8、高 8.0 厘米（彩版 4-1210）。

标本 02NH01T2019：1818，釉色泛酱，有白色结晶斑。底部有叠烧粘连痕迹。外底有单字墨书"□"，字迹褪色。口径 3.7、底径 9.3、高 9.1 厘米（彩版 4-1211）。

标本 02NH01T2019：1819，釉色泛酱，釉面有酱褐色斑点。外底有单字墨书"□"，字迹褪色。口径 3.7、底径 9.1、高 8.9 厘米（彩版 4-1212）。

彩版 4-1208　黑釉扁腹罐 02NH01T2019：1151

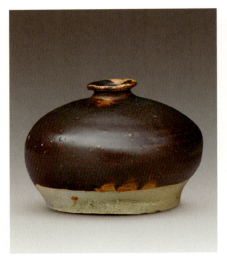  

彩版 4-1209　黑釉扁腹罐 02NH01T2018：392

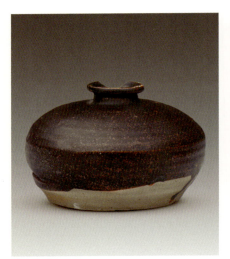  

彩版 4-1210　黑釉扁腹罐 02NH01T2019：1817

彩版 4-1211　黑釉扁腹罐 02NH01T2019：1818

彩版 4-1212　黑釉扁腹罐 02NH01T2019：1819

彩版 4-1213　黑釉扁腹罐 02NH01T2021：227

B 型　1 件。

器形较小，器身较 A 型更矮扁。

标本 02NH01T2021：227，方唇，平沿，短颈，溜肩，鼓腹矮扁，平底。下腹有一圈凹弦纹。底部烧制过火成红褐色。釉呈酱色。底部有墨书题记"记□"二字。口径 3.0、底径 7.4、高 5.5 厘米（图 4-145，3；彩版 4-1213）。

（二）酱釉瓷

32件。器类有梅瓶、罐。

1．梅瓶

31件。

器身修长，器形大小略有差异。小口，矮颈，丰肩，深腹斜直，平底微内凹。胎灰白色，质较粗，夹砂粒，局部偏黄褐色。肩部以上及内沿施酱釉，釉色深浅略有差异，多偏黄褐色，釉层较薄。瓶身上下有多道轮旋痕迹，呈瓦楞纹状。瓶身下侧多有手捏痕迹，近底端多见戳印痕迹。有的肩部有多枚长条形支钉垫烧痕迹，支钉色泛白。有的瓶底可见垫烧痕迹。根据器形大小不同，分两型。

A型　7件。器形较大。

标本02NH01T2020：873，釉色偏黄。肩部有六枚支钉垫烧痕迹。瓶身有"陈二部□"多字墨书。口径2.2、底径7.7、高32.6厘米（图4-146，1；彩版4-1214）。

标本02NH01T2020：874，釉色偏黄褐。瓶底有垫饼痕迹。瓶身有"陈二部□"多字墨书。口径2.8、底径7.8、高32.3厘米（图4-146，2；彩版4-1215）。

标本02NH01T2020：26，上腹有海底淤积的黑色污迹。瓶身有"陈□"墨书。口径2.8、底径6.7、高31.4厘米（彩版4-1216）。

标本02NH01T2020：869，釉色偏黄褐。肩部有七枚长条形支钉垫烧痕迹，呈灰白色。瓶身有墨书，不可辨识。口径2.8、底径6.9、高32.5厘米（彩版4-1217）。

标本02NH01T2020：870，釉色微偏黄。肩部有支钉垫烧痕迹，并有落渣。瓶身有"陈二部□"

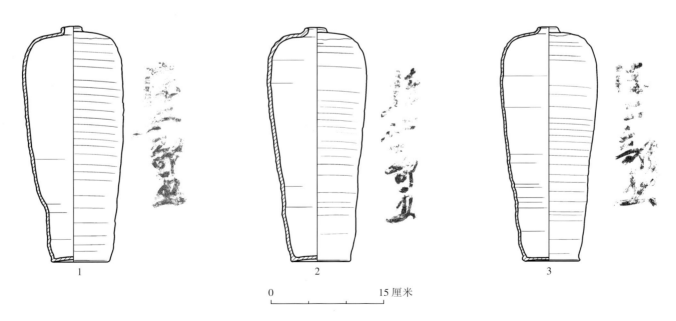

图4-146　磁灶窑A型酱釉梅瓶

1. 02NH01T2020：873　　2. 02NH01T2020：874　　3. 02NH01T2020：875

彩版 4-1214　酱釉梅瓶 02NH01T2020：873　　　　　彩版 4-1215　酱釉梅瓶 02NH01T2020：874

彩版 4-1216　酱釉梅瓶 02NH01T2020：26　　　　　彩版 4-1217　酱釉梅瓶 02NH01T2020：869

多字墨书。口径 2.8、底径 7.7、高 35.3 厘米（彩版 4-1218）。

　　标本 02NH01T2020：875，釉色偏黄。肩部有四枚支钉痕迹。瓶身有"陈二部□"多字墨书。口径 2.7、底径 7.5、高 33.0 厘米（图 4-146，3；彩版 4-1219）。

　　标本 02NH01T2020：876，釉色微偏黄。肩部有八枚长条形支钉痕迹，底部残留有四枚支钉痕迹。瓶身有"陈□"墨书。口径 2.8、底径 7.0、高 32.7 厘米（彩版 4-1220）。

彩版 4-1218　酱釉梅瓶 02NH01T2020：870　　　　　　彩版 4-1219　酱釉梅瓶 02NH01T2020：875

彩版 4-1220　酱釉梅瓶 02NH01T2020：876

B 型　24 件。

器形稍小。

标本 02NH01T2020：975，釉色浅酱，瓶身有墨色污迹。瓶底有垫烧痕迹。口径 2.6、底径 7.3、高 27.7 厘米（图 4-147，1；彩版 4-1221）。

标本 02NH01T2020：1211，釉色较深。瓶底有垫烧痕迹。口径 2.7、底径 6.8、高 27.8 厘米（图 4-147，2；彩版 4-1222）。

标本 02NH01T2020：1221，釉色浅酱。口径 2.7、底径 6.7、高 27.6 厘米（图 4-147，3；彩版 4-1223）。

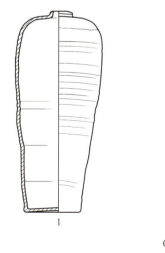
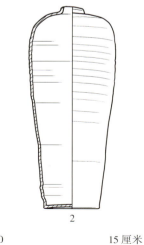
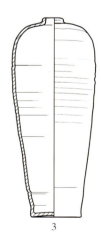

1　　　　　　　　2　　　　　　　　3

0　　　　　　　15 厘米

图 4-147　磁灶窑 B 型酱釉梅瓶

1. 02NH01T2020：975　2. 02NH01T2020：1211　3. 02NH01T2020：1221

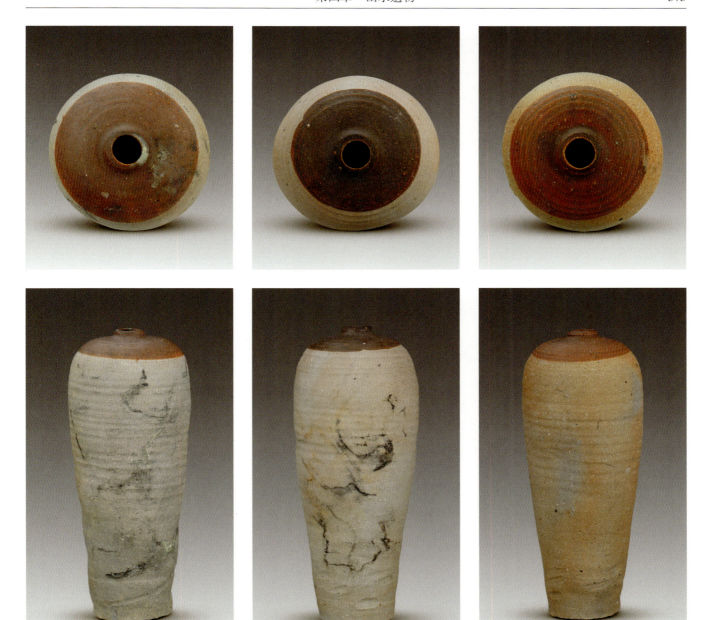

彩版 4-1221　酱釉梅瓶
02NH01T2020：975

彩版 4-1222　酱釉梅瓶
02NH01T2020：1211

彩版 4-1223　酱釉梅瓶
02NH01T2020：1221

标本 02NH01T2020：145，釉色泛黄褐。肩部有五枚长条形支钉痕迹，瓶底有垫烧痕迹。口径 2.8、底径 6.6、高 27.6 厘米（彩版 4-1224）。

标本 02NH01T2020：146，瓶身粘有墨色污迹。口径 2.8、底径 7.2、高 28.0 厘米（彩版 4-1225）。

标本 02NH01T2020：147，瓶身粘有多处墨色污迹。底部有垫烧痕迹，瓶身残留有贝壳等凝结物。口径 2.9、底径 7.2、高 29.8 厘米（彩版 4-1226）。

彩版 4-1224　酱釉梅瓶 02NH01T2020：145

彩版 4-1225　酱釉梅瓶 02NH01T2020：146

彩版 4-1226　酱釉梅瓶 02NH01T2020：147

标本 02NH01T2020：288，釉色呈酱黑色。瓶身有墨色污迹。肩部有四枚长条形支钉痕迹。瓶底烧制过火呈火石红色。口径 2.7、底径 7.4、高 27.6 厘米（彩版 4-1227）。

标本 02NH01T2020：290，釉色泛黄褐。肩部有五枚长条形支钉痕迹。口径 2.8、底径 7.1、高 27.6 厘米（彩版 4-1228）。

标本 02NH01T2020：291，瓶底局部烧制过火呈黄褐色。肩部有四枚长条形支钉痕迹。口径 2.9、底径 7.2、高 28.1 厘米（彩版 4-1229）。

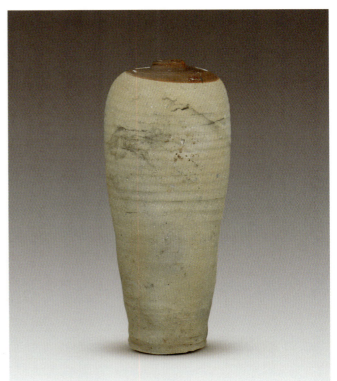

彩版 4-1227　酱釉梅瓶 02NH01T2020：288　　　彩版 4-1228　酱釉梅瓶 02NH01T2020：290

　　标本 02NH01T2020：590，釉色较深，釉面受海生物沁染。瓶身有墨色污迹。肩部有支钉痕迹。口径 2.9、底径 7.2、高 27.0 厘米（彩版 4-1230）。

　　标本 02NH01T2020：974，釉色较浅。瓶身上半部由于手捏致瓶身变形，下端戳印痕明显。肩部有五枚长条形支钉痕迹，瓶底有垫烧痕迹。口径 2.8、底径 6.9、高 27.5 厘米（彩版 4-1231）。

　　标本 02NH01T2020：1212，釉色较深。瓶身有墨色污迹。肩部有垫烧痕迹。口径 2.6、底径 7.5、高 27.4 厘米（彩版 4-1232）。

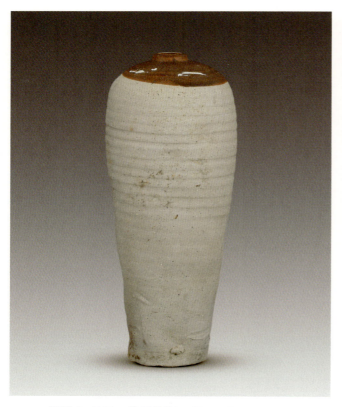

彩版 4-1229　酱釉梅瓶 02NH01T2020：291

彩版 4-1230　酱釉梅瓶 02NH01T2020：590

彩版 4-1231　酱釉梅瓶 02NH01T2020：974

彩版 4-1232　酱釉梅瓶 02NH01T2020：1212

标本 02NH01T2020：1213，肩部有五枚长条形支钉痕迹。口径 2.8、底径 7.0、高 28.6 厘米（彩版 4-1233）。

标本 02NH01T2020：1215，肩部受压塌陷变形。肩部有四枚长条形支钉痕迹。口径 2.7、底径 7.4、高 27.3 厘米（彩版 4-1234）。

标本 02NH01T2020：1214，釉色呈浅褐色。口径 2.8、底径 6.8、高 27.6 厘米（彩版 4-1235）。

标本 02NH01T2020：1216，底部烧制过火呈浅红褐色。肩部有五枚长条形支钉痕迹，瓶底有垫烧痕迹。口径 2.7、底径 6.7、高 27.6 厘米（彩版 4-1236）。

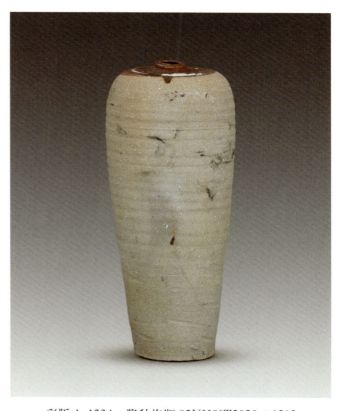

彩版 4-1233　酱釉梅瓶 02NH01T2020：1213　　　　彩版 4-1234　酱釉梅瓶 02NH01T2020：1215

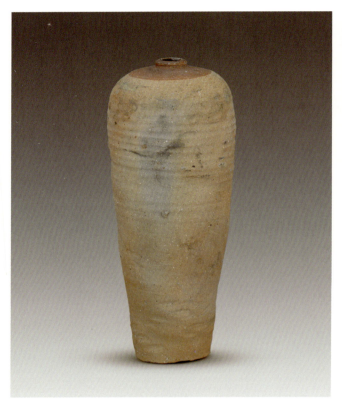

彩版 4-1235　酱釉梅瓶 02NH01T2020：1214

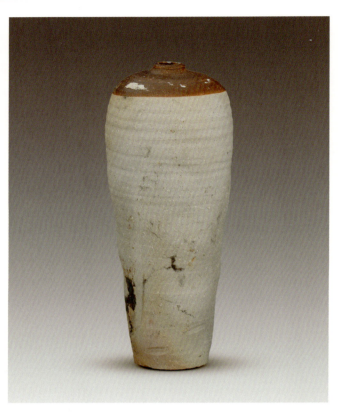

彩版 4-1236　酱釉梅瓶 02NH01T2020：1216

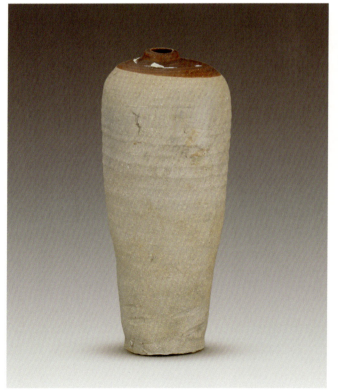

彩版 4-1237　酱釉梅瓶 02NH01T2020：1217

彩版 4-1238　酱釉梅瓶 02NH01T2020：1218

标本 02NH01T2020：1217，肩部有四枚长条形支钉痕迹。口径 2.9、底径 7.2、高 27.1 厘米（彩版 4-1237）。

标本 02NH01T2020：1218，釉色较深。肩部有四枚细长条形支钉痕迹，瓶底有垫饼痕迹。口径 2.8、底径 6.8、高 27.6 厘米（彩版 4-1238）。

标本 02NH01T2020：1219，釉色较深，黑褐色。肩部有五枚长条形支钉痕迹。口径 2.7、底径 7.0、高 28.4 厘米（彩版 4-1239）。

标本 02NH01T2020：1220，器物腹部变形，肩部有四枚支钉垫烧痕迹。口径 2.6、底径 7.0、高 27.6 厘米（彩版 4-1240）。

彩版 4-1239　酱釉梅瓶 02NH01T2020：1219　　　　　　彩版 4-1240　酱釉梅瓶 02NH01T2020：1220

标本02NH01T2020：1222，釉色浅酱。瓶身粘有墨色污迹。口径2.8、底径7.1、高27.4厘米（彩版4-1241）。

标本02NH01T2020：1223，器身变形。釉色浅酱。肩部有五枚支钉垫烧痕迹，瓶底有垫烧痕迹。口径2.9、底径7.5、高27.9厘米（彩版4-1242）。

标本02NH01T2020：1224，釉色较深。肩部有五枚支钉垫烧痕迹，瓶底有垫饼痕迹。口径2.7、底径6.9、高28.6厘米（彩版4-1243）。

标本02NH01T2020：1225，釉色偏黄。口径2.9、底径7.2、高26.4厘米（彩版4-1244）。

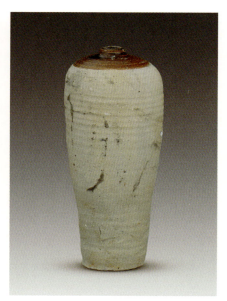

彩版4-1241　酱釉梅瓶02NH01T2020：1222　　　　彩版4-1242　酱釉梅瓶
02NH01T2020：1223

彩版4-1243　酱釉梅瓶02NH01T2020：1224　　　　彩版4-1244　酱釉梅瓶
02NH01T2020：1225

2. 罐

1 件。

标本 02NH01T2021：228，圆唇，侈口，卷沿，阔口，粗短颈微束，溜肩，腹较深，上腹略鼓，下腹弧收，底部外撇成假圈足，边缘斜削，平底内凹。胎灰白，质较粗。过火露胎处泛褐色。罐口至腹下部施酱青色釉，内壁荡釉，釉层较薄，釉面有深色斑点。口沿处抹釉，呈红褐色。颈部有三道凹弦纹，罐体留有多道轮制形成的轮旋痕。足底残留有垫片。口径 11.0、足径 7.2、高 17.2 厘米（图 4-148；彩版 4-1245）。

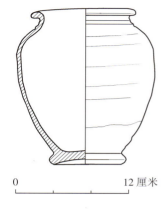

图 4-148 磁灶窑酱釉罐
（02NH01T2021：228）

彩版 4-1245 酱釉罐 02NH01T2021：228

（三）青瓷

1. 大罐

1 件。

六系大罐，残存口和上腹部。另有腹部残片若干，应为同一或同类器物。

标本 02NH01：2014（33），口腹残片。圆唇，直口，卷沿，口上沿较平，高直领，丰肩，鼓腹。肩部有六个宽带状系，系上均有两道凹弦纹，系下端贴塑兽首，憨态可掬。胎质较粗，夹有细砂粒，色灰白。外壁施青釉，略泛酱色，内壁施釉至领下端。釉色光润，开细碎纹片。外壁腹部刻饰垂鳞状纹，每组三道刻纹，刻纹处色深。口径 24.4、残高 17.3 厘米（彩版 4-1246）。

彩版 4-1246　青瓷大罐 02NH01：2014 (33)

（四）绿釉瓷

8 件。

数量较少，器类有碗、盘、瓶等。胎色灰，质较粗，夹有砂粒。低温绿釉，大多色泛黑，釉面多有沁斑，受海底埋藏环境的影响较大。

1. 碗

2 件。

菊瓣形，器身由口至腹底端呈菊瓣状，方唇，敞口，弧腹较浅，内底心微突，矮圈足，足沿边缘斜削，外底较平。内、外均施绿釉，外壁施釉不及底，釉色较深，大部分呈墨绿色，内底心釉层不均，釉面多见结晶斑痕。

标本 02NH01T2019：496，口径 10.5、足径 4.8、高 3.9 厘米（图 4-149，1；彩版 4-1247，1）。

标本 02NH01T2021：223，口径 10.0、足径 4.6、高 3.7 厘米（图 4-149，2；彩版 4-1247，2）。

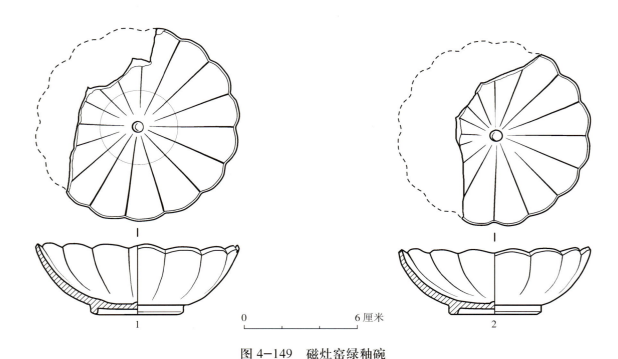

0　　　　　　6 厘米

图 4-149　磁灶窑绿釉碗

1. 02NH01T2019：496　2. 02NH01T2021：223

1. 02NH01T2019：496

2. 02NH01T2021：223

彩版 4-1247　绿釉碗 02NH01T2019：496、02NH01T2021：223

2. 盘

2件。

菱花口，由口至腹部模印成菱花状，宽折沿，沿较平，腹部弧收，较深，内底坦平，外底心微内凹。内外满施绿釉，釉色光亮。盘沿及内壁模印花纹，内沿为一周缠枝花卉纹，内底印缠枝花卉纹，印纹清晰。外底边缘有支钉垫烧痕迹。

标本 02NH01：2014（17），外壁釉色光亮，内壁釉色受沁发灰，并有结晶斑痕。口径 11、底径 6.0、高 1.5 厘米（图 4-150；彩版 4-1248）。

标本 02NH01：2014（18），釉面光润。高 1.7 厘米（彩版 4-1249）。

彩版 4-1248　绿釉盘 02NH01：2014（17）

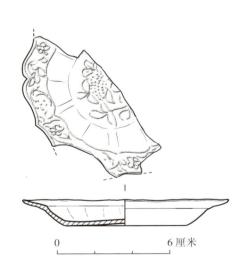

图 4-150　磁灶窑绿釉盘
（02NH01：2014（17））

彩版 4-1249　绿釉盘 02NH01：2014（18）

3. 葫芦瓶

2 件。

器形较小。小口内敛，葫芦状，上腹圆鼓，束腰，下腹扁鼓，略垂，平底内凹。器身应为三段粘结而成，腰部、下腹中部可见上下胎接痕迹，底部有轮制痕迹。胎色灰白，质较细。外壁施绿釉，

彩版 4-1251　绿釉葫芦瓶 02NH01T2021：213

彩版 4-1250　绿釉葫芦瓶 02NH01T2020：411

底部无釉。

标本 02NH01T2020：411，残存瓶体下部，腰部断裂处胎接痕迹明显，下腹由上、下两段粘结而成。釉色较深，呈墨绿色，局部受浸染泛涩，有结晶斑。下腹扁鼓，模印菊瓣纹，上部饰上、下两重细菊瓣纹，腹中部有一道突棱，下腹印一周细菊瓣纹。底径 5、残高 4.9 厘米（彩版 4-1250）。

标本 02NH01T2021：213，底部有流釉，釉面泛涩，有结晶斑，大部分受浸染而呈黑色，上部绿釉局部脱落。口径 1.0、底径 4.8、高 8.1 厘米（彩版 4-1251）。

4. 长颈瓶

2 件。

器形较小。喇叭形口，长颈，斜肩，垂腹，上腹斜弧，下端弧收，假圈足，平底内凹。外壁及口内侧施绿釉，釉面泛涩，大部分受沁蚀成黑色，外施釉至器底，外底无釉。

标本 02NH01：2014（36），口径 2.4、底径 3.3、高 7.7 厘米（彩版 4-1252）。

标本 02NH01：2014（16），口部残，底部粘有海底淤积物。胎色泛黄褐。釉面有大面积泛白色结晶斑。底径 3.6、残高 6.6 厘米（彩版 4-1253）。

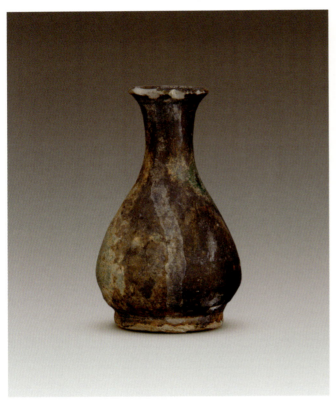

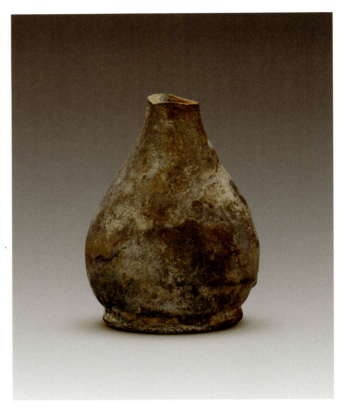

彩版 4-1252　绿釉长颈瓶 02NH01：2014 (36)　　　　　彩版 4-1253　绿釉长颈瓶 02NH01：2014 (16)

六　其他窑瓷器

除了上述瓷器之外，还有少量其他窑烧造的瓷器，类别有青瓷、黑釉瓷等。

（一）龙泉窑系青瓷

仅 1 件青瓷碗。

1. 碗

1 件。

因其具有龙泉窑刻划花青瓷的特征，可能为福建地区窑场烧造，但无法确定其具体窑口，故暂定之为龙泉窑系。

标本 02NH01T2021：266，侈口，弧腹，内底边缘微凹，底较平，圈足较高，足沿较宽而平，外墙直，内墙微斜，挖足较深，外底心有脐突。胎色灰白，质较细。通体施青釉，釉色泛黄，足部无釉，釉层较薄，釉面莹润，开细碎密集纹片，开片处密布沁入灰黑色纹，可能与烧成温度不足有一定关系。内腹壁刻缠枝花卉纹，外壁口沿下至腹部斜刻纵向成组刻纹，一组四道。该器与同出的龙泉窑青釉瓷器，在胎、釉、纹饰等风格上均不同，与龙泉窑东区产品相近，属龙泉窑系产品。口径 18.3、足径 6.0、高 7.4 厘米（图 4-151；彩版 4-1254）。

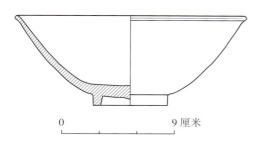

图 4-151　龙泉窑系青瓷碗
(02NH01T2021：266)

彩版 4-1254　青瓷碗 02NH01T2021：266

（二）福清东张窑黑釉瓷

仅 1 件黑釉盏。

1. 盏

1 件。

从器形、制作工艺和胎釉特征来看，其与漳州海域龙海半洋礁一号沉船[1]、连江定海白礁一号沉船[2]出水黑釉盏相似，这类盏与福清东张窑黑釉盏最为接近。

标本 02NH01：2014（15），圆唇，敞口，口下部略束，腹部斜收，至近底部折收，内底小，较平，圈足较小，足沿较宽，沿外侧斜削，外墙微外撇，内墙斜削，挖足浅，足心微突。灰胎，偏黄褐色，

[1] 国家文物局水下文化遗产保护中心、中国国家博物馆、福建博物院、福州市文物考古工作队编著：《福建沿海水下考古调查报告（1989~2010）》，文物出版社，2017 年，第 277~304、382、383 页。
[2] 中国国家博物馆水下考古学研究中心、厦门大学海洋考古学研究中心、福建博物院考古研究所、福州市文物考古工作队、连江县博物馆编著：《福建连江定海湾沉船考古》，科学出版社，2011 年。

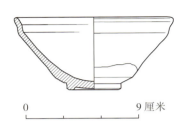

图 4-152　福清东张窑黑釉盏
（02NH01：2014（15））

彩版 4-1255　黑釉盏 02NH01：2014 (15)

夹有细砂粒。内、外均施黑釉，口沿内侧釉薄处呈酱色，外壁施釉至下腹。釉面光洁莹润，有小褐斑。口径 12.6、足径 4.2、高 6.0 厘米（图 4-152；彩版 4-1255）。

第二节　金属器

金属器数量较少，类别有金环、银锭、铜环、铜钱等，以铜钱为多，达 6000 多枚。下文刊布现藏于中国国家博物馆的水下调查采集出水金属器。

一　金环

1 件。

标本 02NH01：2014（26），块形，圆环有缺，有变形，断面呈方形。外径 5.0、环宽 0.3、厚 0.3 厘米，重 23.42 克（彩版 4-1256）。

彩版 4-1256　金环 02NH01：2014（26）

二　银锭

1 件。

标本 02NH01：2014（27），亚腰形，边缘圆滑，形制规整，厚度较均匀。表面氧化，色泛黑。银锭表面粘连、嵌有海底淤泥、贝壳、螺壳、碎瓷片等物，并粘有两块朱砂，部分嵌入较深。长 12.4、最宽 8.1、腰宽 6.5、厚 3.3 厘米，重 1300 克（彩版 4-1257）。

彩版 4-1257　银锭 02NH01：2014（27）

三　铜环

4 组。

铜环均成组出现，每组数目略有差异。圆环形，断面多为圆形，也有个别为薄片状。锈蚀程度不同，呈黑色，有剥落，粗细不同，直径相近。铜环原置于较大的盒内，一组若干个，盒标本中有类似装载情况，应为一并装运物品。

标本 02NH01：2014（29），一组 9 个，其中三个环断裂，部分变形。环外径 8.4~8.6、截面径 0.4~0.5 厘米，重量分别为 45.00、38.34、31.72、33.44、32.32、39.42、31.33、24.90、16.90 克，总重量 302.34 克（彩版 4-1258）。

标本 02NH01：2014（30），一组 9 个，其中三个环断裂，断裂面内呈黄色。其中一个锈蚀较少，

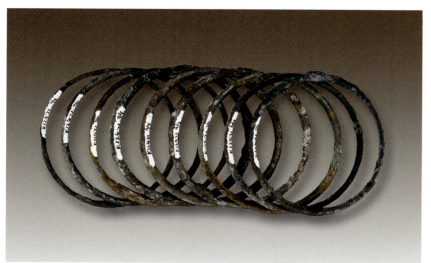

彩版 4-1258　铜环 02NH01：2014 (29)

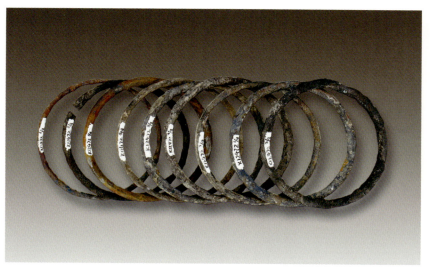

彩版 4-1259　铜环 02NH01：2014 (30)

表面颜色泛黄，外径8.6、环径0.55~0.6厘米，重50.42克，尺寸应大致接近铜环原状。环外径8.4~8.6、截面径0.3~0.6厘米，重量分别为50.42、39.73、51.96、40.69、38.94、33.35、32.61、27.79、21.14克，总重量345.57克（彩版4-1259）。

标本02NH01：2014（31），一组8个，其中两个环有断裂，有一件变形严重。环外径8.5~8.7、截面径0.4~0.6厘米，重量分别为49.80、42.54、51.46、37.18、33.22、31.83、41.91、35.94克，总重量330.67克（彩版4-1260）。

标本02NH01：2014（32），一组3个。环片状，近圆形，不闭合，块形。锈蚀较轻，变形严重。其中2个粘连，并附着有珊瑚砂、贝壳、泥沙等物。与之同出的有一块朱砂，与银锭粘连的两块朱砂接近。朱砂重15.30克。环外径约6.3、环宽0.4、环片厚0.1厘米，含附着物的重量分别为10.18、67.36克（彩版4-1261）。

彩版 4-1260　铜环 02NH01：2014 (31)

彩版 4-1261　铜环 02NH01：2014 (32)

四　铜钱

共计 145 枚，钱文可辨识者 103 枚，其余 42 枚不可辨识。下文以始铸年代为序分别介绍。

1．开元通宝

4 枚。钱文为隶书，对读。

标本 K15928，直径 2.2、孔径 0.6、缘宽 0.1 厘米（彩版 4-1262）。

标本 K15929，背面有下俯月。直径 2.4、孔径 0.7、缘宽 0.1 厘米（彩版 4-1263）。

标本 K15953，直径 2.3、孔径 0.7、缘宽 0.1 厘米（彩版 4-1264）。

标本 K15997-1，直径 2.4、孔径 0.7、缘宽 0.1 厘米（彩版 4-1265）。

2．乾元重宝

1 枚。钱文为楷书，对读。

标本 K15986，背一。直径 2.4、孔径 0.7、缘宽 0.15 厘米（彩版 4-1266）。

彩版 4-1262　开元通宝 K15928

彩版 4-1263　开元通宝 K15929

彩版 4-1264　开元通宝 K15953

彩版 4-1265　开元通宝 K15997-1

彩版 4-1266　乾元重宝 K15986

3．宋元通宝

2 枚。钱文为楷书，对读。

标本 K15958，直径 2.5、孔径 0.6、缘宽 0.25 厘米（彩版 4-1267）。

标本 K15963，直径 2.4、孔径 0.6、缘宽 0.2 厘米（彩版 4-1268）。

4．淳化元宝

1 枚。钱文为行书，顺读。

标本 K15997-5，直径 2.4、孔径 0.6、缘宽 0.2 厘米（彩版 4-1269）。

5．咸平元宝

3 枚。钱文为楷书，顺读。

标本 K15949，直径 2.4、孔径 0.6、缘宽 0.25 厘米（彩版 4-1270）。

标本 K15961，直径 2.4、孔径 0.55、缘宽 0.25 厘米（彩版 4-1271）。

标本 K15964，直径 2.4、孔径 0.55、缘宽 0.3 厘米（彩版 4-1272）。

6．景德元宝

1 枚。钱文为楷书，顺读。

标本 K15969，直径 2.45、孔径 0.6、缘宽 0.15 厘米（彩版 4-1273）。

彩版 4-1267　宋元通宝 K15958　　　彩版 4-1268　宋元通宝 K15963　　　彩版 4-1269　淳化元宝 K15997-5

彩版 4-1270　咸平元宝 K15949　　　彩版 4-1271　咸平元宝 K15961　　　彩版 4-1272　咸平元宝 K15964

7. 祥符元宝

5 枚。钱文为楷书，顺读。

标本 K15918，直径 2.5、孔径 0.5、缘宽 0.3 厘米（彩版 4-1274）。

标本 K15935，直径 2.5、孔径 0.55、缘宽 0.3 厘米（彩版 4-1275）。

标本 K15944，直径 2.5、孔径 0.6、缘宽 0.3 厘米（彩版 4-1276）。

标本 K15977，直径 2.4、孔径 0.5、缘宽 0.3 厘米（彩版 4-1277）。

标本 K15982，直径 2.5、孔径 0.6、缘宽 0.3 厘米（彩版 4-1278）。

8. 祥符通宝

2 枚。钱文为楷书，顺读。

标本 K15934，圆孔。直径 2.4、孔径 0.8、缘宽 0.2 厘米（彩版 4-1279）。

标本 K15962，直径 2.5、孔径 0.6、缘宽 0.2~0.3 厘米（彩版 4-1280）。

9. 皇宋通宝

9 枚。钱文有楷书、篆书、隶书三种，均为对读。

（1）楷书　6 枚。

标本 K15916，直径 2.4、孔径 0.6、缘宽 0.2 厘米（彩版 4-1281）。

彩版 4-1273　景德元宝 K15969

彩版 4-1274　祥符元宝 K15918

彩版 4-1275　祥符元宝 K15935

彩版 4-1276　祥符元宝 K15944

彩版 4-1277　祥符元宝 K15977

彩版 4-1278　祥符元宝 K15982

标本 K15920，直径 2.4、孔径 0.6、缘宽 0.2 厘米（彩版 4-1282）。

标本 K15952，直径 2.4、孔径 0.7、缘宽 0.2 厘米（彩版 4-1283）。

标本 K15966，直径 2.4、孔径 0.6、缘宽 0.3 厘米（彩版 4-1284）。

标本 K15971，直径 2.4、孔径 0.7、缘宽 0.25 厘米（彩版 4-1285）。

标本 K15998-2，直径 2.5、孔径 0.6、缘宽 0.25 厘米（彩版 4-1286）。

（2）篆书　2枚。

标本 K15925，直径 2.4、孔径 0.7、缘宽 0.2 厘米（彩版 4-1287）。

标本 K15994，直径 2.4、孔径 0.7、缘宽 0.15 厘米（彩版 4-1288）。

彩版 4-1279　祥符通宝 K15934

彩版 4-1280　祥符通宝 K15962

彩版 4-1281　皇宋通宝 K15916

彩版 4-1282　皇宋通宝 K15920

彩版 4-1283　皇宋通宝 K15952

彩版 4-1284　皇宋通宝 K15966

彩版 4-1285　皇宋通宝 K15971

彩版 4-1286　皇宋通宝 K15998-2

彩版 4-1287　皇宋通宝 K15925

（3）隶书　1 枚。

标本 K15967，直径 2.2、孔径 0.7、缘宽 0.2 厘米（彩版 4-1289）。

10．天禧通宝

3 枚。钱文为楷书，顺读。

标本 K15922，直径 2.5、孔径 0.6、缘宽 0.25 厘米（彩版 4-1290）。

标本 K15946，直径 2.5、孔径 0.6、缘宽 0.2 厘米（彩版 4-1291）。

标本 K15997-9，直径 2.5、孔径 0.6、缘宽 0.2 厘米（彩版 4-1292）。

11．天圣元宝

2 枚。钱文为楷书，顺读。

标本 K15938，直径 2.5、孔径 0.7、缘宽 0.1 厘米（彩版 4-1293）。

标本 K15954，直径 2.5、孔径 0.8、缘宽 0.1 厘米（彩版 4-1294）。

12．至和元宝

1 枚。钱文为楷书，顺读。

标本 K15989，直径 2.4、孔径 0.7、缘宽 0.25 厘米（彩版 4-1295）。

彩版 4-1288　皇宋通宝 K15994

彩版 4-1289　皇宋通宝 K15967

彩版 4-1290　天禧通宝 K15922

彩版 4-1291　天禧通宝 K15946

彩版 4-1292　天禧通宝 K15997-9

彩版 4-1293　天圣元宝 K15938

13. 嘉祐通宝

3 枚。钱文有楷书、篆书两种，对读。

（1）楷书　2 枚。

标本 K15933，直径 2.3、孔径 0.7、缘宽 0.2~0.3 厘米（彩版 4-1296）。

标本 K15993，直径 2.3、孔径 0.6、缘宽 0.1 厘米（彩版 4-1297）。

（2）篆书　1 枚。

标本 K15999-1，直径 2.5、孔径 0.7、缘宽 0.3 厘米（彩版 4-1298）。

14. 熙宁重宝

5 枚。钱文为楷书，顺读。

标本 K15932，直径 3.2、孔径 0.8、缘宽 0.3 厘米（彩版 4-1299）。

标本 K15951，直径 3.1、孔径 0.8、缘宽 0.3 厘米（彩版 4-1300）。

标本 K15960，直径 2.7、孔径 0.6、缘宽 0.2~0.25 厘米（彩版 4-1301）。

标本 K15996-1，直径 3.0、孔径 0.7、缘宽 0.3 厘米（彩版 4-1302）。

标本 K16000-5，直径 2.9、孔径 0.6、缘宽 0.3 厘米（彩版 4-1303）。

标本 K15984，光背。直径 2.9、孔径 0.7、缘宽 0.3 厘米（彩版 4-1304）。

彩版 4-1294　天圣元宝 K15954

彩版 4-1295　至和元宝 K15989

彩版 4-1296　嘉祐通宝 K15933

彩版 4-1297　嘉祐通宝 K15993

彩版 4-1298　嘉祐通宝 K15999-1

彩版 4-1299　熙宁重宝 K15932

彩版 4-1300　熙宁重宝 K15951

彩版 4-1301　熙宁重宝 K15960

15. 熙宁元宝

5 枚。钱文有楷书、篆书两种，顺读。

（1）楷书　4 枚。

标本 K15937，直径 2.3、孔径 0.7、缘宽 0.2 厘米（彩版 4-1305）。

标本 K15965，直径 2.3、孔径 0.6、缘宽 0.2 厘米（彩版 4-1306）。

标本 K15992，直径 2.4、孔径 0.7、缘宽 0.1 厘米（彩版 4-1307）。

标本 K15997-11，直径 2.3、孔径 0.65、缘宽 0.2 厘米（彩版 4-1308）。

（2）篆书　1 枚。

标本 K15999-15，直径 2.3、孔径 0.6、缘宽 0.2 厘米（彩版 4-1309）。

彩版 4-1302　熙宁重宝 K15996-1

彩版 4-1303　熙宁重宝 K16000-5

彩版 4-1304　熙宁重宝 K15984

彩版 4-1305　熙宁元宝 K15937

彩版 4-1306　熙宁元宝 K15965

彩版 4-1307　熙宁元宝 K15992

彩版 4-1308　熙宁元宝 K15997-11

彩版 4-1309　熙宁元宝 K15999-15

彩版 4-1310　元丰通宝 K12470

16. 元丰通宝

15枚。钱文有篆书、楷书、行书三种，均为顺读。

（1）篆书　7枚。

标本K12470，直径2.4、孔径0.7、缘宽0.1厘米（彩版4-1310）。

标本K15919，直径2.4、孔径0.6、缘宽0.2厘米（彩版4-1311）。

标本K15948，直径2.4、孔径0.6、缘宽0.25厘米（彩版4-1312）。

标本K15950，直径2.4、孔径0.6、缘宽0.25厘米（彩版4-1313）。

标本K15968，直径2.4、孔径0.6、缘宽0.25厘米（彩版4-1314）。

标本K15996-8，直径2.8、孔径0.6、缘宽0.3厘米（彩版4-1315）。

标本K15999-7，直径2.4、孔径0.7、缘宽0.3厘米（彩版4-1316）。

（2）楷书　2枚。

标本K15924，直径2.4、孔径0.6、缘宽0.2厘米（彩版4-1317）。

标本16000-2，直径2.9、孔径0.6、缘宽0.35厘米（彩版4-1318）。

（3）行书　6枚。

标本K15927，直径2.8、孔径0.5、缘宽0.4厘米（彩版4-1319）。

标本K15970，直径2.4、

彩版4-1311　元丰通宝 K15919

彩版4-1312　元丰通宝 K15948

彩版4-1313　元丰通宝 K15950

彩版4-1314　元丰通宝 K15968

彩版4-1315　元丰通宝 K15996-8

彩版4-1316　元丰通宝 K15999-7

彩版4-1317　元丰通宝 K15924

彩版4-1318　元丰通宝 K16000-2

彩版 4-1319　元丰通宝 K15927

彩版 4-1320　元丰通宝 K15970

彩版 4-1321　元丰通宝 K15987

彩版 4-1322　元丰通宝 K15996-11

彩版 4-1323　元丰通宝 K15999-2

彩版 4-1324　元丰通宝 K16000-4

彩版 4-1325　元祐通宝 K15914

彩版 4-1326　元祐通宝 K15940

孔径 0.7、缘宽 0.3 厘米（彩版 4-1320）。

标本 K15987，直径 2.4、孔径 0.7、缘宽 0.2 厘米（彩版 4-1321）。

标本 K15996-11，直径 2.8、孔径 0.7、缘宽 0.35 厘米（彩版 4-1322）。

标本 K15999-2，直径 2.5、孔径 0.7、缘宽 0.2 厘米（彩版 4-1323）。

标本 K16000-4，直径 2.9、孔径 0.7、缘宽 0.3 厘米（彩版 4-1324）。

17. 元祐通宝

8 枚。钱文有篆书、行书两种，顺读。

（1）篆书　4 枚。

标本 K15914，直径 2.4、孔径 0.7、缘宽 0.2 厘米（彩版 4-1325）。

标本 K15940，直径 2.5、孔径 0.5、缘宽 0.3 厘米（彩版 4-1326）。

标本 K15943，直径 2.4、孔径 0.6、缘宽 0.35 厘米（彩版 4-1327）。

标本 K15947，直径 2.4、孔径 0.6、缘宽 0.2 厘米（彩版 4-1328）。

（2）行书　4 枚。

标本 K15930，直径 2.9、孔径 0.7、缘宽 0.2~0.3 厘米（彩版 4-1329）。

标本 K15931，直径 2.9、孔径 0.8、缘宽 0.1 厘米（彩版

4-1330）。

标本 K15939，直径 2.9、孔径 0.7、缘宽 0.2 厘米（彩版 4-1331）。

标本 K15959，直径 2.8、孔径 0.65、缘宽 0.25 厘米（彩版 4-1332）。

18. 绍圣元宝

5 枚。钱文为楷书，顺读。

标本 K15978，直径 2.4、孔径 0.6、缘宽 0.2 厘米（彩版 4-1333）。

标本 K15979，直径 2.4、孔径 0.6、缘宽 0.2 厘米（彩版 4-1334）。

标本 K15988，直径 2.4、孔径 0.6、缘宽 0.25 厘米（彩版 4-1335）。

标本 K15996-4，直径 2.9、孔径 0.65、缘宽 0.35 厘米（彩版 4-1336）。

标本 K15996-2，直径 3.1、孔径 0.6、缘宽 0.3 厘米（彩版 4-1337）。

19. 圣宋元宝

5 枚。钱文有篆书、行书两种，顺读。

（1）篆书 1 枚。

标本 K15957，直径 2.9、孔径 0.7、缘宽 0.3 厘米（彩版 4-1338）。

（2）行书 4 枚。

标本 K15955，多枚粘连。直径 2.4、孔径 0.6、缘宽 0.2 厘米（彩版 4-1339）。

彩版 4-1327　元祐通宝 K15943

彩版 4-1328　元祐通宝 K15947

彩版 4-1329　元祐通宝 K15930

彩版 4-1330　元祐通宝 K15931

彩版 4-1331　元祐通宝 K15939

彩版 4-1332　元祐通宝 K15959

彩版 4-1333　绍圣元宝 K15978

彩版 4-1334　绍圣元宝 K15979

标本 K15923，直径 2.4、孔径 0.6、缘宽 0.15~0.2 厘米（彩版 4-1340）。

标本 K15956，直径 3.0、孔径 0.6、缘宽 0.3 厘米（彩版 4-1341）。

标本 K15990，直径 2.3、孔径 0.6、缘宽 0.2 厘米（彩版 4-1342）。

彩版 4-1335　绍圣元宝 K15988

彩版 4-1336　绍圣元宝 K15996-4

彩版 4-1337　绍圣元宝 K15996-2

彩版 4-1338　圣宋元宝 K15957

彩版 4-1339　圣宋元宝 K15955

彩版 4-1340　圣宋元宝 K15923

彩版 4-1341　圣宋元宝 K15956

彩版 4-1342　圣宋元宝 K15990

20．崇宁重宝

1 枚。钱文为楷书，顺读。

标本 K15915，直径 3.4、孔径 0.7、缘宽 0.2 厘米（彩版 4-1343）。

21．大观通宝

5 枚。钱文为楷书，对读。

标本 K15942，直径 2.4、孔径 0.6、缘宽 0.1 厘米（彩版 4-1344）。

标本 K15974，直径 2.4、孔径 0.6、缘宽 0.1 厘米（彩版 4-1345）。

标本 K15975，直径 2.4、孔径 0.6、缘宽 0.1 厘米（彩版 4-1346）。

标本 K15980，直径 2.5、孔径 0.6、缘宽 0.1 厘米（彩版 4-1347）。

标本 K15981，直径 2.4、孔径 0.6、缘宽 0.1 厘米（彩版 4-1348）。

22. 政和通宝

5 枚。钱文有楷书、篆书两种，对读。

（1）**楷书**　1 枚。

标本 K15936，直径 2.3、孔径 0.6、缘宽 0.05 厘米（彩版 4-1349）。

（2）**篆书**　4 枚。

标本 K15926，直径 2.4、孔径 0.7、缘宽 0.1 厘米（彩版 4-1350）。

标本 K15972a，直径 2.35、孔径 0.5、缘宽 0.1 厘米（彩版 4-1351）。

标本 K15972b，直径 2.4、孔径 0.6、缘宽 0.1 厘米（彩版 4-1352）。

标本 K15991，直径 2.4、孔径 0.5、缘宽 0.1 厘米（彩版 4-1353）。

彩版 4-1343　崇宁重宝 K15915

彩版 4-1344　大观通宝 K15942

彩版 4-1345　大观通宝 K15974

彩版 4-1346　大观通宝 K15975

彩版 4-1347　大观通宝 K15980

彩版 4-1348　大观通宝 K15981

彩版 4-1349　政和通宝 K15936

彩版 4-1350　政和通宝 K15926

彩版 4-1351　政和通宝 K15972a　　　　彩版 4-1352　政和通宝 K15972b　　　　彩版 4-1353　政和通宝 K15991

23．宣和通宝

6 枚。钱文有楷书、篆书两种，对读。

（1）**楷书**　3 枚。

标本 K15941，直径 2.9、孔径 0.6、缘宽 0.2 厘米（彩版 4-1354）。

标本 K15983，直径 2.8、孔径 0.7、缘宽 0.3 厘米（彩版 4-1355）。

标本 K15998-3，直径 2.5、孔径 0.75、缘宽 0.1 厘米（彩版 4-1356）。

（2）**篆书**　3 枚。

标本 K15917，直径 2.9、孔径 0.7、缘宽 0.2 厘米（彩版 4-1357）。

彩版 4-1354　宣和通宝 K15941　　　　彩版 4-1355　宣和通宝 K15983　　　　彩版 4-1356　宣和通宝 K15998-3

彩版 4-1357　宣和通宝 K15917　　　　彩版 4-1358　宣和通宝 K15921　　　　彩版 4-1359　宣和通宝 K15995-1

标本 K15921，直径 3.0、孔径 0.7、缘宽 0.3 厘米（彩版 4-1358）。

标本 K15995-1，直径 2.7、孔径 0.7、缘宽 0.2 厘米（彩版 4-1359）。

24．建炎通宝

1 枚。钱文为楷书，对读。

标本 K15945，直径 2.9、孔径 0.75、缘宽 0.15 厘米（彩版 4-1360）。

25．绍兴通宝

2 枚。钱文为楷书，顺读。

标本 K15998-1，直径 2.9、孔径 0.7、缘宽 0.1 厘米。

标本 K15998-9，直径 2.8、孔径 0.7、缘宽 0.15 厘米（彩版 4-1361）。

26．绍兴元宝

1 枚。钱文为楷书，顺读。

标本 K15998-5，直径 2.6、孔径 0.7、缘宽 0.1 厘米（彩版 4-1362）。

27．乾道元宝

1 枚。钱文为篆书，顺读。

标本 K15985，直径 2.7、孔径 0.7、缘宽 0.2 厘米（彩版 4-1363）。

彩版 4-1360　建炎通宝 K15945

彩版 4-1361　绍兴通宝 K15998-9

彩版 4-1362　绍兴元宝 K15998-5

彩版 4-1363　乾道元宝 K15985

第五章　出水瓷器的便携式 XRF 产地分析 *

一　分析方法

便携式 XRF 技术是一种无损、原位的化学分析技术，这种仪器体积小、重量轻，可以随身携带，同时 XRF 技术本身是无损分析，因此特别适合于考古现场分析[1]。这一优点对于珍贵文物成分分析来说，是其他分析方法无法取代的。特别是像南海 I 号沉船中出水的瓷器，数量庞大且基本都是完整器物，要取样拿回实验室全部进行分析是不可行的，只能通过类似的便携式仪器在现场对其进行分析检测。

通常来说，瓷器胎的化学成分更具有产地代表性。这是由于古代瓷器的胎通常都是一元配方的，微量元素特征只是指征了作为制胎原料的黏土的来源。但是对于完整瓷器特别是满釉的完整器物来说，分析胎的化学成分就意味着必须通过取样获得少量的胎样品，一般来说是无法接受的，因此很多博物馆所珍藏的完整瓷器通常只能通过考古类型学方法来判源。瓷釉则至少有两种配方：黏土和助熔剂（中国古瓷通常为灰料）。因此通过成分分析可能会引起不确定性，即不能知道所分析的元素哪些代表黏土的来源，哪些又代表助熔剂的来源。因此，目前很少有利用釉的成分分析来研究瓷器产地的例子[2]。但是由于釉是覆盖在陶瓷表面的一层玻璃，玻璃与瓷釉一样，其配方通常有 2~3 种矿物，目前古代玻璃的产地研究则主要依靠成分分析来进行，类似的研究都比较成功，所以我们认为用瓷釉的成分来研究瓷器的来源应该更加可行。

之前我们曾经分析了定窑白瓷釉的化学组成，结果发现瓷釉的化学组成可以反映定窑的时代特征[3]。如果同一窑口的时代特征都可以用瓷釉化学成分表征，理论上说不同窑口瓷釉的化学成分应该差异更大。因此，我们于 2012 年尝试结合考古学观察结果，使用便携式 XRF 对肯尼亚耶稣堡出土的克拉克瓷的产地进行了探索性的分析[4]，结果比较理想。之后，我们使用相同方法分

＊　本研究为国家社会科学基金重大项目"西沙群岛出水陶瓷器与海上丝绸之路研究"（项目批准号：16ZDA145）、"非洲出土中国古代外销瓷与海上丝绸之路研究"（项目批准号：15ZDB057）以及国家高层次人才支持计划—青年拔尖人才项目的阶段性研究成果。

［1］崔剑锋、徐华烽、秦大树、丁雨：《肯尼亚蒙巴萨耶稣堡出土克拉克瓷的便携式 XRF 产地研究》，《水下考古学研究》第 2 卷，科学出版社，2016 年，第 138~149 页。

［2］Pollard, A.M., Heron, C., 1996. *Archaeological Chemistry*. The Royal Society of Chemistry.

［3］Cui J.F., Wood N., Qin D.S., Zhou L.J., Ko M.K., Li X., 2012,Chemical analysis of white porcelains from the Ding kiln site, Hebei Province, China, *Journal of archaeological Science*, vol.39 (4) , pp.818-827.

［4］崔剑锋、徐华烽、秦大树、丁雨：《肯尼亚蒙巴萨耶稣堡出土克拉克瓷的便携式 XRF 产地研究》，《水下考古学研究》第 2 卷，科学出版社，2016 年，第 138~149 页。

析了柬埔寨吴哥窟茶胶寺遗址[1]、吉林塔虎城遗址[2]、陕西蓝田吕氏家族墓地[3]等出土瓷器的产地，对这些瓷器的来源进行了科学判断，积累了大批数据和一些经验。这些分析表明，便携式 XRF 对于施釉陶瓷特别是高温釉瓷器的窑口判断作用明显，可以完全无损原位的对瓷器窑口进行快速判断。

基于以上的经验，我们使用便携式 XRF 对南海 I 号沉船出水的陶瓷器进行了无损分析，并结合考古类型学观察的结果，对其窑口进行了重新整理。

我们使用仪器为美国赛默费舍尔公司生产的 NITON XL3t 型便携式 XRF，使用内建于该设备的土壤模式，对瓷器标本的釉进行了分析。所分析的元素包括 Zr、Rb、Sr、Th、Zn、Fe、Mn、Ti、Ca、K。

二　样品和分析结果

本次一共分析陶瓷器 140 件，釉色有青白釉、青釉、酱釉和黑釉，下面按照釉色分别介绍分析结果。

1. 青白瓷

根据考古类型学观察，南海 I 号沉船出水瓷器中的青白瓷可能来自三个窑口，分别是：江西景德镇窑、福建闽清义窑和德化窑。另外有部分瓷器的来源窑口存在疑问，通过类型学观察不容易判断。分析结果参见表 5-1。

表 5-1　南海 I 号沉船青白瓷便携式 XRF 分析结果

测试编号	出水编号	釉色及器形	可能窑口	Zr	Sr	Rb	Th	Zn	Fe	Mn	Ti	Ca	K	彩版编号
48	02NH01T2019：1761	青白釉花口浅腹碗	义窑	166	192	183	48	85	4387	1378	409	1.18	2.02	4-973
49	02NH01T2021：621	青白釉花口浅腹碗	义窑	163	279	205	57	73	3774	2010	532	1.80	2.75	4-977
50	02NH01T2018：19	青白釉侈口深腹碗	义窑	156	215	167	48	20	3580	1583	317	1.35	1.50	4-1096
51	02NH01T2018：339	青白釉花口浅腹碗	义窑	161	181	188	48	226	1736	1510	252	1.59	1.87	4-1012
52	02NH01T2018：362	青白釉花口浅腹碗	义窑	170	142	212	54	18	4711	2002	595	1.99	4.01	4-969

[1] 崔剑锋、王元林、余建立：《茶胶寺出土陶瓷器与土壤样品科技检测》，中国文化遗产研究院、中国政府援助吴哥古迹保护工作队、柬埔寨吴哥古迹保护与发展管理局、柬埔寨金边皇家艺术大学编著：《柬埔寨吴哥古迹茶胶寺考古报告》第六章，文物出版社，2015 年，第 395~406 页。

[2] 崔剑锋、彭善国：《塔虎城遗址出土部分瓷器的成分分析与产地推测》，《边疆考古研究》第 18 辑，科学出版社，2015 年，第 389~396 页。

[3] 崔剑锋：《陕西蓝田北宋吕氏家族墓地出土青釉瓷的产地研究》，齐东方、沈睿文编：《两个世界的徘徊——中古时期丧葬的观念风俗与礼仪制度学术研讨会论文集》，科学出版社，2016 年，第 451~457 页。

续表 5-1

测试编号	出水编号	釉色及器形	可能窑口	Zr	Sr	Rb	Th	Zn	Fe	Mn	Ti	Ca	K	彩版编号
53	02NH01T2018：112	青白釉平口盘	义窑	155	205	178	42	55	3083	1398	387	1.46	2.12	4-1113
54	02NH01T2018：369	青白釉花口深腹碗	义窑	160	173	180	39	38	3581	1819	371	1.79	1.90	4-816
55	02NH01T2021：746	青白釉花口出筋盘	义窑	161	181	208	45	18	3657	1387	522	2.69	4.18	4-1112
56	02NH01T2020：577	青白釉花口浅碗	义窑	167	211	168	50	27	3766	1412	214	0.87	1.06	4-1051
57	02NH01T2022：71	青白釉花口浅腹碗	义窑	167	195	184	45	38	3474	1588	391	1.53	1.92	4-1090
58	02NH01T2020：227	青白釉花口浅腹碗	义窑	155	291	184	43	20	2642	1172	374	1.41	1.91	4-1050
59	02NH01T2018：77	青白釉花口浅腹碗	义窑	152	305	176	49	20	3086	1168	392	1.33	1.81	4-1017
60	02NH01T2018：73	青白釉花口浅腹碗	义窑	163	275	165	60	20	4861	2030	482	2.04	2.06	4-1015
73	02NH01T2019：171	青白釉深腹刻划花碗	景德镇窑	121	136	226	13	20	5895	243	64	3.43	0.59	4-227
74	02NH01T2019：181	青白釉刻划花碗	景德镇窑	116	160	214	14	20	3065	315	50	4.83	0.89	4-236
75	02NH01TC：1	青白釉刻划花碗	景德镇窑	120	158	228	13	20	4296	413	91	4.56	0.98	4-243
76	02NH01T2019：434	青白釉刻划花碗	景德镇窑	121	164	233	13	20	7445	545	67	5.07	0.93	4-240
77	02NH01T2019：178	青白釉刻划花碗	景德镇窑	105	160	229	13	20	6021	281	59	5.09	0.92	4-235
78	02NH01T2019：435	青白釉深腹刻划花碗	景德镇窑	113	179	206	13	20	5846	257	47	4.51	0.62	4-223
79	02NH01T2019：133	青白釉深腹刻划花碗	景德镇窑	123	127	228	13	20	5369	191	45	3.27	0.69	4-221
80	02NH01T2019：489	青白釉葵口盘	存疑	199	206	158	32	63	1921	872	100	5.88	2.40	4-524
81	02NH01T2019：472	青白釉花口盘	存疑	190	488	86	30	43	2767	2347	76	9.97	1.29	4-513
82	02NH01T2019：219	青白釉花口盘	存疑	213	206	149	33	19	1851	1442	99	7.01	1.39	4-509
83	02NH01T2019：485	青白釉花口盘	存疑	190	344	108	22	26	2038	1860	57	8.03	1.34	4-521
84	02NH01T2019：486	青白釉葵口盘	存疑	206	231	139	25	101	1919	1161	60	9.49	1.27	4-526
85	02NH01T2020：1160	青白釉花口小盘	景德镇窑	113	155	218	13	29	3645	413	98	3.69	0.73	4-366

测试编号	出水编号	釉色及器形	可能窑口	Zr	Sr	Rb	Th	Zn	Fe	Mn	Ti	Ca	K	彩版编号
86	02NH01T2020：1158	青白釉花口小盘	景德镇窑	143	110	256	18	24	4917	491	39	3.04	1.26	4-365
87	02NH01T2020：889	青白釉花口盘	景德镇窑	111	152	217	14	19	5195	205	92	4.51	0.79	4-345
88	02NH01T2020：1164	青白釉花口盘	存疑	119	193	166	15	23	3132	140	83	5.64	0.81	4-364
89	02NH01T2019：475	青白釉花口盘	存疑	210	151	132	25	93	2074	1459	51	4.45	1.70	4-516
90	02NH01T2019：473	青白釉花口盘	存疑	206	125	143	37	37	2718	1235	232	5.16	2.20	4-514
91	02NH01T2019：481	青白釉花口盘	存疑	193	275	120	26	44	2199	1775	97	9.30	1.61	4-519
92	02NH01T2019：484	青白釉花口盘	存疑	195	249	123	26	70	2488	1806	123	9.95	1.66	4-520
93	02NH01T2021：31	青白釉花口盘	景德镇窑	114	149	207	11	50	4538	393	80	5.28	0.95	5-1
94	02NH01T2020：831	青白釉花口盘	景德镇窑	127	162	218	19	21	2688	178	64	4.91	0.90	4-337
95	02NH01T2020：1208	青白釉芒口盏	景德镇窑	103	128	229	9	46	4294	165	116	8.86	1.42	4-321
96	02NH01T2020：1202	青白釉芒口盏	景德镇窑	101	137	201	10	40	4401	180	89	8.25	1.31	4-313
97	02NH01T2021：217	青白釉器盖	景德镇窑	99	136	236	12	25	5343	186	152	6.54	1.64	4-384
98	02NH01T2021：3	青白釉菊瓣盏	景德镇窑	127	155	265	18	23	7296	368	234	7.45	1.89	4-271
99	02NH01T2019：1393	青白釉菊瓣盏	景德镇窑	141	120	294	12	57	5276	744	96	5.09	2.62	4-278
100	02NH01T2020：1168	青白釉菊瓣盏	景德镇窑	123	172	310	10	52	8121	693	76	6.69	2.38	4-282
101	02NH01T2019：498	青白釉菊瓣盏	存疑	181	144	127	22	16	1863	1285	181	6.60	2.20	4-504
102	02NH01T2019：497	青白釉菊瓣盏	存疑	214	185	147	30	41	2351	1541	172	8.71	2.29	4-503
103	02NH01T2019：499	青白釉菊瓣盏	存疑	201	166	147	35	51	2469	1646	177	8.26	2.20	4-505
104	02NH01T2019：1186	青白釉叶脉纹盏	景德镇窑	116	137	251	15	31	5973	285	133	6.85	1.26	5-2
105	02NH01T2019：1200	青白釉叶脉纹盏	景德镇窑	107	121	238	9	18	5462	310	144	6.31	1.34	5-3
106	02NH01T2021：253	青釉碗	存疑	220	228	215	46	87	3806	2274	225	1.06	1.60	4-1118
107	02NH01T2021：252	青釉碗	存疑	240	216	221	57	85	4052	2567	292	1.13	1.70	4-1117

续表 5-1

测试编号	出水编号	釉色及器形	可能窑口	Zr	Sr	Rb	Th	Zn	Fe	Mn	Ti	Ca	K	彩版编号
108	02NH01T2021：249	青釉碗	存疑	232	227	219	53	90	4693	2226	269	1.31	1.83	4-1114
110	02NH01T2021：251	青釉碗	存疑	233	208	240	41	74	6052	2855	314	0.65	1.11	4-1116
111	02NH01T2021：250	青釉碗	存疑	250	206	228	50	84	5715	2629	339	0.61	1.06	4-1115
112	02NH01T2019：255	青白釉盖碗	德化窑	227	198	148	48	18	3411	1097	219	7.43	2.13	4-499
113	02NH01T2019：249	青白釉盖碗	德化窑	235	104	148	58	28	3813	679	145	4.78	1.98	4-497
114	02NH01T2019：248	青白釉盖碗	德化窑	253	112	141	56	24	4699	1215	174	5.25	2.38	4-496
115	02NH01T2021：125	青白釉双系小罐	德化窑	272	220	187	43	21	3059	1373	218	7.12	2.87	4-637
116	02NH01T2020：640	青白釉双系小罐	德化窑	233	168	163	35	18	1725	1013	154	7.38	2.68	4-629
117	02NH01T2019：573	青白釉双系小罐	德化窑	209	177	125	31	12	1746	320	196	5.61	1.97	4-655
118	02NH01T2020：360	青白釉芒口盏	存疑	209	133	160	40	21	2226	406	108	3.50	1.79	4-78
119	02NH01T2020：361	青白釉芒口盏	存疑	225	123	168	32	15	1748	488	183	5.73	2.56	4-507
120	02NH01T2019：2014（22）	青白釉执壶	德化窑	217	134	141	39	16	2347	834	342	6.01	2.43	4-535
121	02NH01T2021：263	青白釉执壶	存疑	140	124	1066	29	18	6230	1079	55	10.03	2.82	4-529
122	02NH01T2019：1157	青白釉执壶	德化窑	246	168	155	44	101	2729	949	282	9.67	2.40	4-537
123	02NH01T2019：623	青白釉大碗	德化窑	254	194	152	57	18	5055	502	69	4.06	0.78	4-479
124	02NH01T2019：628	青白釉大碗	德化窑	248	198	143	49	28	4783	510	241	5.73	1.38	5-4
125	02NH01T2019：8	青白釉大碗	德化窑	247	120	153	51	29	3466	584	72	3.06	1.50	4-459
126	02NH01T2020：949	青白釉大碗	德化窑	239	199	152	51	20	3723	702	530	2.47	1.96	4-467
127	02NH01T2019：1857	青白釉长颈瓶	德化窑	208	162	156	32	13	1862	773	139	6.25	2.19	4-87
128	02NH01T2019：274	青白釉长颈瓶	存疑	201	189	285	40	18	2899	135	210	5.65	4.35	4-572
129	02NH01T2020：369	青白釉花口长颈瓶	德化窑	201	153	105	32	15	1824	438	221	8.51	1.65	4-571
130	02NH01T2020：656	青白釉葫芦瓶	德化窑	204	127	158	34	96	1700	411	165	6.55	2.42	5-5
131	02NH01T2021：207	青白釉葫芦瓶	德化窑	210	155	143	32	15	1431	534	106	6.58	2.03	5-6
132	02NH01T2019：1148	青白釉广口四系罐	德化窑	251	112	171	56	18	4063	737	263	5.39	2.70	4-678
133	02NH01T2020：1141	青白釉广口四系罐	德化窑	254	93	183	52	24	3943	644	202	4.64	2.67	5-7

续表 5-1

测试编号	出水编号	釉色及器形	可能窑口	Zr	Sr	Rb	Th	Zn	Fe	Mn	Ti	Ca	K	彩版编号
134	02NH01T2020：1144	青白釉小口四系罐	存疑	208	212	265	41	12	4498	428	190	8.94	3.70	4-101
135	02NH01T2019：621	青白釉小口深腹四系罐	存疑	212	215	283	45	13	4173	528	195	9.67	4.14	4-481
136	02NH01T2019：622	青白釉深腹四系罐	存疑	213	219	271	47	16	4941	827	255	9.72	3.78	4-694
137	02NH01T2019：545	青白釉小口四系罐	德化窑	224	179	150	35	13	1985	695	200	6.46	2.76	4-688
138	02NH01T2019：547	青白釉小口四系罐	德化窑	212	169	138	33	11	1760	1079	241	6.22	2.87	4-691
139	02NH01T2019：551	青白釉小口四系罐	德化窑	219	165	109	37	65	710	488	210	9.05	2.09	4-685
140	02NH01T2019：1205	青白釉八棱盒	德化窑	244	214	173	34	15	2865	1919	324	8.36	3.54	5-8
141	02NH01T2020：1254	青白釉八棱大盒	德化窑	225	225	126	33	15	1614	880	123	7.12	1.54	5-9
142	02NH01T2019：799	青白釉瓜棱大盒	德化窑	251	127	167	47	15	4911	730	162	8.05	1.80	4-738
143	02NH01T2019：297	青白釉瓜棱深腹盒	德化窑	202	242	149	31	15	2334	488	137	8.87	2.78	4-777
144	02NH01T2020：855	青白釉芒口浅腹盘	景德镇窑	109	150	232	12	65	4534	194	160	9.37	1.54	4-64
145	02NH01T2020：840	青白釉花口盘	景德镇窑	131	151	360	19	34	3462	359	42	3.72	2.11	5-10
146	02NH01T2019：1430	青白釉叶脉纹盘	景德镇窑	109	134	216	10	40	4876	229	69	6.33	1.09	4-327

注：Zr~Ti 单位为 ppm，Ca 和 K 为质量百分比 wt.%。

彩版 5-1 景德镇窑青白瓷盘 02NH01T2021：31

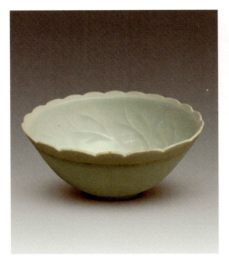

彩版 5-2　景德镇窑青白瓷盏 02NH01T2019：1186

彩版 5-3　景德镇窑青白瓷盏 02NH01T2019：1200

彩版 5-4　德化窑青白瓷大碗 02NH01T2019：628

彩版 5-5　德化窑青白瓷葫芦瓶 02NH01T2020：656

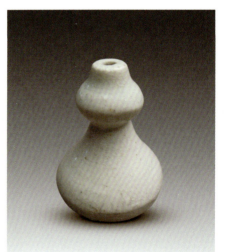

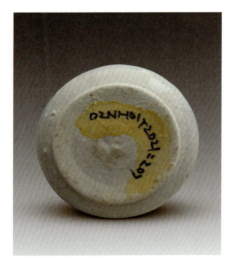

彩版 5-6　德化窑青白瓷葫芦瓶 02NH01T2021：207

彩版 5-7　德化窑青白瓷四系罐 02NH01T2020：1141

彩版 5-8　德化窑青白瓷盒 02NH01T2019：1205

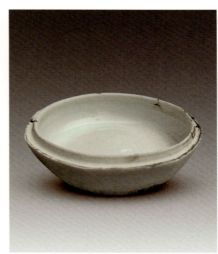

彩版 5-9　德化窑青白瓷盒 02NH01T2020：1254

彩版 5-10　景德镇窑青白瓷盘 02NH01T2020：840

我们使用社会统计学软件 SPSS（软件版本 18.0）对以上数据进行了因子分析（factor analysis）。通过分析，共获得 3 个主因子，用这三个主因子绘制了样品散点图，参见图 5-1。

青白釉的分析结果表明，考古类型学的观察结果准确率比较高的，所判断的三个窑口的器物分别聚类，且不同窑口之间的差别非常明显。

大部分窑口不易判断的存疑样品都应该来自德化窑。

106 号（02NH01T2021：253）、107 号（02NH01T2021：252）、108 号（02NH01T2021：249）、110 号（02NH01T2021：251） 和 111 号

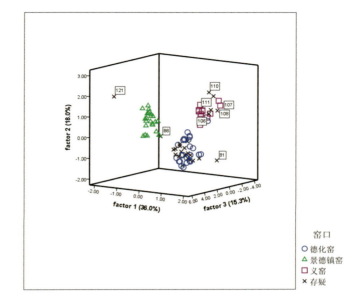

图 5-1　南海 I 号沉船出水青白瓷多元统计主因子散点图

（02NH01T2021：250）等 5 件窑口未确定的青白瓷碗的样品统计后都落入了义窑的范围，因此这五件都应为闽清义窑产品。

88 号（02NH01T2020：1164）花口盘落入了景德镇窑的范围，该器物应是景德镇窑产品。

另外，121 号（02NH01T2021：263）执壶和已知的三个窑口都相差较远，可知并不是这三个窑口所产，具体窑口目前不能下结论，但从其数据分布范围看，似乎应该来自与景德镇接近的地区。

81 号（02NH01T2019：472）花口盘也和三个窑的范围有一定距离，也不能判断该产品的来源，从数据范围看，有可能是德化窑的产品。

我们使用不同元素绘制了二元散点图（图 5-2~4）。

从以上散点图可以看到，不同窑口之间的差别特别是微量元素的差别比较显著，这表明使用便携式 XRF 分析瓷釉以判断瓷器的来源是可行的。其中，绝大部分窑口存疑样品则都和德化窑的产品数据点落在一个范围，因此和因子分析结果一致，这些样品都应该是来自德化窑。

虽然 NITON XL3t 便携式 XRF 无法分析 Na、Mg、Al、Si 等元素，但是其对古陶瓷釉中最主要的助熔剂元素 Ca 和 K 的分析却毫无问题。因此，我们可以借助助熔剂元素的含量探讨一下这些窑口釉配方的差别。

从 Ca-K 元素二元散点图（图 5-5）上我们可以看到，这三个窑口最为特殊的是义窑，义窑青白瓷的 Ca 含量非常低，基本都低于 2%，这表明义窑配釉所用灰的量非常低。而其 K 的含量比较高，部分达到了 4% 以上，釉属于钙碱釉甚至碱钙釉的范围，这种情况在南宋时期南方各窑口中是罕见的。钙碱釉或碱钙釉在宋金时期主要是北方窑场生产细白瓷的釉的种类，这种配釉工艺在南宋末年或者更晚些的元代才传入南方，此次闽清义窑青白瓷的分析改变了之前的认识，说明闽清义窑在配釉工艺上属于北方系统，或是受到了北方的影响。北方白瓷生产技术在南宋时期就传到了东南沿海，或者两宋交替时北方窑工南迁至此。不过具体的情况可能还需要对窑址样品进行有损分析才能够得到更明确的结论。

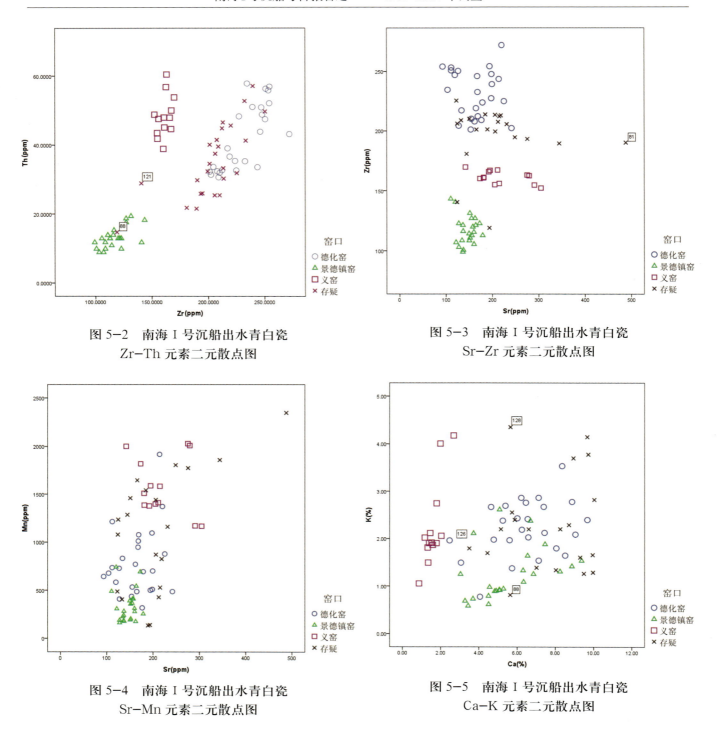

图 5-2　南海 I 号沉船出水青白瓷
Zr-Th 元素二元散点图

图 5-3　南海 I 号沉船出水青白瓷
Sr-Zr 元素二元散点图

图 5-4　南海 I 号沉船出水青白瓷
Sr-Mn 元素二元散点图

图 5-5　南海 I 号沉船出水青白瓷
Ca-K 元素二元散点图

　　景德镇窑和德化窑则都是较为典型的高钙釉，这是南方窑场最主要的釉的组成类型。二窑的主要差别在于景德镇窑的 K 含量比德化窑的低，这种情况和福建、江西配釉瓷石的化学组成特点紧密相关。根据以前研究，福建地区包括德化、漳州等的瓷胎和瓷釉中 K 的含量普遍偏高。

　　另外，结合统计分析结果和散点图对比，可以发现德化窑的数据相对分散，这说明南海 I 号沉船出水的德化窑青白瓷可能不只来自一处窑场，有可能是德化窑的几个不同窑场生产的。

2．青瓷

考古类型学研究表明，南海 I 号沉船出水青瓷主要来自浙江龙泉窑和福建闽清义窑。但有些青釉瓷器存在疑问，不能够确定其窑口。基于以上原因，我们将这三类青瓷分析了 44 件样品，结果参见表 5-2。

使用社会统计学软件 SPSS（软件版本 18.0）对以上数据进行了因子分析（factor analysis），共获得 3 个主因子，用这三个主因子绘制了样品散点图，参见图 5-6。

表 5-2　南海 I 号沉船青瓷便携式 XRF 分析结果

测试编号	出水编号	釉色及器形	可能窑口	Zr	Sr	Rb	Th	Zn	Fe	Mn	Ti	Ca	K	彩版编号
20	02NH01T2019：711	青瓷碗	龙泉窑	250	638	170	43	36	6315	1497	655	5.79	3.03	4-81
21	02NH01T2019：44	青瓷碗	龙泉窑	192	395	273	53	196	9171	2616	683	4.04	2.75	4-57
22	02NH01T2019：71	青瓷碗	龙泉窑	218	419	279	50	81	9501	3008	771	4.94	2.88	4-67
23	02NH01T2019：863	青瓷碗	龙泉窑	238	630	174	37	66	7142	1631	633	7.19	3.16	4-83
24	02NH01T2019：341	青瓷碗	龙泉窑	235	653	185	39	23	7105	1511	590	6.34	3.06	4-87
25	02NH01T2019：305	青瓷碗	龙泉窑	195	435	251	40	48	9717	2892	574	3.73	2.05	4-71
26	02NH01T2019：59	青瓷碗	龙泉窑	250	650	157	21	32	8626	2310	360	10.97	2.36	4-136
27	02NH01T2019：58	青瓷碗	龙泉窑	257	583	138	30	119	8377	1938	209	6.38	1.22	4-141
28	02NH01T2019：729	青瓷碗	龙泉窑	257	536	167	25	24	9545	2246	406	9.12	1.77	4-139
29	02NH01T2019：361	青瓷碗	龙泉窑	243	736	139	30	53	6327	3291	541	9.15	2.29	4-20
30	02NH01T2019：380	青瓷碗	龙泉窑	271	500	162	37	20	7112	1634	896	5.88	2.55	4-22
31	02NH01T2019：865	青瓷碗	龙泉窑	260	635	161	34	51	5757	2725	598	5.52	2.48	4-49
32	02NH01T2020：80	青瓷碗	龙泉窑	249	622	162	38	49	6800	2357	903	7.77	2.91	4-55
33	02NH01T2019：874	青瓷碗	龙泉窑	265	589	145	33	48	6306	1996	768	6.50	2.03	4-52
34	02NH01T2019：727	青瓷碗	龙泉窑	280	540	159	39	66	8081	1650	729	8.83	2.45	4-48
35	02NH01T2019：704	青瓷碗	龙泉窑	266	463	161	36	77	4206	1670	571	7.20	3.27	4-23
36	02NH01T2020：78	青瓷碗	龙泉窑	258	498	168	38	130	6327	2913	738	7.18	2.81	4-27
37	02NH01T2019：752	青瓷钵	龙泉窑	238	719	156	34	87	10773	2403	491	11.02	2.25	4-219
38	02NH01T2019：753	青瓷钵	龙泉窑	243	695	148	29	88	11781	2455	518	10.28	2.15	4-220
39	02NH01T2019：751	青瓷盏	龙泉窑	256	621	168	22	20	10961	2591	427	11.12	2.25	4-190
40	02NH01T2021：266	青瓷碗	存疑	270	457	119	39	66	5954	4730	808	6.55	1.91	4-1254
42	02NH01T2019：88	青瓷盘	龙泉窑	232	601	177	26	91	7997	2510	529	9.03	2.57	4-199
43	02NH01T2019：89	青瓷盘	龙泉窑	259	572	166	28	107	6887	2465	372	7.25	2.21	4-200
44	02NH01T2021：285	青瓷盘	龙泉窑	197	762	202	39	35	6122	1168	305	6.45	3.10	4-193
45	02NH01T2021：282	青瓷盘	龙泉窑	184	768	166	33	103	6007	1388	331	6.33	2.56	4-192
46	02NH01T2019：917	青瓷碟	龙泉窑	230	671	142	37	44	5849	2958	300	7.22	2.12	4-213
47	02NH01T2019：915	青瓷碟	龙泉窑	245	710	155	36	51	4597	2750	333	7.02	2.68	4-207

测试编号	出水编号	釉色及器形	可能窑口	Zr	Sr	Rb	Th	Zn	Fe	Mn	Ti	Ca	K	彩版编号
61	02NH01T2021：772	青釉盏	义窑	197	188	161	48	20	5169	2876	134	1.30	1.20	4-1182
62	02NH01T2019：1576	青釉盏	义窑	192	204	161	35	20	5037	3353	138	1.41	0.92	4-1141
63	02NH01T2019：1534	青釉盏	义窑	186	240	152	43	20	3358	2647	105	0.99	0.90	4-1130
64	02NH01T2021：353	青釉盏	义窑	190	223	165	40	49	3559	3183	75	1.36	1.03	4-1169
65	02NH01T2021：765	青釉盏	义窑	201	271	170	35	30	3699	2759	74	1.39	1.08	4-1179
66	02NH01T2021：797	青釉盏	义窑	188	255	148	43	30	3717	3341	49	1.14	0.94	4-1186
67	02NH01T2020：232	青釉盏	义窑	229	233	177	29	30	6426	2386	49	0.64	0.75	4-1150
68	02NH01T2020：246	青釉盏	义窑	188	258	201	42	30	6556	4154	170	1.67	1.30	4-1153
69	02NH01T2019：1566	青釉盏	义窑	206	274	170	45	30	5943	2475	134	0.78	0.86	4-1138
70	02NH01T2021：774	青釉盏	义窑	201	256	166	35	30	17154	2681	49	0.79	0.48	4-1184
71	02NH01T2020：70	青釉盏	义窑	231	226	218	49	110	9242	7179	281	1.54	1.90	4-1148
72	02NH01T2021：765	青釉盏	义窑	191	319	171	34	59	4512	3175	137	3.01	2.39	4-1179

注：Zr~Ti 单位为 ppm，Ca 和 K 为质量百分比 wt. %。

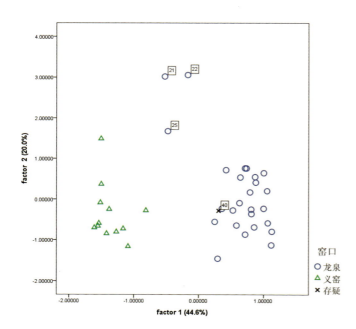

图 5-6　南海Ⅰ号沉船出水青瓷多元统计主因子散点图

从图 5-6 中可以看出，类型学判断为龙泉窑和义窑的器物主要分为两组，这与类型学判断较为一致。其中龙泉窑有三件青釉碗样品较为分散，即 21 号（02NH01T2019：44）、22 号（02NH01T2019：71）和 25 号（02NH01T2019：305），没有和其他样品聚在一起，离开了龙泉窑的范围。表明这三件样品或是龙泉窑周边窑场仿烧，且质量可以和龙泉窑相媲美，因此这三件样品的来源需要进一步分析。

一件存疑样品 40 号（02NH01T2021：266）青釉碗和龙泉窑聚在一起，其出水时破损及沁蚀较为严重，从外观上不易分辨其具体来源，但成分分析结果表明这件样品和龙泉窑的基本一样。因此，该碗仍是龙泉窑的产品。

从青瓷的 Fe-Ti 元素二元散点图（图 5-7）和 Rb-Sr 元素二元散点图（图 5-8）可以看出，不同窑址的微量元素 Rb、Sr、Ti 的差别显著，而前述三件 21 号（02NH01T2019：44）、22 号（02NH01T2019：71）和 25 号（02NH01T2019：305）样品在 Rb-Sr 散点图上远离了龙泉窑的范围，说明这三件青瓷有可能是龙泉窑的另一处窑场所生产。

由于青釉的呈色元素为 Fe，二窑的 Fe 含量总体来说范围接近，但龙泉窑略高于义窑。

从青瓷的 Ca-K 元素二元散点图（图 5-9）可以看到，义窑的青釉产品与其青白釉接近，都是

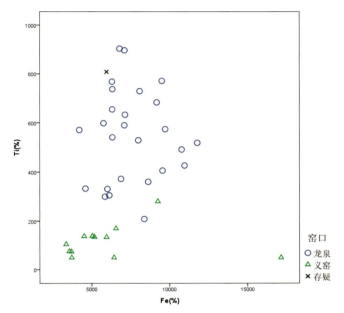

图 5-7 南海 I 号沉船出水青瓷
Fe-Ti 元素二元散点图

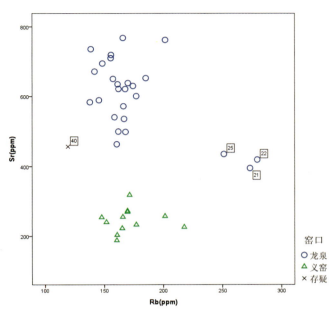

图 5-8 南海 I 号沉船出水青瓷
Rb-Sr 元素二元散点图

一种钙碱釉或者碱钙釉，除了一件样品接近 4%外，其余样品 Ca 含量普遍低于 2%，这种情况再次表明义窑的技术和北方制瓷技术的同源性。当然，这仍需对义窑产品进行更精确的分析才能够确定。龙泉窑的 Ca 含量普遍较高，换算为 CaO 的含量平均值接近甚至超过 10%，这符合元代之前南方青釉的特点，龙泉窑是南宋时期最重要的青瓷窑场，经分析瓷器的釉都属于这类高钙釉。

3. 黑釉及酱釉瓷

黑釉瓷和酱釉瓷同为高铁釉瓷，只是二者烧成气氛有所差异，黑釉在偏还原气氛下烧成，而酱釉则在偏氧化气氛下烧成。

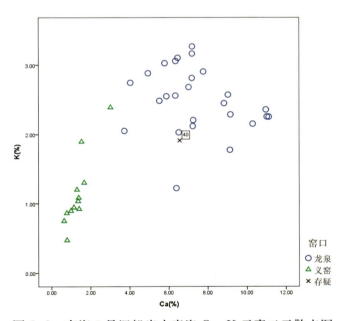

图 5-9 南海 I 号沉船出水青瓷 Ca-K 元素二元散点图

本次共分析了 10 件黑釉及酱釉瓷，数据参见表 5-3。其中有 7 件，经过类型学判断，认为是福建晋江磁灶窑的产品，另外 3 件则并未确定窑口。

对酱黑釉瓷器进行了多元统计分析，结果参见图 5-10。

从酱黑釉瓷器的多元统计主因子散点图（图 5-10）可以看出，这 10 件酱黑釉瓷器可能来源较多，大概有 3~4 个来源。其中，152 号（02NH01T2018：390）、153 号（02NH01T2018：385）、154 号（02NH01T2021：227）扁腹罐和 160 号（02NH01T2021：1261）、161 号（02NH01T2021：225）大口罐这 5 件样品应该来自同一窑口，应是来自考古类型学判断的磁灶窑。

表 5-3　南海I号沉船酱黑釉瓷便携式 XRF 分析结果

测试编号	出水编号	釉色及器形	可能窑口	Zr	Sr	Rb	Th	Zn	Fe	Mn	Ti	Ca	K	彩版编号
147	02NH01T2020：26	酱釉梅瓶	磁灶窑	298	199	171	32	137	29231	4939	3142	2.81	2.77	4-1216
148	02NH01T2020：876	酱釉梅瓶	磁灶窑	288	255	176	33	66	27113	6262	3952	2.97	2.89	4-1220
149	02NH01T2020：869	酱釉梅瓶	磁灶窑	275	204	151	36	79	21249	5162	2110	1.88	1.70	4-1217
150	02NH01T2021：287	黑釉碗	存疑	204	498	130	28	60	44829	7608	1134	3.06	1.36	4-1193
151	02NH01：2014（15）	黑釉盏	存疑	271	404	194	28	143	21614	3944	1843	1.63	1.89	4-1255
152	02NH01T2018：390	黑釉扁腹罐	磁灶窑	247	289	168	28	78	36416	6513	2121	4.93	2.78	4-1206
153	02NH01T2018：385	黑釉扁腹罐	磁灶窑	222	456	161	26	128	42868	6896	1869	7.52	2.46	4-1203
154	02NH01T2021：227	黑釉扁腹罐	磁灶窑	238	519	146	24	148	49561	12939	1689	6.83	2.63	4-1213
160	02NH01T2020：1261	黑釉四系罐	磁灶窑	247	469	177	26	235	46308	7444	1774	7.48	2.52	4-1194
161	02NH01T2021：225	黑釉四系罐	磁灶窑	261	470	170	32	154	40517	14251	1977	8.04	2.63	4-1195
165	02NH01：2014（33）	酱釉大罐	存疑	174	657	146	25	32	20596	7862	871	5.94	1.74	4-1246

注：Zr~Ti 单位为 ppm，Ca 和 K 为质量百分比 wt.%。

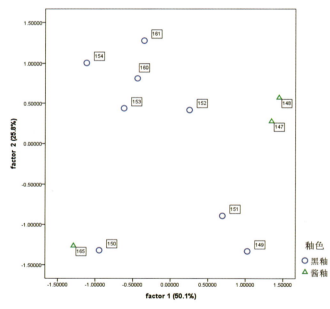

图 5-10　南海I号沉船出水酱黑釉瓷器
多元统计主因子散点图

147 号（02NH01T2020：26）和 148 号（02NH01T2020：876）这两件酱釉梅瓶与上述五件略有差异。这种差异可能反映出其釉色的差别，因此其来源可能和上述五件相同，但不排除这两件酱釉器物来自其他窑口的可能。

149 号（02NH01T2020：869）酱釉梅瓶和 150 号（02NH01T2021：287）黑釉盏的来源和上述几件都不同，虽然 149 号被判断为来自磁灶窑，但是其成分分析和上述几件差异较明显，因此仍不能确定其来源。

同样，150 号（02NH01T2021：287）黑釉盏和 165 号（02NH01：2014（33））酱釉大罐的成分非常接近，说明它们的来源一致，150 号也被判断为来自磁灶窑，但其与磁灶窑的差别有些明显，所以其来源仍需进一步研究。

酱黑釉瓷的来源较为复杂或许和其功用有关，除了外销货物以外，这些酱黑釉瓷更有可能是船员的日常用器，如一些大罐有可能作为储存淡水的储水器。因此这些日常用具来源复杂是可以理解的。

从酱黑釉瓷器的 Ca-Fe 散点图（图 5-11）中可以看出，二者呈现了正比关系，即 Ca 含量高，Fe 含量也随之增高，去除 150 号和 165 号，二者大致位于 $CaO:Fe_2O_3=7:5$ 的直线上，换算成铁矿石和石灰石比例大约为 2：5。

这表明，呈色元素 Fe 的加入和助熔剂 Ca 的加入有关，或者反映出灰料和铁矿石是按照一定比例混合均匀后一起加入釉浆当中去的。这种情况在之前从未引起研究者的注意。这为研究宋金时期黑釉的工艺配方提供了新材料。当然，便携式 XRF 测试的准确程度仍有局限性，若以后能够开展更准确的测试，将会大大促进黑釉瓷制釉工艺的研究。

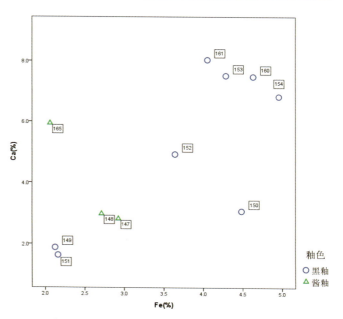

图 5-11　南海Ⅰ号沉船出水酱黑釉瓷器
Ca-Fe 元素二元散点图

三　结论

根据便携式 XRF 分析，结合考古类型学研究，我们对南海Ⅰ号沉船出水的青白瓷、青瓷以及黑釉和酱釉瓷的生产窑口进行了初步判断。

青白瓷的分析结果表明，绝大多数窑口未明确判断的瓷器都应是福建德化窑产品，还有少部分未确定窑口的产品应是闽清义窑所产。02NH01T2020：1164 青白瓷盘来自景德镇窑，而 02NH01T2021：263 青白瓷执壶目前并不能确定来自哪里。

青瓷的分析结果显示，龙泉窑产品可能至少来自两个不同窑场，02NH01T2019：44、02NH01T2019：71 和 02NH01T2019：305 三件青瓷碗和主要的龙泉窑产品并不聚在一起，说明其来源可能和其他多数龙泉窑产品不是一处窑场，其差别可能体现了同一窑口不同窑场的差异。一件不能确定窑口的 02NH01T2021：266 青瓷碗和龙泉窑的大部分样品聚在一起，说明该样品也应是龙泉窑产品。

酱黑釉瓷的分析表明酱黑釉瓷器的来源较为复杂，可能来自 3~4 个窑口。这种情况可能和酱黑釉瓷的用途有关，由于酱黑釉瓷的发现不如主要的外销瓷品种青瓷和青白瓷多，因此有一些可能是船员的日常用品，这增加了其来源的复杂性。

我们还利用一些主量元素对瓷器的配釉工艺进行了分析。

从青白瓷和青瓷的助熔剂 Ca 和 K 元素含量的比较可以看出，闽清义窑的釉配方比较特殊，属于碱钙釉或是钙碱釉，这和北方白瓷配釉工艺非常接近，显示出闽清义窑的制瓷工艺和北方瓷器生产有着重要联系。景德镇窑和德化窑则都是典型的南方配釉技术。

酱黑釉瓷的 Fe 和 Ca 的分析结果则揭示了酱黑釉瓷配釉技术中色料和助熔剂的可能配比，说明配釉时铁矿石和灰料可能是配好以后同时加入的。

本次分析再次证实便携式 XRF 无损分析可以非常有效的应用于瓷器的产地和工艺研究中。其无损原位的优点使得分析所有古代瓷器的产地成为可能，尤其是对南海Ⅰ号沉船这样大批量的外销瓷以及那些博物馆收藏的精美的完整瓷器。

第六章　结语

　　南海 I 号沉船是在 1987 年 8 月意外发现的。1989 年 11 月，中日联合南海沉船水下考古调查队进行了首次调查，虽未能确认沉船遗址分布情况，但这却是中国水下考古初创阶段的一次有益尝试，包括采用声呐探测和水下探摸相结合的工作模式，为日后水下考古调查提供了重要参考，这也是中外首次合作开展水下考古项目，并于 1993 年在日本举办了南海沉船的专题展览，获得了学术界的广泛关注。其后，由于诸多方面条件的限制，南海 I 号沉船的考古工作陷入了停滞阶段。随着中国水下考古工作经验的逐渐积累以及人才队伍、技术装备等方面的不断发展，并藉由社会资金的支持，南海 I 号沉船才于 2001 年 4 月重新进入中国水下考古人的视野，从而开启了新的调查阶段。2001~2004 年，水下考古队先后进行了七次水下考古调查工作，确定了沉船遗址的精确位置和分布范围，获取了沉船的基本内涵、埋藏环境和水文资料，并采集出水了一批文物标本，这不仅为后续的整体打捞工作提供了科学的数据，而且也是全面认识南海 I 号沉船遗址面貌的重要信息。通过这些在原址多次调查获取的资料，虽然未能完全厘清南海 I 号的全部面貌，但对该沉船有了一定的初步认识。

一　关于沉船的初步认识

　　通过 1989~2004 年的历次水下考古调查，使我们对南海 I 号沉船的主体尺寸、船体材质和保存状况、文物种类及分布、周围堆积情况有了初步的了解。

1．沉船主体尺度

　　船体长约 23.80、宽约 9.60、船艏宽 3.80 米，型深约 3.00 米。沉船的埋藏深度约 5.00 米，朝向为方位角 240°。

2．船体材质

　　调查工作中采集了少量船板标本，这些标本部分来自船甲板，部分来自隔舱板，还有一些可能是属于船舷板。由于船板所在位置和造船时选材不同，其强度差别极大，有的还具有一定的强度，有的则已腐朽不堪。船体各部位根据受力不同采用硬度不同的木材，如龙骨、船肋选用硬质木料，船干舷、隔舱板等用较松的木料。

3．船体保存状况

　　遗址所在海域水深 22~24 米，海底底质表层为淤泥，底层为淤泥质土。沉船平均埋藏深度约 1

米左右。

从整体上看，木质船体的结构已经受到比较严重的破坏及腐蚀，水线以上的甲板部分（即上层建筑）已不复存在，部分甲板以及甲板以下的隔舱、船体支撑结构等保存尚可，而船的艏、艉部分破坏最为严重。船底虽未揭露，但考虑到沉船沉态，底部深埋在淤泥之中，推测其保存状况应较好。

（1）艏与艉

艏、艉已经因为自然以及人为的原因遭受损毁。在船艏位置，有高 2~3 米，长、宽 3~5 米的巨大水下凝结物；艉楼已不见，只留有大堆凝结物，出露海底约 1~2 米。调查发现该沉船艉部曾遭到人为破坏。

（2）内部结构

船体中部保存尚好，抽泥揭露出的舷板以右舷部位最长，长约 22 米，但在靠近船艏部位有塌陷。船舷内发现数道隔舱板；在沉船的东北部近船头方向，探摸到一块巨大的整木，其横截面为圆角方形，边宽（直径）最少在 50 厘米以上，走向与舷板垂直，推测应该是主桅杆的底座。在调查区域发现有三道横舱壁，间隔约 1 米。此外，还摸到边长约 30 厘米的主龙骨以及与其相垂直的船体肋骨等构件。

（3）沉船状态

船体未见倾覆，基本平卧于海底上，右舷略侧倾，船艏略下沉。

4．文物及分布

南海Ⅰ号沉船装载文物数量众多，通过打捞或水下调查出水就有数千件之多。1987 年发现时，打捞出水文物 247 件，有瓷器、金器、铜器、锡器、铁器、银锭等。1989 年的首次调查仅采集到 1 片德化窑青白瓷片。2001~2004 年的水下考古调查与试掘，出水了 4700 余件文物，以瓷器为主，还有少量的金器、银器、铜器、锡器、铁器、木珠、琉璃、漆器残片、动物骨骼、植物果实等，还有数量较多的铜钱。

（1）文物种类

沉船出水遗物中，瓷器数量最多，主要有江西景德镇窑青白瓷、浙江龙泉窑青瓷、福建德化青白瓷和白瓷、闽清义窑青白瓷和青瓷、晋江磁灶窑酱黑釉瓷和绿釉瓷等不同窑口，多为日常生活用器，如碗、盏、盘、碟、罐、瓶、壶等。不少器物的底部还有墨书题记，如"郑知客"、"李大用"等。经研究，瓷器年代为南宋时期，与沉船中其他遗物年代相一致。这些瓷器因为在烧制好后随即作为销售商品被运送到船上，故此完全看不到使用的痕迹，同时因为沉船在较短时间内就被完全掩埋，隔绝了器物本身与海水的接触与冲刷，所以这些瓷器大多数极为完整，而且釉面光亮如新。但也可看出，这些瓷器中有明显的质量高、低之别，应是满足了不同层次的消费者。

出水铜钱的数量较多，绝大多数为 2004 年调查中抽泥滤网内发现，数量达 6000 多枚。以北宋时期的年号钱为主，有宋元通宝、太平通宝、淳化元宝、至道元宝、咸平元宝、景德元宝、祥符元宝、祥符通宝、天禧通宝、天圣元宝、明道元宝、景祐元宝、景祐通宝、皇宋通宝、皇宋元宝、至和元宝、至和通宝、嘉祐通宝、嘉祐元宝、治平元宝、治平通宝、熙宁重宝、熙宁元宝、元丰通宝、元祐通宝、绍圣元宝、元符通宝、圣宋元宝、崇宁重宝、圣宋通宝、大观通宝、政和通宝、宣和通宝等；另有货泉、五铢、景元通宝、开元通宝、乾元重宝、天汉元宝、周元通宝、唐国通宝等汉唐五代十国钱币，最晚的为南宋时期的建炎通宝、绍兴通宝、绍兴元宝和乾道元宝。

还有金环、金戒指、银锭、铜环、锡器、木珠、琉璃、漆器残片、朱砂等，以及包含在凝结物内的铁锅等铁器。此外，反映船上生活的遗物则有砾石、动物骨骼、果核果壳等。

（2）分布情况

大部分瓷器埋藏在船舷内的船舱中，尤其是碗、盘类器物，分类置放，码放整齐。瓷器中，有的小件器物如小瓶、器盖等置放于大件的罐类器物内；有些铜环等小件器物在瓷盒类器物内盛放。金饰、铜钱等小件文物主要是在船艉区域的抽泥作业中发现。

船体之上叠压着大量大小不等的凝结物，从船头到船尾均有大范围分布。其中船舯部位在左右干舷外有较大的凝结物，舷内的凝结物体量稍小，有的还打破船体层位。

5．周围堆积

经过水下探摸发现，遗址堆积的分布范围远较船体部分为大。在船舷外侧发现了大量散落的完整器物及残存的桅杆、船板等。遗物散落的范围更大，目前发现的最远分布，已距遗址有30余米之遥。

此外，调查工作中，水下考古队还完成相关数据的收集，包括：海底淤泥采样，船体标本的树种鉴定和强度分析，工作海域的风向、涌浪、海流，以及沉船地点泥的回淤速度等。另外，还完成了7、14、21米三个水深层位海水的流速、流向的数据采集，分别代表了该海域的上层、中层、底层洋流的流速和流向。从而，对南海Ⅰ号沉船所在海域的海洋环境有了较为明确的认识。

二　相关问题分析

南海Ⅰ号沉船是迄今为止中国水下考古最为重要的发现之一，由南海Ⅰ号沉船的调查与试掘所引发的问题，不仅仅存在于沉船本身，同时也涉及到当时的造船技术、航海技术和海外贸易等各个领域，是宋元时期海上丝绸之路研究的重要实物资料。下面就沉船的年代与性质、沉没原因及堆积等问题略作分析。

1．沉船年代与性质

从沉船上调查出水的瓷器、铜钱和水下试掘时所见船体水下部分的船壳板弧度等，可以推知该沉船的年代应是南宋时期。

其中，出水铜钱的类别超过了40种，绝大部分是北宋时期的年号钱，南宋时期铜钱有建炎通宝、绍兴通宝、绍兴元宝和乾道元宝，最晚即为乾道元宝，该钱始铸于宋孝宗乾道元年（1165年）。由此可知，南海Ⅰ号沉船年代应不早于乾道元年。

从沉船发现的遗物看，基本可以确定这是一艘来自福建或浙江，并且装满了福建晋江、德化和闽清、浙江龙泉、江西景德镇等地瓷器的海外贸易船只。推测其应该是向南海航行，前往当时与宋朝有着海上贸易往来地区的，不幸沉没于上、下川岛附近海域。

2. 沉没原因及遗址堆积

南海Ⅰ号沉船所在海域，除较远处有巨大的礁石大帆石、小帆石外，基本上没有其他的岛礁或暗礁，沉船原因大体可以排除是航行中的触礁事故。沉船很可能是因为在航行中遭遇风浪而造成，由于当时满载货物，因此在沉没过程中保持着相对正沉的姿态。

当沉船沉入海床表面之后，在一段时间内慢慢地沉陷入到海床的淤泥中。当这个沉降过程到达一个比较稳定的阶段，应该就是船舳部位与海床处于同一个平面时，继续下沉的状态基本停止。这时，船艏、船艉等上层结构还高于海床面，船的主甲板部分也处于海床平面，在这种相对稳定的状态下，艏、艉由于船上铁质物品的锈蚀作用产生了比较大的凝结物，使艏、艉发生了垮塌，形成前、后两个较为巨大的凝结块。与此同时，船甲板、隔舱板等暴露在海床表面及以上的部分，也在随后较长时间内逐渐遭受不同程度的腐蚀，最终形成现在的状态。

通过这几年多次的水下调查与试掘情况来看，南海Ⅰ号沉船文物堆积的形成主要有以下三个方面的原因，即：

一是沉船当时搭载的商品，出航之前在船舱内即是码放整齐，由于当时船体的下沉速度较快，海床又是泥底，所以在沉船触及海底的瞬间，力量是比较平稳的，使得这些文物主要是位于船舱下部的瓷器等至今仍然整齐地码放在原处，保存完好如初。

二是沉船上的生活用品，可能在下沉过程中或下沉以后由于海流等原因，发生了位移，使得这些物品一部分保存在船舷以内，另外一些则到了船舷之外，但都不太远。

三是船体在下陷于淤泥的过程中，已陷入淤泥的部分保持了原有状态，而未陷入淤泥的部分如船艏、船艉、高于船甲板的一些木构件等，则在水流、重力等作用下产生垮塌或分离，散落于船体平面的轮廓线之外，少量可能还漂到了更远的地方。

从水下探摸的情况来看，目前船体的甲板部分多数已不存在。究其原因，可能是由于在相当长时间内，船甲板是裸露于海床表面，而被海洋生物所腐蚀。另外，在出水的大量铜钱中还混杂了一枚金戒指，推测此位置可能是船尾上层舱室住人或放置贵重物品的位置，而铜钱多数散落在干舷以外，应是由于上层舱室的自然散架而形成的。此外，后世渔民的捕鱼作业也对沉船遗址的突起部分造成了较大损坏，特别是现代的拖网作业破坏力更大，历次水下考古调查中多有新发现的渔网挂在突起的凝结物上即是明证。

附录一　南海 I 号沉船调查工作记事（1987~2007）

1987 年

8 月，广州救捞局与英国海洋探测公司合作在广东省台山市与阳江市交界的海域内寻找一条东印度公司沉船的行动中，意外地发现一条满载宋元时期瓷器的沉船，并打捞出瓷器、铜器、锡器、铁器、金器、银锭、铜钱等文物共 247 件。现场中方人员及时采取了保护措施，同时上报广东省文物主管部门，并把文物移交给广东省博物馆。经初步鉴定，这些瓷器为宋元时期产品，据此推测沉船的年代当属宋元。

此后，广州救捞局现场负责人之一尹干洪专程到北京向国家文物局汇报沉船发现的情况。为确保该沉船文物安全并获得考古学资料，国家文物局会同国家水下考古协调小组研究，决定对该沉船进行科学的考古勘察、调查及发掘工作。

1988 年

5 月，国务院批准勘察、发掘广东南海沉船后，国家文物局、中国历史博物馆与广东省有关部门进行了初步调查，并做了技术、物质方面的准备。同时，国家文物局会同国家水下考古协调小组共同研究，认为可以与外国水下考古科研机构进行合作，以引进外资和先进技术设备，培训人员，积累经验，促进我国水下考古工作的进一步发展。

9 月，国家文物局负责领导到国务院秘书局汇报水下考古工作及与外国科研机构合作进行水下考古调查、发掘南海沉船等项事宜。

1989 年

1 月，国务院批准我国与国外水下考古科研机构合作进行南海沉船的考古调查发掘工作。随后，国家文物局即着手从提出申请的日本、美国、澳大利亚、英国等水下考古科研机构选择合作对象，最后选定与日本水中考古学研究所共同进行南海沉船的调查、发掘工作。

4 月 17~20 日，日本水中考古学研究所所长田边昭三教授应国家文物局邀请来华，商谈有关合作进行广东南海沉船的调查、发掘工作事宜。

7 月 12 日，国家文物局在北京主持召开第三次国家水下考古协调小组会议，确定中日合作进行广东南海沉船的调查、发掘工作。

7 月 31 日 ~8 月 1 日，经国务院批准，中国历史博物馆馆长俞伟超教授、日本水中考古学研究所所长田边昭三教授分别代表中、日双方，签署了《关于合作进行南海沉船考古调查发掘的意向书》和《关于合作进行南海沉船考古调查的协议书》，并决定于当年秋季进行第一次调查；双方还商定共同成立高规格的学术委员会，负责指导南海沉船调查与研究。

8月7日，国家文物局办公室签发《文物工作动态》（18），专门印发了《中日将合作进行南海沉船考古调查发掘保护工作》，介绍了南海沉船考古背景、中日合作进行南海沉船考古工作计划等内容。

10月21日，国家文物局批准了中日联合中国南海沉船调查学术委员会的中方委员名单：主任委员由中国考古学会理事长苏秉琦担任，委员由中国考古学会副理事长、北京大学考古系主任宿白教授、国家文物局副局长黄景略教授、中国社会科学院考古研究所所长徐苹芳教授、中国历史博物馆馆长俞伟超教授担任。

10月27日~11月1日，国家文物局文物处、中国历史博物馆水下考古学研究室会同广东省人民政府、广东省文化厅、广东省文管会、广东省博物馆、广州救捞局等单位一起就中日联合南海沉船调查工作进行最后的准备。

11月上旬，"中日联合南海沉船水下考古调查队"在广州正式成立。中国历史博物馆馆长俞伟超教授担任队长，日本水中考古学研究所所长田边昭三教授担任副队长；中方队员是：张威、杨林、王军、刘童童、尚杰；日方队员是：小山内恭一、后藤雅次、吉崎伸、酒田裕次。日本朝日电视台派出了一支由五人组成的摄制组在调查现场进行采访。本次调查工作经费，中方承担10万元，日方支付了日方人员的全部费用、发掘设备费用、租船费等共计1000万日元，约合人民币30万元。

11月中旬，进行了第一次水下考古调查。在水下考古工作正式开始时，依照考古工作的惯例，俞伟超先生将这条沉船定名为"南海 I 号沉船"。广州救捞局为调查工作提供了穗救201轮和穗救205轮两艘工作船，并派出四名职业潜水员和一名潜水医生协助工作。

11月11日，开始进行物探扫测，委托中国地质矿产部第二海洋地质调查大队在南海 I 号沉船海域进行，以测定沉船的准确位置，使用穗救205轮作为扫测工作船。

11月16日下午4时，俞伟超队长、田边昭三副队长率领全体队员，登上了停泊在珠江口内莲花山泊地的穗救201轮。4点20分，驶向珠江口。因海面风很大，沉船的准确位置尚未找到，201轮暂驶到虎门沙角停泊待进一步报告。

11月17日上午，队长、副队长主持召开了潜水人员会议，制定了到达现场后的潜水方案。下午2时40分，205轮通知考古队，沉船遗址已经定位，并抛设了浮标，深度为22米，作业现场风力为6~7级。3点05分，201轮以8节航速，起航驶向现场。全体队员做好了第二天进行调查的一切准备工作。

11月18日凌晨4时，201轮到达了预定海域。因需与205轮汇合，又起航驶往205轮停泊的下川岛。8时许，两船在下川岛附近会师。205轮上搭载的全部潜水器材移置到了201轮上，驶向工作现场。抵达工作现场后，测得时刮北风，风力5~6级，2~3米中到大浪，海底水温23.9℃，不宜潜水作业。

11月19日上午，风力减弱到4级，海浪减弱到2米的中浪，海水表层透明度2.3米，海底几近于零。考古队评估海况环境，可以进行潜水作业。9时潜水工作开始，救捞局一名职业潜水员顺浮标入水，再次确认沉船遗址的位置，随后调查队员后藤雅次下水，设置好潜水员入水绳，9时50分出水，水下工作10分钟。其后，吉崎伸、酒田裕次入水，进行遗址表面测量，了解水底概况，水下工作15分钟。其后，张威入水，对遗址表面和周围进行了探摸，采集了一块木片，当时疑其属沉船遗物，水下工作34分钟。张威入水10分钟后，朝日电视台的高桥雅彦、藤山亨入水进行水下摄像，并采集到一枚青白釉瓷片。再之后，杨林、王军入水，水下工作 23 分钟。下午，高桥雅彦、藤山亨再次下水进行水下摄像和摄影，水下工作 20 分钟，但终因水下能见度太差而未获成功。另一名职业潜水员下水在遗址周围再次进行了探摸，水下工作 30 分钟。最后，由后藤雅次收回入水绳，水下工作 14 分钟。调查工作结束。此为南海I号沉船第一次水下调查，故而详记。

当晚返航，20 日清晨到达广州。

11 月 20 日下午，俞伟超队长、田边昭三副队长及部分队员到广东省博物馆考察了 1987 年由沉船打捞的瓷器等文物，并与采集的瓷片标本进行了对比，确认两者完全一样。由此判断，本次调查采集的瓷片标本应是南海I号沉船遗物，但调查工作中因天气原因而未能获取进一步的沉船信息。

12 月 25 日，水下考古队员到广州救捞局海洋工程处调查、拍摄之前打捞出水的部分文物。

1990 年

2 月 7~9 日，日本水中考古学研究所所长田边昭三教授访华，商谈今后调查工作计划以及学术委员会成立大会事宜。

2 月 19~20 日，"中日联合中国南海沉船调查学术委员会"在北京正式成立，并召开了第一次会议。学术委员会由中国考古学会理事长苏秉琦先生担任主任委员，日本考古学会会长江上波夫先生担任副主任委员，委员有宿白、徐苹芳、黄景略、俞伟超、坪井清足、长谷部乐尔、田边昭三诸位先生。学术委员会下设中日事务局，由王育成、徐恒彬、村山英树等负责。

1993 年

3 月 26 日~9 月 24 日，由国家文物局、中国历史博物馆、日本朝日新闻社联合举办了"中日南海沉船考古暨海上丝绸之路文物展"，在日本东京、大阪、名古屋、长岛等地巡回展出，观众反响强烈，获得了日本学术界的广泛关注和好评，扩大了我国水下考古工作在国际上的影响。本展览出版了图录《はるかなる陶磁の海路展——アジアの大航海时代》（朝日新闻社文化企画局东京企画第一部编集发行，1993 年）。

1999 年

10 月 25 日~12 月 4 日，应香港政府古迹古物办事处的邀请，中国历史博物馆组织水下考古队赴港开展了大屿山竹篙湾水下文物调查。工作期间，水下考古队结识了陈来发等一批香港潜水人士，他们对国家水下考古事业非常关注，愿意赞助一个国内水下考古项目，当时即向他们全力推荐南海I号沉船的调查。

2000 年

9 月 6 日，经多次洽谈协商，由香港同胞陈来发先生等成立的香港中国水下考古研究探索协会在广州举行捐助仪式，向中国历史博物馆无偿赞助资金 120 万元港币，并提供设备支持，专项用于南海I号沉船调查及相关工作。捐助仪式之后，举行了新闻发布会。同时，中国历史博物馆配套项目经费 30 万元，并拟于次年春季开始工作。由此，南海I号沉船水下考古工作得以重新启动。

9 月 6 日 ~10 月 9 日，中国历史博物馆、广东省文物考古研究所等组成广东沿海水下文物普查工作队，对汕头、南澳、饶平、澄海、潮阳、惠来、陆丰、汕尾、海丰、惠东、惠州、惠阳等粤东地区沿海海域和近海岛礁，进行了水下文物普查工作，对 18 处水下遗存疑点进行了调查，这也是全国沿海水下文物普查工作的开始。同时，为即将开展的南海 I 号沉船调查积累了邻近海域的工作经验。

10 月，香港中国水下考古研究探索协会举办高氧潜水培训，这是赞助专项的内容之一，也是为开展南海 I 号沉船水下考古调查项目而进行的潜水技术培训。

2001 年

春季，在南海 I 号沉船调查项目正式开始之前，根据工作方案，成立了由国家文物局、中国历史博物馆、广东省文化厅、广东省文物考古研究所、阳江市人民政府相关负责人员组成的项目领导小组，监督、指导、协调工作的开展。

4 月，经国家文物局批准，由中国历史博物馆牵头，联合广东省文物考古研究所、阳江市博物馆等单位，抽调全国水下考古专业人员组成南海 I 号沉船水下考古队，由张威任队长，张松任副队长，统筹安排并实施调查工作。香港中国水下考古研究探索协会陈来发先生等积极参与调查，并提供和支持了一批潜水设备和印洲塘号潜水工作船，广州救捞局的专业潜水员也共同参加工作。

4 月 18 日，潜水设备由广州运往阳江，水下考古队在阳江集结完毕。本年度水下调查工作正式启动。

4 月 19 日上午，在阳江市海陵岛高新技术开发区召开南海 I 号沉船水下考古调查工作动员大会。下午，香港陈来发先生带领潜水工作船印洲塘号及中国水下考古研究探索协会志愿者抵达，此次水下调查人员全部到齐。

4 月 20~23 日，设备装船并调试，并分类整理香港中国水下考古研究探索协会赠送的潜水器材，气瓶全部充 38% 的高氧，压力 250 公斤。同时，综合各方资料，获知广州救捞局和英国人提供的坐标数据非常接近，在海图上标注拟探测区域范围。办理香港潜水工作船出海手续。

4 月 24 日，开始海上调查，先在预定工作范围内用香港方面提供的旁侧声呐仪器进行搜寻，遇设备故障，改用借助锚钩搜寻。下午 2 时 30 分时发现异物，考古队员下水调查，未发现异常现象，但此次开中国水下考古工作高氧潜水之先河。

4 月 25~29 日，维修探测设备，并继续进行物探扫测，遇疑点数处，水下队员潜水探摸后，确定均非沉船遗迹，也未见任何遗物。水母肆虐。

4 月 30 日，对大帆石以南区域进行声呐扫测，未见可疑点；香港声呐设备撤回。

5 月 1~2 日，考古队走访常在相关海域捕鱼作业的渔民，以期得更多线索。

5 月 3 日，根据向导提供线索，在距大帆石约 1.119 海里的地方使用测深仪（探鱼器）进行搜寻，发现水下突起物。经水下队员潜水探摸，未见突起物，疑为因水流急而走锚或沉块移位所致。

5 月 6 日，考古队商借到中国科学院南海海洋研究所的旁侧声呐仪和浅地层剖面仪等设备，并上船调试，以加强物探技术手段。

5 月 7~9 日，使用新设备扫测，因浪大探测结果不理想。另因 GPS 差分定位系统在海上不能时时收到差分信号，导致定位偏差较大。

5 月 10~11 日，获得码头的两个测量基准点坐标和高程数据，以此点为参照，布设岸台定位，调试探测设备。经测试发现，如将 GPS 的差分机天线架高，探测区域内能收到差分信号。

5 月 12 日中午，当浅地层剖面仪在第一条测线上（52 号线）扫测经过原定的疑点时，实时浅地层图上有明显异常，又经多次验证判读，基本上可以断定是海底一个较大的物体。之后，先后派三组人员下水，在水下分别发现了渔网、泥底下的可疑物和一片青釉瓷片。

5 月 13 日，上午在岸台和差分信号的精确定位下，根据浅地层仪器指引下，重新进行抛标；下午进行水下探摸，水下能见度颇差，因定位准确而在距离沉块不到 5 米处发现了高出海床表面的凝结物，其中第一块高出海床表面约 30 厘米，第二块高出海床约 60~70 厘米；之后，对该点再次定位，并记录坐标。

5 月 14~15 日，继续在遗址突起处进行潜水调查，并在协助清理船锚时，发现了几片南宋时期瓷片，从另一个方面确定了南海 I 号沉船的位置。

5 月 18 日，在沉船所在位置布设定位浮标，海上工作结束。

5 月 19 日，中央电视台随船出海拍摄；国家文物局、广东省文化厅、广东省文物考古研究所、阳江市文化局等单位领导登船考察。香港潜水作业船返港，水下考古队整理设备，卸船暂存阳江市博物馆。

本年度春季调查工作结束，确认并精确定位了南海 I 号沉船的位置，大致发现了遗址堆积较为集中的区域。

10 月，广东沿海水下文物普查工作队先后对徐闻、雷州、遂溪、湛江、电白等粤西沿海海域进行水下考古调查，发现 10 处水下遗存疑点，收集和采集水下文物 17 件。期间，对南海 I 号沉船遗址做了复查定位。

10 月 18 日，水下考古队员、调查设备再次抵达阳江市东平镇，并调试完毕定位系统。

10 月 21 日，开始海上作业，下午 2 时左右发现了沉船并准确抛标。经水下考古队员潜水调查，水下能见度基本为零，发现了春季水下调查时留下的标志物，并采集到一些瓷片标本，再次定位了沉船坐标，并在水下遗址的上方抛设了工程浮标。

2002 年

在上一年工作基础上，国家加大了财政支持力度，经国家文物局批准，2002 年南海 I 号沉船进入了水下考古试掘阶段，开展了两个季度的工作。中国历史博物馆水下考古研究中心牵头，联合广东省文物考古研究所、阳江市博物馆等单位，组成南海 I 号沉船水下考古队，仍由各省市具有国家文物局颁发的水下考古专业人员培训资质的业务人员组成，并聘请水下工程和职业潜水技术人员承担部分水下工程及安全保障工作，香港中国水下考古研究探索协会志愿人员参加了部分辅助工作，张威任队长，张松任副队长。本年度工作重点是通过调查和试掘工作，了解沉船遗址保存现状和遗物分布情况，探索合适的发掘方法，积累经验，为今后大规模清理发掘奠定基础。

3 月 12 日，人员、设备陆续抵达工作集结地阳江市东平镇。顺容工 1 号、顺容工 8 号两条水下工程船已先期到达，停泊东平港内。

3 月 13 日，海上工作正式开始。根据物探扫测数据，沉船长度约 30 米，宽度约 5~7 米。由此确定两条工作船的抽泥位置与方向，分别由水下遗址的两端向中间靠拢，其中 1 号船在船头，位置较深，8 号船在船尾。两船均沿沉船的船边抽泥，最后中部会合。考古队员仔细监督设在出泥处的过滤装置，检查夹杂在泥中的细小物件等物。抽泥中出露的文物，由潜水人员顺次带回并随时记录所在位置信息。各类出水文物在简单地清洗后，及时送岸，再由广东省文物考古研究所人员进行登录、编号。水下清淤之初，先选择确定了遗址基点，并对基点位置进行精确定位，统一布设探方。探方采用 2 米 ×2 米，编号采用象限法，方向则依据遗存的分布状况而定。本季工作先在沉船外围工作，探摸沉船的边缘等情况。

3 月 14~19 日，抽泥工作持续进行，并有一些文物陆续出水。从初期出水文物看，主要有青瓷、青白瓷、褐釉瓷等，器形有粉盒、盘、碗、壶（碎片），还有数枚铜钱（祥符通宝等）出水。

3 月 20 日，潜水员从水下采集 3 件青白釉碗，还有花口盘；另有金属圆环、漆器残片，以及部分木头等。

3 月 22 日，考古队员下水尝试水下摄像，但因水下能见度差，效果不佳。出水文物较多，有完整的白釉莲瓣纹小瓶、青白釉花口碗、印花粉盒等。潜水员带上两大块凝结物，内有叠摞一起的青白釉云纹大碗，以及许多小件的器物如白釉小粉盒等混杂其中，另有许多小珠等。

3 月 23 日 ~4 月 1 日，除了由于天气和海况原因海上作业暂停外，抽泥工作继续，监督、检查抽泥出口处夹杂遗物情况，陆续出水一些文物。

4 月 2~12 日，因天气原因无法出海作业。

4 月 13 日，海上工作继续。因停工数日，浮标被破坏，先重新定位。下午出水了一批青白釉大碗、瓶等瓷器，清洗后装箱带回。

4 月 14 日，考古队员进行水下摄影和摄像，在未做搅动情况下水下能见度有 50 厘米左右，借助辅助灯光，获取了一些影像资料。出水完整器较多，有青白釉大碗、花口盘、菊瓣纹碗、酱釉梅瓶等，部分大碗底部有墨书文字，如"李大用置"等，应为同一个船舱内货物。

4 月 15 日，考古队员下水录像和照相，但能见度差，效果不佳。下午，救捞局潜水员抽泥，采集出水一箱文物，出水时进行了水下同步拍摄。

4 月 16 日，出水文物以龙泉窑青瓷碗为多，大部分完整，出水一枚亚腰形银锭，与以前打捞出水的银锭相同。

4 月 17 日，两条工作船分别用于发掘和航拍。考古队员下水摄影和摄像，水下能见度较好，水下摄影、摄像效果较好。今日出水器物的种类、质量、数量均较之前多，特别是出水了以前未见的漆器残片，但木质内胎已经炭化，仅剩漆皮，还发现了一些坚果的果壳残骸。

4 月 20 日，水下摄影、摄像，出水大量龙泉窑瓷器。

4 月 21 日，水下摄影、摄像，水下能见度不好，效果较差。出水瓷器中，龙泉窑敛口钵和盏各 1 件为以往未见。水下测绘人员测得船体方向约 240°。

4 月 22 日，分组潜水。单人潜水录像，因扰乱小而效果大为提高。重新订固基点，分组探摸，出水近百件瓷器，以龙泉窑碗为主。

4 月 23 日，分批下水。先是水下录像，而后水下测量。因水下能见度差，仅可摸查船体，出水后，先草绘示意图，再结合之前的水下影像，绘出水下船体的位置图等。出水文物较多而精美，有青釉刻花盘、青白釉执壶、黑釉碗等。

4 月 24 日 ~5 月 8 日，继续水下探摸，出水了一批文物。再次做了声呐扫测工作。

5月9~10日，所有出水文物整理、打包、装箱，运存阳江市博物馆。本季调查工作结束。

6月10日，本季工作结束后，中国历史博物馆在北京组织召开南海Ⅰ号沉船调查工作汇报会，向文化部、财政部、国家文物局、中国社会科学院考古研究所、故宫博物院等机构领导和专家们汇报已取得的阶段性成果及今后工作计划，争取国家财政继续给予大力支持。此后，本年度至2004年南海Ⅰ号沉船调查项目先后获得1300多万元的国家财政专项支持，为水下考古工作的顺利开展提供了资金保障。

通过本年度第一季水下考古工作，并经过多方位、多角度、多层次研究论证，对南海Ⅰ号沉船初步形成了"整体发掘、异地保护"的水下考古发掘方案。为贯彻落实这一方案，6~7月，开展了第二季水下考古试掘，工作重点是按照考古规范和要求，完善清淤抽泥的工作方法，采集沉船遗址相关数据，为今后大规模水下整体考古发掘工作做准备。

6月17日，水下工作队广州集结。

6月18日，上午抵达阳江市博物馆，整理工作设备，下午到达东平驻地。

6月19日，水下考古工作动员会，张威队长布置工作。下午，工作船到达东平港，旁侧声呐仪、浅地层剖面仪、发电机等设备上船。

6月21日，出海调查，10时抵达工作海域，用浅地层和旁侧声呐仪探测，设备运转正常。因定位准确，沉船在每条测线上均可发现，且两部仪器上同步反映。

6月22日，根据遗址坐标，调整浮标位置。

6月23日，涌高达两米，手臂粗的缆绳被拉断，无法进行水下抽泥等工作。

6月24日，开始潜水，先是重新布好入水绳，清理海底的渔网和绳索。下午开始抽泥，在T2019表面采集2件青白瓷碗。

6月26日，确定先在西侧抽泥，并在T1919、T1920间沉船船舷外侧泥面上采集到5件青白瓷碗。当日适逢农历十六，天文大潮，海底水流大，抽泥效果不好，但潜水员摸到了船舷的另一边，由于中间隔着比较大的凝结物，从测量绳长度分析，此处两舷之间的宽度应在6米左右。

6月27日，水流仍很大，下四班水，未出水器物，但抽泥过程中滤出一些瓷片和12枚宋代铜钱。

7月3日，海况较好，继续抽泥，抽出长度达5米，海底能见度在无灯光情况下可看到渔网等物。出水瓷碗3件、白瓷葫芦瓶1件，以及一些铜钱和2件铜环等。

7月4日，抽泥工作集中在船体西南舷的外侧，即T2117和T2118探方内。出水一些漆器碎片，并有1件金环，这是南海Ⅰ号沉船重新发现以来第一次出水金器。

7月5日，水下探方内能见度仍为零，无法进行拍摄等工作。之后，继续在西南侧抽泥，并将引导绳从凝结物上方通过，作为遗址上方的纵向行动绳，以便今后发掘记录工作。

7月6日，继续抽泥，出水1枚天圣元宝，为第一次发现。

7月7日，水下能见度更差。继续抽泥，出水酱釉扁壶、黑釉盏、白瓷瓶各1件，黑釉盏为第一次发现。

7月10日，农历初一，天文大潮，水流急，能见度差。抽泥，出水1件花岗石质的石枕。

7月13日，抽泥效果较好，在大块较平的凝结物下发现了船的平面甲板，潜水员将手伸到甲板内，发现里面有很大空间，可能是一个较为完整的船舱。按照水下考古工作新进展，对水下遗址的平面草图进行了补充与完善。

7月14日，抽泥，出水一些铜钱，有开元通宝、宋元通宝、皇宋通宝、熙宁元宝、崇宁重宝、政和通宝、宣和通宝等13个年号，还采集到1件酱釉四系罐。同时，还出水一些动物骨骼，说明当时船上存在饲养动物的可能性。

7月15日，抽泥，出水4件福建窑口的青瓷碗。

7月18日，队长组织现场工作会议，海上作业接近尾声，并安排今后工作任务。

7月19~20日，风大浪高，收回工作所设浮标和沉块；整理装备。本年度水下考古试掘工作至此结束。

通过本年度两次水下考古试掘，主要工作区域T2019、T2020两个探方的全部和T2021、T2018、T2022、T2012的局部，探索了发掘方法，并对遗址保存状况有了进一步了解；同时，通过水下测量、水下摄影、摄像等手段，获得了宝贵的原始资料和数据。

2003年

4月22日，国家文物局分别批复中国国家博物馆、广东省文化厅关于南海Ⅰ号沉船探摸调查和保护的工作方案，同意南海Ⅰ号沉船水下考古队按计划开展2003年度的探摸工作，为下一步整体打捞提供科学依据，并要求两单位在此次工作基础上，协商制订南海Ⅰ号沉船整体打捞方案，经专家充分论证后，按程序报批。

本年度上半年，因SARS肆虐，非典疫情防控严密，人员、车辆均需隔离检疫，水下调查工作略受影响。经中国国家博物馆、广东省文化厅、阳江市政府多方协调，南海Ⅰ号沉船水下考古探摸与调查工作得以顺利进行。水下考古队由张威任队长，张松、张万星任副队长。本年度工作目的是全面了解南海Ⅰ号沉船遗址的埋藏状况以及船体本身的保存现状，收集沉船海域的海洋气象、洋流、海底基底物理性质等资料，为制定全面发掘计划及进行船体整体打捞的可行性论证收集必要的技术数据。

5月6日，水下考古队员及设备到达东平镇。因处"非典"时期，阳江虽未发现疫情，但为安全起见，每人配发消毒药水，房间每人一间以防止交叉感染。

5月7~9日，整理材料与工具，设备搬运上工作船顺容工1号、顺容工8号，进行调试作业。

5月10日，开始出海作业，到达工作区域后，先使用旁侧声呐仪和浅地层剖面仪，走测线。因一年来海底被拖网严重破坏，扫测多次后才确认了沉船大致位置，放下浮标。

5月11日，继续声呐扫测，基本确认地点，但因风浪太大，无法潜水。

5月14日，海况转好，潜水员设置入水绳。又多次物探扫测，效果较好。

5月15日，继续物探扫测，因设备摆动导致测线偏差，无法确认遗址范围。

5月20日，先用工字钢加固浅地层剖面仪，摆动幅度得以控制，效果较好。

5月21~24日，潜水员下水找点、确认位置，并开始抽泥。同时，使用测速计分层记录海流的速度、方向及水深等。根据测出数据分析，可看出水深6、16米处的水流有明显变缓和变向。

5月26日~6月4日，风浪加大，抽泥工作继续，但海底无能见度，无法记录。

6月5日，海况转好，考古队员下水进行水下测绘记录等工作。

6月6日，华南沿海暴雨警报，雨势不停，浪大涌大，现场工作暂停。

6月16日，海况仍较差，海上工作继续进行。潜水员把钢质标杆插入海底沉船的已抽出来的船舷边，共插了 13 根，以标示沉船形状。

6 月 17~18 日，由沉船地点向海陵岛闸坡海域沿线进行物探扫测，并在拟建博物馆附近海域潜水，观察海底地形。

6 月 19 日，考古队员下水，水下能见度不佳，可拍到一些影像资料。之后，潜水员下水清理、回填，然后收回浮标、沉块。

6 月 20~22 日，后期材料整理，结合本季水下抽泥施工示意图及广州救捞局潜水作业报告，草绘出船体的大致形状示意图。

本年度，南海Ⅰ号沉船考古发掘初步形成了两种工作思路：一是"原址发掘"，在沉船原址进行考古发掘，但水下能见度较差是最大困扰，依靠改善水质来解决提高水下能见度问题，工程实施方案是在沉船范围周边设计水下沉井，将沉井内的水环境与周围浑浊水下环境隔离，再对沉船遗址进行水下考古发掘，发掘结束后通过沉船整体搬移方案将沉船迁移到指定保护环境（拟建博物馆），工作方案由中国国家博物馆组织编制；一是"异地发掘"，通过水下沉井，将沉船整体打捞，实施异地搬迁之后，再进行考古发掘，由广东省文物考古研究所和广州救捞局、华南理工大学船舶及海洋工程研究所研究制定。

10 月 25 日，中国国家博物馆、广东省文化厅、阳江市人民政府在广州举办南海Ⅰ号沉船发掘方案第一次研讨会暨广东省南海Ⅰ号沉船文物保护协调领导小组工作会议，邀请国家文物局、广东省、阳江市领导以及水下考古与文物专家、水下工程技术专家等参加会议，主要讨论"原址发掘"和"异地发掘"两个发掘方案，以制定南海Ⅰ号沉船的发掘、保护、展示方案。至此，南海Ⅰ号沉船水下考古发掘工作"整体打捞"工作方案出台，并确定将方案进一步完善和论证。

2004 年

3 月 1 日，广东省人民政府常务会议专题研究"南海Ⅰ号"保护工作，决定在阳江海陵岛建设"广东海上丝绸之路博物馆"，用于南海Ⅰ号沉船的保护、研究和展示。

根据国家文物局对南海Ⅰ号沉船调查探摸工作的批复意见，为进一步编制南海Ⅰ号沉船发掘、打捞和保护方案，本年度调查工作重点是全面了解沉船的外部环境、船体埋藏状况、保存现状等各方面情况，收集更为详细的技术数据，为下一步工作做好了基础准备。

5 月 7 日，人员、设备在阳江东平集结。顺容工 1 号、顺容工 8 号工作船到达东平码头，搬运装备上船。

5 月 8~9 日，开始出海作业，找到沉船点，设立水下行动绳，调整浮标。两船同时进行抽泥作业。

5 月 10~11 日，潜水员抽泥，船板出露，出水 1 件酱釉四系罐，底有墨书。出水至道元宝、天圣通宝、绍兴元宝等 6 枚铜钱。

5 月 12 日，先抽泥，而后考古队员下水取 5 个水样。水下能见度较好，沉船保存状况比预想差，部分船体已不见，瓷器也大量破损。出水 1 枚铜钱。

5 月 13~14 日，继续抽泥，采集部分散落器物，两条船各抽一边的船舷。

5 月 15 日，海底能见度差，无法拍摄。出水治平通宝、熙宁重宝、熙宁元宝铜钱各 1 枚。

5 月 16 日，抽泥，出水 299 枚铜钱，有开元通宝、乾元重宝、宋元通宝、淳化元宝、景德元宝、天禧通宝、天圣元宝、皇宋通宝、治平通宝、熙宁元宝、元丰通宝、元祐通宝、绍圣元宝、圣宋元宝、大观通宝、政和通宝等，以北宋居多，还在 1 件四系罐内发现 1 枚纯金戒指。

5 月 17 日，风大浪高，不出海，水下考古队到中国国家博物馆阳江基地协助第三期全国水下考古专业人员培训班学员潜水训练。

5 月 18 日，先下水拍摄沉船情况，能见度很差，拍到沉船凝结物，但不清晰。继续抽泥，发现几件之前未见的器类，在滤网中清理出大量铜钱，约有千枚左右。适逢农历初一，流大水急。配合整体打捞方案采集数据，在上午、下午分别进行了两次水流记录，分为 7、14、21 米三层水深。后经统计，出水铜钱 1303 枚，有 30 多个年号，除五铢、开元通宝、乾元重宝等，绝大多数为北宋铜钱，有宋元通宝、淳化元宝、至道元宝、咸平元宝、景德元宝、祥符元宝、天禧通宝、天圣元宝、皇宋通宝、治平元宝、熙宁元宝、元丰通宝、元祐通宝、绍圣元宝、圣宋元宝、崇宁重宝、大观通宝、政和通宝、宣和通宝等，仅见 1 枚南宋的绍兴元宝，但这对沉船的断代有重要意义。

5 月 19 日，潜水员在船舷外侧抽泥，继续出水大批铜钱，数量未能全部统计。推测该位置应为船尾部分，可能是船尾上层甲板或上层船舱散落后遗留在船旁的堆积，在船舷内可摸到船舱下部整齐码放的瓷器。在清理抽泥的铜钱时，发现了 1 枚纯金戒指，上有 8 个镶嵌珍珠的位置，但仅保留了 3 枚珍珠。

5 月 20 日，水下摄影、摄像，海底能见度差，效果不佳。今日抽泥的地点避开铜钱所在位置，出水铜钱仅 196 枚，出水了 21 件瓷器，有青白瓷碗、黑釉盏、德化窑白瓷罐和部分龙泉窑青瓷等。

5 月 21 日，风浪大，无法出海工作。整理 19 日出水铜钱，种类较多，除前述类别外，还发现 1 枚五代周元通宝、1 枚天汉通宝等，未能全部统计数目。

5 月 22 日，抽泥避开铜钱集中的位置，仅出水 18 枚铜钱，出水瓷器和瓷片也少，瓷片中可见有一些瓷塑残片，如兽耳、动物等。

5 月 23 日，海水能见度差，周围有大量拖网渔船作业。继续抽泥，仅出水 1 枚铜钱，瓷器也少，其中 1 件青白瓷四系罐保存较好，罐内放置了 4 件小瓶。

5 月 24 日，考古队员潜水探摸，两条船所抽的泥坑已连起来，可以清楚摸到船舷，船舱内的瓷器一摞摞地整齐摆放；在靠近东北方向，摸到一个大木块，可能是桅杆的底座。出水开元通宝、祥符元宝、皇宋通宝、熙宁元宝、元丰通宝、元祐通宝、绍兴元宝、绍兴通宝等铜钱 176 枚。

5 月 25 日，海水能见度更差，出水器物明显减少。抽出一个大的凝结块，其中除无法辨认的铁器外，还有成摞的青白瓷碗、粉盒和小口瓶等。出水开元通宝、皇宋通宝、治平元宝、元丰通宝等铜钱仅 6 枚。

5 月 26 日，继续抽泥，出水几片较大漆器残片和 1 件动物骨骼残骸等。

5 月 27 日，水下能见度转好。上午抽泥的滤网箱滤出的东西中 90% 以上为贝壳及螺类残骸，瓷片极少，还出了 1 件曲尺形小饰物，可能是牛角或骨制品，说明西部船舷部分应该保存较好。下午抽泥位置改变，瓷片所占比例回升到 40% 左右，还有木珠、两片漆碟等。在船体的西南面，出了一块木板，约为长 100、宽 20、厚 4 厘米，木质很差，有大量船蛆蛀蚀后留下的孔眼。

5 月 28 日，五个潜水台班作业，抽泥效率有所提高，杂物仍占一定比例，约 30%~35%，初步推算总长度达 24 米。

5 月 31 日，风大浪高，继续抽泥，两船水下抽的泥沟已连起来。

6 月 1 日，休渔期第一天，水质转好，水下能见度较好。考古队员进行水下摄影、摄像，可拍摄到沉船的局部结构，包括疑为桅杆的大圆木和凝结块。出水瓷片较昨天多，杂有部分铜钱，另外出水约 10 粒有穿孔的小饰珠，泛金属光泽。

6 月 2 日，考古队员下水拍摄沉船情况，并进行水下探摸。水底能见度非常差，拍摄效果不理想。在沉船的东北角，采集了浅层的泥样。

6 月 3 日，考古队员对沉船进行探摸，能摸到明显的船舷及舷外的铁钉。同时，通过结绳的方式对船体宽度进行丈量，约为 8.25 米。出水 1 件陶盆。

6 月 4 日，风浪和海流都较大，无法抛锚，只好返航。

6 月 5 日，天文大潮，水流非常急。继续抽泥，将两船之间抽泥处的隔梁打通，应位于沉船中部偏前位置。今天出水器物有 1 件晋江磁灶窑烧制的绿釉瓜棱三足炉，并在滤网中发现 1 枚金戒指，所镶嵌物品已脱落。同时，采集 3 份泥样，基本上将东南西北各点泥样都采集完成。

6 月 6~7 日，潜水员水下测量沉船长、宽、深等数据。

6 月 8 日，潜水员清理水下绳索，保留纵横各一条。考古队员分组潜水，对船体进行探摸，探摸到了沉船右舷的大部分和左舷的一小部分，两头各有大块凝结物，凝结物下是成摞的瓷器。

6 月 9 日，考古队员分三组入水，任务是探摸和测量。第一组用入水绳等测量船的大致尺寸，测得已清理出露部分的船舷长度在 17 米左右，横档宽度约 7.1 米。第二、三组主要是对船体的各处进行探摸，熟悉水下环境以及环境对沉船的影响。还用单点测深仪对沉船遗址进行了测量，效果不好。今日潜水受水母影响非常大，下水的 6 人中有 5 人被水母蜇伤，颇为严重。

6 月 10 日，继续分组探摸。第一组探摸沉船的右舷、船宽和沉船艉艕的凝结物，丈量了位于船舯前部的部分桅杆，残长约 4 米。第二组测量凝结物在船艕分布的范围和大致尺寸。第三组进行水下拍摄，因能见度太差，效果不佳。

6 月 11~12 日，收尾，返航，卸载船上的仪器和设备。本年度水下考古调查工作结束，对沉船的尺寸、分布范围、保存现状等情况有了较为清晰的认识。

9 月，为进一步细化南海 I 号沉船整体打捞工作方案，水下考古队在广州打捞局专业工程人员协助下，共同进行了工程数据采集调查，工作母船是广州打捞局所属的专业海洋打捞驳船，即拖轮德发号和驳船南天顺号。

9 月 2 日，考古队员到达阳江市东平港，与广州打捞局船只会合。介绍工作程序、沉船情况和本季工作重点。

9 月 3 日，先用拖轮德发号进行定位，通过导航，将浮标抛下后。之后，德发号将南天顺号驳船拖到遗址点附近，并协助南天顺号抛好 4 口锚，在驳船上通过调整船锚之间的距离，准确地将沉船点与工作点重合。最后，由潜水员下水确认南海 I 号沉船的精确位置。

9 月 4 日，先在两堆凝结物的最外缘插设两根桩，拉一条平行于轴向的绳子，基本上可以确定沉船的长度。下午开始抽泥，抽泥口安装过滤装置，效果很好。

9 月 5 日，在确定了抽泥范围后，抽泥效率大大提高，至下午沉船的两侧船舷均被抽出，可以由此确认沉船的平面尺寸。

9 月 6 日，调整锚位，开始钻探。用锤砸法与钻进法交替进行，钻孔 1（ZK1）在 24 米深度处仍是淤泥，黏度与 5 米处区别不大，直至 30 米深，才是较硬的粗沙层。

9 月 7 日，继续钻探，钻孔 2（ZK2）位于调查时所定的艏向位置，钻孔深度原定为 30 米，但

30 米深处的采集样品仍是纯净的淤泥，后继续钻深 5 米，所采泥样才与 ZK1 底部的泥样接近，为粗沙层。同时，在沉船范围以外 20 米处，抽回淤试验坑。

9 月 8 日，继续钻孔。由于船艉仍未能确定，所以首要任务是顺着船舷继续抽泥。下午通过抽泥基本上确认了船艏和船艉的位置，船艏艉长 23.85 米，最大宽度 9.58 米，艏艉凝结物间距 13.9 米。今日的回淤试验有了初步结果，回淤速度是 20 厘米，知其刚抽开时回淤速度较快。

9 月 9 日，调查沉船的型深。先由潜水员将沉船的纵横主线拉好，考古队员下水沿纵横主线确认当前沉船的最外围。抽到一定深度时，船底内收得非常厉害，因有危险而不能继续下抽，只好将能够采集的现有数据收集完整，推算出深度。

9 月 10 日，潜水作业有二，一是测量回淤，二是清理沉船现场，复核沉船各组数据、清理杂乱绳索。现场工作结束。中午，南天顺起锚，德发轮将其向北拖航至茫洲岛海域 15 米等深线附近，沿途使用旁侧声呐仪扫测，寻找全潜驳的沉放点。抵达预定地点后，经潜水员下水探摸，海底底质不理想，于是直接向闸坡航行，沿途继续物探探测、寻找全潜驳的沉放点。

9 月 11 日，到达海陵岛十里银滩，在拟定建博物馆海域附近，距岸约 600~700 米处找到了泥沙底质，适合作为全潜驳的沉放点。至此，本次的工程数据调查工作结束，为南海Ⅰ号沉船整体打捞工作方案的编制做好了准备。

10 月，中国国家博物馆、广东省文物考古研究所分别委托华南理工大学船舶与海洋工程研究所进行南海Ⅰ号沉船打捞方案的沉井结构设计和受力分析，为原地发掘后的打捞方案、整体打捞发掘方案中的沉井和打捞工作进行研究。

12 月，华南理工大学船舶与海洋工程研究所完成了南海Ⅰ号沉船原地打捞方案的沉井结构设计和受力分析。

2005 年

去年 10 月 ~ 本年 4 月，在补充采集数据和计算的基础上，广东省文物考古研究所委托华南理工大学交通学院（船舶与海洋工程研究所），在广州华南理工大学南湖完成了木船整体打捞的模拟试验，验证了静压、起吊和穿底梁等整体打捞工作方案中的关键工程技术，并进行了波浪补偿试验等工作，南海Ⅰ号沉船的整体打捞在试验中证实具有可行性。

3 月，中国国家博物馆组织专家编制完成《“南海Ⅰ号”水下考古原地发掘方案》，并上报国家文物局。

5 月，广州打捞局、广东省文化厅、广东省文物考古研究所编制完成《“南海Ⅰ号”整体打捞及保护方案》，并由广东省文化厅上报国家文物局。

5 月 17~20 日，国家文物局在北京组织文物考古与保护、水下工程技术等不同领域专家，召开南海Ⅰ号沉船发掘方案论证会，进一步讨论整体打捞和原地发掘两个发掘工作方案，经专家分析、论证，南海Ⅰ号沉船整体打捞及保护方案获得专家组通过，并明确指示制定和完善进一步的水下考古发掘方案，以解决散落在沉船周围的文物问题。

6 月 2~3 日，国家文物局、中国国家博物馆在北京组织召开南海水下文化遗产保护与考古工作规划专家咨询会，讨论制定南海水下文化遗产保护工作规划。

12 月 28 日，位于阳江海陵岛十里银滩的广东海上丝绸之路博物馆动工兴建。

2006 年

6 月，国家文物局正式批准了由广东省文化厅、交通部广州打捞局、广东省文物考古研究所、中国国家博物馆共同上报的南海Ⅰ号沉船整体打捞与保护方案。

2007 年

4 月 8 日，广东省文物考古研究所组建南海Ⅰ号沉船外围清理水下考古队，清理遗址外围散落文物和首层甲板以上凝结物，为整体打捞工程做最后的准备。

5 月 4 日，外围清理工作结束。

5 月 10 日，沉箱运抵打捞现场。

5 月 13 日 ~7 月 24 日，沉箱下沉。

8 月 23 日 ~11 月 13 日，安装底梁。

12 月 22 日，南海Ⅰ号沉船整体打捞出水。

12 月 28 日，南海Ⅰ号沉船移驻广东海上丝绸之路博物馆。

附录二　采集木样树种鉴定报告 *

木编：2005-57

试件名称：木样
规格和数量：6块
试件来源及地点：用户送检，实验室取样
委托单位：中国国家博物馆
鉴定内容：木材名称
鉴定依据：国家标准 GB/T16734-1997《中国主要木材名称》、《中国木材志》专著等。

（一）鉴定方法

1. 将6块有不同程度腐朽的木样用碳蜡分别包埋处理，然后在 AO 滑走切片机上，切厚度15~20 微米横、径、弦三个方向切片，再经脱蜡、染色、脱水、封片等，制成永久光学切片。

2. 利用穿孔卡、计算机辅助木材识别软件、相关的专业书籍及显微照片等，进行识别和鉴定，再相应的与正确定名的切片进行比对。

（二）鉴定结果

1. 中文名：硬木松（一号、三号、五号、六号木材）

拉丁名：*Pinus* spp.

隶松科：Pinaceae

树种分布：硬木松种类较多，分布广泛，遍及我国南北。从样品来看，不像是北方的樟子松，而很可能是分布在长江流域及其以南各省区、黔、豫、陕、台的马尾松（图 7-1~3）。

马尾松（*Pinus massoniana*）属亚热带地区重要针叶树种，它与杉木同为长江流域和以南广大地区的代表树种。

2. 中文名：杉木（二号、四号木材）

拉丁名：*Cunninghamia lanceolata*

隶杉科：Taxodiaceae

树种分布：长江流域以南；南至福建、广东沿海山地、向西至雷州半岛北部与广西南部中越

交界的大青山，北达淮河、秦岭南坡，东至沿海山地直达台湾，西达安宁河和雅砻江河谷的西昌、德昌和盐源，尤以四川、广东、广西、贵州、湖南、福建等省区产量最多（图 7-4~6）。

鉴定人：张立非（研究员）

复查人：姜笑梅（研究员）

鉴定单位：中国林业科学研究院木材工业研究所

鉴定日期：2005 年 5 月 11 日

图 7-1　硬木松横切面 35X

图 7-2　硬木松弦切面 100X

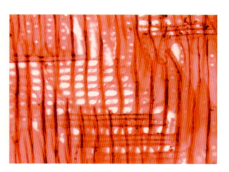

图 7-3　硬木松径切面 200X

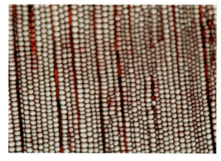

图 7-4　杉木横切面 35X

图 7-5　杉木横切面 100X

图 7-6　杉木横切面 200X

附录三 南海Ⅰ号沉船文献资料目录

1．文物考古专书与图录

李岩、陈以琴：《南海Ⅰ号沉浮记——继往开来的航程》，文物出版社，2009年。

李庆新：《"南海Ⅰ号"与海上丝绸之路》，五洲传播出版社，2010年。

广东省文物考古研究所编著：《2011年"南海Ⅰ号"的考古试掘》，科学出版社，2011年。

崔勇、张永强、肖达顺：《海上敦煌——南海Ⅰ号及其他海上文物》，广东经济出版社，2015年。

广东省文物管理委员会、广东省博物馆、广东省文物考古研究所、广州市文物管理委员会：《南海丝绸之路文物图集》，广东科技出版社，1991年。

中国·南海沉船文物を中心とすゐ：《はるかなる陶磁の海路展——アジアの大航海时代》，朝日新闻社文化企画局东京企画第一部编集发行，1993年。

郝思德编著：《南海考古》，广西师范大学出版社，2011年。

范伊然编著：《南海考古资料整理与述评》，科学出版社，2013年。

吕章申主编：《中国国家博物馆水下考古成果》，中国国家博物馆展览系列丛书，安徽美术出版社，2015年。

2．文物考古简报与研究

张威：《南海沉船の発见とその》，中国·南海沉船文物を中心とすゐ《はるかなる陶磁の海路展——アジアの大航海时代》，朝日新闻社文化企画局东京企画第一部编集发行，1993年，第25~28页，第29~42页。

张威：《中国水下考古的起点——中日联合广东南海沉船调查侧记》，《福建文博》1997年第2期，第17、18页，另载《水下考古通讯》第4期，中国历史博物馆水下考古学研究室编印，1990年，第16~19页。

张威：《南海沉船的发现与预备调查》，《福建文博》1997年第2期，第28~31页。

任卫和：《广东台山宋元沉船文物简介》，《福建文博》2001年第2期，第80~84页。

赵亚娟、赵亮：《从"南海一号"事件看我国水下文化遗产保护制度的完善》，《法学》2007年第1期，第118~125页。

崔勇：《"南海Ⅰ号"的发现与调查》，《中国文化遗产》2007年第4期，第12~18页。

魏峻：《"南海Ⅰ号"2007年整体打捞》，《中国文化遗产》2007年第4期，第19~28页。

孙键：《从"南海Ⅰ号"开始的二十年中国近海水下考古历程》，《中国文化遗产》2007年第4期，第46~53页。

魏峻：《"南海Ⅰ号"沉船考古与水下文化遗产保护》，《文化遗产》2008 年第 1 期，第 148~153 页。

曹劲：《盛世传佳音 宝船获新生——宋代沉船"南海Ⅰ号"的发现、打捞与保护》，《文化遗产》2008 年第 1 期，第 154~162 页。

蔡奕芝：《从南海一号看中国瓷器的外销与影响》，《中国古陶瓷研究》第 14 辑，紫禁城出版社，2008 年，第 48~59 页。

李庆新：《南宋海外贸易中的外销瓷、钱币、金属制品及其他问题——基于"南海Ⅰ号"沉船出水遗物的初步考察》，《学术月刊》2012 年第 9 期，第 121~131 页。

张万星：《广东"南海Ⅰ号"沉船船货的内涵与性质》，《海洋遗产与考古》，北京：科学出版社，2012 年 12 月，第 138~154 页。

陈波：《南海Ⅰ号墨书问题研究——兼论宋元海上贸易船的人员组织关系》，《东南文化》2013 年第 3 期，第 97~105 页。

赵建中：《南海一号展现的宋代单体船舶水平》，《岭南文史》2015 年第 3 期，第 23~28 页。

林唐欧：《"南海Ⅰ号"沉船凝结物分析》，《中国文物科学研究》2016 年第 1 期，第 46~51 页。

王志杰、王元林：《试析"南海Ⅰ号"沉船出水遗存属性的多样性》，《中国文物科学研究》2016 年第 2 期，第 89~94 页。

袁晓春：《"南海Ⅰ号"宋朝沉船与马可·波罗》，《史林》2016 年第 6 期，第 51~56 页。

"南海Ⅰ号"考古队：《"南海Ⅰ号"宋代沉船 2014 年的发掘》，王元林、肖达顺执笔，《考古》2016 年第 12 期，第 56~83 页。

3．水下考古与南海Ⅰ号沉船

俞伟超：《十年来中国水下考古学的主要成果》，《福建文博》1997 年第 2 期，第 6~11 页。

崔勇：《广东水下考古回顾与展望》，《福建文博》1997 年第 2 期，第 23~27 页。

张威、李滨：《中国水下考古大事记》，《福建文博》1997 年第 2 期，第 88~96、43 页。

石俊会：《广东水下考古的发展》，《四川文物》2006 年第 1 期，第 27~33 页。

孙键：《南海沉船与宋代瓷器外销》，《中国文化遗产》2007 年第 4 期，第 32~45 页。

张威：《中国水下考古的缘起和开创》，中国文化遗产研究院编《2010 年水下文化遗产保护展示与利用国际学术研讨会论文集》，文物出版社，2011 年，第 25~34 页，英文第 223~234 页。

张威：《水下考古学及其在中国的发展》，《水下考古学研究》第 1 卷，科学出版社，2012 年，第 1~12 页。

赵嘉斌：《水下考古学在中国的发展与成果》，《水下考古学研究》第 1 卷，科学出版社，2012 年，第 13~56 页。

孟原召：《中国水下考古发现的陶瓷器概述》，《中国国家博物馆水下考古成果》，安徽美术出版社，2015 年，第 317~339 页。

4．文物保护与科技分析

刘薇、张治国、李秀辉、马清林：《中国南海三处古代沉船遗址出水铁器凝结物分析》，《中国国家博物馆馆刊》2011 年第 2 期，第 145~156 页。

田兴玲、李乃胜、张治国、杨恒：《"南海Ⅰ号"沉船出水铜钱的腐蚀研究》，《稀有金属材料与工程》2013 年第 S2 期，第 366~369 页。

王艳蓉、朱铁权、冯泽阳、谭羡、叶道阳、郑颖：《"南海Ⅰ号"出水古陶瓷器科技分析研究》，《岩矿测试》2014 年第 3 期，第 332~339 页。

吴启昌：《"南海Ⅰ号"两件出水瓷器文物的保护与修复》，《文物保护与考古科学》2016 年第 1 期，第 93~100 页。

万鑫、毛志平、张治国、李秀辉：《"南海Ⅰ号"沉船出水铁锅、铁钉分析研究》，《中国文物科学研究》2016 年第 2 期，第 46~51 页。

黎继立、何斌、刘卫东、严鑫、刘松、李青会：《南海一号出水景德镇窑与龙泉窑青瓷特征的无损分析研究》，《光谱学与光谱分析》2016 年第 5 期，第 1500~1507 页。

李乃胜：《南海Ⅰ号出水陶瓷文物保护》，氏著：《海洋出水瓷器保护研究》第八章，科学出版社，2016 年，第 234~278 页。

马涛、谢明思、邓佳：《海洋出水钱币的保护处理——以南海Ⅰ号出水铜钱为例》，《中国钱币》2017 年第 1 期，第 45~54 页。

黄河、杨庆峰、吴来明：《微纳米气泡清洗"南海一号"出水瓷器的安全性评价研究》，《文物保护与考古科学》2017 年第 3 期，第 30~37 页。

5．整体打捞与工程技术

吴建成、孙树民：《"南海Ⅰ号"古沉船整体打捞方案》，《广东造船》2004 年第 3 期，第 69~72 页。

孙树民：《古代木质沉船整体打捞技术》，《广东造船》2008 年第 1 期，第 28~31 页。

吴建成、张永强：《"南海Ⅰ号"古沉船的整体打捞》，《中国航海》2008 年第 31 卷第 4 期，第 383~387、399 页。

吴建成、孙树民、张永强：《"南海Ⅰ号"古沉船整体打捞技术操作》，《航海工程》2008 年第 37 卷第 4 期，第 65~68 页。

孙树民、吴建成、张永强：《"南海Ⅰ号"古沉船整体打捞成功关键技术》，《第十四届中国海洋（岸）工程学术研讨会论文集》，中国海洋学会海洋工程分会，2009 年，第 1322~1325 页。

隋海琛、杨鲲、张彦昌、赵阳：《"南海一号"打捞过程中的水下定位和姿态监测》，《水道港口》2009 年第 2 期，第 139~142 页。

孔维达、胡敏：《"南海Ⅰ号"整体起浮方案的设计与施工工艺》，《航海工程》2009 年第 38 卷第 4 期，第 148~150 页。

孙召才、陈昆明：《"南海Ⅰ号"底托梁的穿引工艺》，《水运工程》2009 年第 5 期，第 153~155 页。

胡方、蒋挺华：《"南海Ⅰ号"钢沉井下沉分析》，《水运工程》2009 年第 8 期，第 173~176 页。

后 记

　　南海 I 号沉船是中国水下考古发展史上的一项重大发现，1989 年和 2001~2004 年的水下考古调查与试掘是中国早期水下考古实践中的重要工作，凝聚了几代水下考古人的心血，取得了丰硕的成果。

　　这项工作是在国家文物局和广东省文化厅、阳江市政府支持下，由中国历史博物馆（现中国国家博物馆）牵头，与广东省文物考古研究所、阳江市博物馆合作实施的，得到了全国其他省市水下考古专业人员的大力支持。在此，我们感谢历年水下考古工作中付出辛苦努力的诸位先生：1989 年有俞伟超、田边昭三、张威、杨林、王军、刘童童、尚杰、小山内恭一、后藤雅次、吉崎伸、酒田裕次；2001~2004 年有张威、张松、张万星、栗建安、徐海滨、楼建龙、孙键、李滨、赵嘉斌、鄂杰、崔勇、朱滨、王芳、林果、张勇、邱玉胜、王亦平、邓宏文、林唐欧、齐雪芳。

　　感谢关心和支持本阶段调查工作的单位和领导：国家文物局单霁翔、张柏、杨志军、关强；中国国家博物馆潘震宙、谷长江、朱凤瀚、李季；广东省文化厅曹淳亮、景李虎、黄道钦、苏桂芬、杨少祥；广东省文物管理委员会徐恒彬、杨森；广东省博物馆、广东省文物考古研究所古运泉、李岩、曹劲、陈军鹰、薛蕾；阳江市江小明、郑尤坚、邹渠泉、关崇佳、马洪藻。

　　感谢协助调查工作的香港中国水下考古研究探索协会陈来发等，中国地质矿产部第二海洋地质调查大队，中国科学院南海海洋研究所梁天明，广州救捞局尹干洪、李锦钜等，以及调查工作船穗救 201 轮、穗救 205 轮、印洲塘号、顺容工 1 船、顺容工 8 船和全体船员。

　　在后期的文物整理与报告编撰中，得到中国国家博物馆、国家文物局水下文化遗产保护中心的大力支持，工作由赵嘉斌统筹协调，文物整理由孟原召负责，参加人员有赵嘉斌、孟原召、牛健哲、聂政、路昊、王霁、王亦晨、鄂杰、邓启江、于慧楠。调查现场由徐海滨、李滨摄影，器物照片由王霁拍摄，器物线图由吉林大学林雪川绘制，瓷器成分测试由北京大学崔剑锋完成。

　　本报告编撰由张威主编，赵嘉斌协调，各部分执笔情况如下：

第一章：张威。

第二章：张万星。

第三章：第一节，张威；第二节，楼建龙。

第四章：第一节，孟原召（龙泉窑青瓷）、路昊（景德镇窑青白瓷）、牛健哲（德化窑青白瓷）、聂政（闽清义窑瓷器及其他）、王霁（晋江磁灶窑瓷器）；第二节，王亦晨（金属器）。

第五章：崔剑锋、孟原召、马仁杰、周雪琪。

第六章：楼建龙。

附录一由张威、楼建龙、孟原召整理，附录二由张立非、姜笑梅整理，附录三由孟原召整理。英文摘要由中央民族大学黄义军教授翻译。

　　全书最后由张威、赵嘉斌、孟原召统稿。

　　感谢文物出版社和本书责任编辑秦彧、唐海源为本书付出了大量辛勤劳动。